中学语文深度教学的
研究与实践

张　华◎著

天津社会科学院出版社

图书在版编目（ＣＩＰ）数据

中学语文深度教学的研究与实践 / 张华著. -- 天津：
天津社会科学院出版社，2023.7

ISBN 978-7-5563-0901-6

Ⅰ. ①中… Ⅱ. ①张… Ⅲ. ①中学语文课－教学研究
Ⅳ. ①G633.302

中国国家版本馆 CIP 数据核字(2023)第 141856 号

中学语文深度教学的研究与实践
ZHONGXUE YUWEN SHENDU JIAOXUE DE YANJIU YU SHIJIAN

选题策划：柳　晔
责任编辑：柳　晔
责任校对：王　丽
装帧设计：高馨月
出版发行：天津社会科学院出版社
地　　址：天津市南开区迎水道 7 号
邮　　编：300191
电　　话：(022) 23360165
印　　刷：北京建宏印刷有限公司
开　　本：787×1092　　1/16
印　　张：22
字　　数：270 千字
版　　次：2023 年 7 月第 1 版　　2023 年 7 月第 1 次印刷
定　　价：78.00 元

序

与张华老师相识于统编高中语文教材国家级培训会上,第一印象是这位青年教师特有朝气,还很谦逊有礼,在众多的参培者中让人印象深刻。后来张华老师在一些期刊上读到我写的文章,或者碰到教材使用中的疑难问题,就主动和我交流感受,又把他自己写的文章发给我让我提意见,我看后意见没有,感慨赞叹倒是有的:这个年轻人外表高高瘦瘦,但是内涵是很丰富的,对语文教学的研究很有见地,特别是他的"六度语文"的创见以及在此基础上进一步提出的"深度教学"理念和模式,对于改变长久以来一线教学中的一些顽症痼疾,有效推进新课程、新教材、新高考的融合,效果是显而易见的。再后来就是他受邀参与统编教材培训,成为教材培训专家团的一员。我还没来得及感慨他成长的速度快,如今他又要出版专著,并且把书稿发给我,恳请我提修改意见并为之作序。我很是为他高兴,看了书稿之后也很欣慰,因为我看到了这位年轻的语文教师在中学语文"深度教学"研究方面已经有了更为深厚的积淀,并且这些积淀已经物化为他自己确定的研究主线下的成果,现在要把这些成果以一个更加体系化的方式呈现给诸语文同仁和书友,让我们非常期待。

首先是他对于文本的解读,既贴近中学课堂实际需求,又超越固化的教学思维;既关注深度的开掘,又具有一种思维的广度,同时关注细节的品析,使得学生的语文学习建立在一种思维深度、文化深度和情感深度上。其次是在"双新"视域下,基于核心素养培育,建构一种新型的课堂样态,关注学生需求,引领学生思考,提升学生的思维品质与审美品位,深化学生的文化理解与认同。再者是对语文教师的专业引领和示范作用。本书集解读与设计于一身,从文本理解入手,辅以相关设计实例,从研究和实践两个维度改变语文教师面对新课程新理念的无力感,提升教材解读能力和教学设计能力,给自身课堂建立鲜明的个性烙印和语文特色。

本书的特点在于,一是从"解读"与"设计"两个视角进行阐述,方便教师从关键处提升教学的研究能力和实践水平。二是重视文本解读,将其视为教学的起点,细分为"文本类"解读和"写作类"解读,在实践层面呼应了"课标""教材""高考"。三是精选实例、精心设计。可以说,没有深入的文本解读就没有语文的深度教学,而没有教学的设计,解读不过是一纸空谈,距离具体的教学转化还差之甚远。四是引领教师和学生对语文做"理性"化建构,比如书稿中多处、多篇运用思维导图的方式(图文结合)进行梳理、探究,又以"追问"和"矛盾分析"的方法引领更深一层的文本解读等,这些都会把语文教学进一步带出"教和不教一个样""学和不学一个样""语文教师不过是照本宣科的摆设"的泥潭!

当然,作为年轻的语文人其理论功底还有待于进一步加深,实践经验还有待于进一步总结升华,我相信他一定会百尺竿头更进一步,让我们对张华老师的明天报以更多期待!

——朱于国 2023 年 6 月于北京

(人民教育出版社副总编辑)

目　录

第一章　概　念
深度教学,促进学生深度学习

第一节　深度教学的三问

一、高中语文教学"高"在哪?

相较于初中语文教学,高中语文教学的"高"至少体现在两个方面:思维深刻、文化深刻。

比如,教材都有关于诸子文章入选,统编初中语文七年级上册第三单元和统编高中语文教材选择性必修上册第二单元都有题为《论语》十二章的课文,也都提到"修身"这一关键词(初中教材在课后"思考探究"第一题,高中教材在单元导语,课后任务表述为"立身处世"),但其教学指向,在思维、文化上具有显著区别。以这两个单元为例,初中教材的课后任务是翻译基础上的理解和孔子师徒学习态度和方法的探究,以及以语句为基础的对"君子""忠""信""义""仁"等儒家基本概念的理解。而高中教材,首先在选文处理上,就打出了一套组合拳:《论语》十二章+《礼记·大学》节选《大学之道》(题目为编者加)+《孟子·公孙丑上》节选《人皆有不忍人之心》(题目为编者加)+《老子》四章+《庄子·逍遥游》节选《五石之瓠》(题目为编者加)+《墨子·兼爱》(上篇)。这样无论是韩非子讲的"世之显学,儒墨也"的儒家和墨家,还是对中华文化影响至深的道家,都在教材中集中出现,让学生对"中华文化之根"的理解更加系统全面。如果再做一下跨册的关联,加上必修上册第六单元的荀子《劝学》、必修下册第五单元李斯的《谏逐客书》,这样法家也有了(荀子是儒家集大成者,同时又是法家思想源流)。学生对诸子思想的了解更为深刻和全面。同时,具体到本单元,如"孔孟"一课(单元第四课),在课后"学习提示"部分,就明确讲到"学习时要在理解仁义礼等儒家思想核心概念的基础上,重点分析孔子关于'君子'之德及修身养性的基本观点","理解'三纲''八目'的具体所指及其内部关联""结合自身经验和现实生活,探究孟子这些论断是否有充分的合理性"。"单元研习任务"部分第一题更是要求学生梳理本单元各篇课文所讲的立身处世的道理,并思考它们在当今社会生活中的现实意义,展开讨论",第四题"有的语句在新的时代下又可以辩证思考,从新的角度做出辨析和阐释""从下列语句中任选其一,也可以从本单元课文中另选一句,准确理解其思想内容,阐述你的认识和思考"。显然,教材任务的难度加大了,对于完成任务的学生的思维阶层要求更高了,更多地从感性思维走向理性思维,能以逻辑思维做梳理,并以辩证思维、批判思维等做深层认知的创建。同时,对于文本的文化理解也加深了,从理解基本概念,到思考其现实意义,这就要求学生站在历史和现实的双重视角来思考传统文化的价值意义,是掌握基础上的一种深度融合和审视,不再是背诵几则名言了事。

除了以上两个"深刻",审美上的高度以及能理解和接受这种高度也是高中语文教学"高"的体现。

比如统编高中语文教材必修上册《故都的秋》一文,如果对比老舍先生的《济南的秋天》会发现,后者显然更符合大众的审美,也更容易为中学生所接受。但是这里就有一个矛盾性问题:既然郁达夫的这篇文章能连续入选中学语文教材,它一定是散文中的经典,它是美文吗,美在哪?

通过细读文本我们会发现,郁达夫所表达的审美层级更高,那是属于文人层面的审美,而这是中学生不容易理解和接受的,也是高中语文课堂教学的重难点:引领学生认识到这是美的,并理解它美在哪里。比如他好容易辗转千里来到心心念念的故都,偏要去"租一椽破屋",做一些"莫名其妙"的举动:从槐树叶底,朝东细数着一丝一丝漏下来的日光,在破腰壁中,静对着喇叭似的牵牛花额蓝朵……感受脚踩槐树的落蕊,听秋蝉衰弱的残声……他说自己要"饱尝秋味"甚至"愿意把寿命的三分之二折去,换得一个三分之一的零头",也就是折寿四五十年(以七八十岁计),去换一个秋天的最后一个月,也就是孟仲季的最后,即深秋。炽烈吗?炽烈,但如果引领不到位,学生是难以理解的,甚至以为郁达夫精神不正常!正常人都是怕死的嘛!你看王羲之在《兰亭集序》中驳斥庄子的"齐生死",其背后是对自己生命长度的忧患,他敢于在文章中真实地表达自己,算得是一位"真人"。有的教师讲这一课,带着学生概括出四幅图,这绝对是浅之又浅的,完全没有深层触及文本。有的教师在执教时借用日本传统美学的"物哀""侘寂"美学思想解读课文,达到了一定的效果,这是可以的,因为郁达夫赴日留学长达十年,日本的文化氛围和艺术风尚确实"既熏陶了他的感觉,使他精细敏锐,又局限了他的气度,使他清瘦孱弱",同时,他还接受了日本的物哀美学思想。但是光有这些还不够,学生还要从文本出发寻找解读的关键。比如,文章中反复提到"秋味""秋的味""秋的深味""中国的秋的深味",这个秋味是怎样的?如果只用"清净悲凉"来回答是不够的,学生可能连"清""静"和文本中秋味的关系都搞不清楚,更遑论去深度理解作者"置换生命"的炽烈情感。因此,学生必须抓住文本第 12 段的另一句话——"对于秋,总是一样地能特别引起深沉、幽远、严厉、萧索的感触来",同时理解作者通过第 12 段来表明,自己并不否认"有些批评家"的关于中国的文人学士"都带着很浓厚的颓废色彩"的论断,进而在第 13 段说明自己也不否定南国之秋的特异,也否认不了,如柳永"三秋桂子",王勃"落霞与孤鹜齐飞,秋水共长天一色"——多么美的画面,而"雁阵惊寒,声断衡阳之浦"也带有一丝悲凉的味道,但是,郁达夫认为这些不是不好而是不够味儿,所以他后面用"黄酒之于白干"等对比,就是想说明,北国的秋味是更浓烈、更宽阔,让人实实在在地感受这个季节的与众不同:那是要有像样的秋风秋雨,曹丕所谓"秋风萧瑟天气凉",杜甫所谓"风急天高猿啸哀";也是要有像样的秋色秋景,欧阳修所谓"其色惨淡,烟霏云敛,其容清明,天高日晶",所以郁达夫要住在"一椽破屋"里,看破腰壁的牵牛,看疏落"尖细且长"的秋草,这都是萧瑟之景,也尽显作者自己内心的萧瑟之意。都是南方少见的,也是体会不到的;还要有像样的秋声,欧阳修所谓"凄凄切切,呼号愤发",所以郁达夫去听秋蝉、听"青天下驯鸽的飞声"、听"西山的虫唱"、听都市闲人的拉着长音儿地聊天,然后就"能够感到十分的秋意"。作者要的就是体会"摧败零落"的感觉,不然也不会写出脚踏落蕊,"声音也没有,气味也没有",但却能"感出一点点极微细极柔软的触觉",他说这是"深沉"。

把秋的萧瑟、寂寥、凄清、高远、深沉、萧索,用文人的细腻、敏感、炽烈一一感受出来、写出来,但又不止于颓唐消沉,他是在饱尝这秋味,而不是"为赋新词强说愁"。如果我们能理解张岱的夜游不过为赏雪,苏轼的夜游不过为探山,那么也就能理解郁达夫的不远千里,不过为"饱尝一尝这秋,这故都的秋味"。

当然,以上都要以更加成熟深刻的言语表达为载体,这一点,尽可以在细读文本的过程中感受到,以上三点的分析解读也离不开"语言"本身的解读,此处不再赘述。

二、深度教学从何而来?

深度教学,是华中师范大学郭元祥教授在深度学习概念的基础上,基于教与学"相融性的一体化关系"以及现阶段中小学课堂教学普遍存在的局限性而提出的教学改革核心概念:它是克服对知识的表层学习、表面学习和表演学习,以及对知识的简单占有和机械训练的局限性,基于知识的内在结构,通过对知识完整深刻的处理,引导学生从符号学习走向学科思想和意义系统的理解和掌握,并导向学科素养的教学。它要求学习者深度理解知识内涵,主动建构个性化的知识系统和意义系统,并有效迁移运用于解决真实情境中的问题,追求在获得知识意义、建立学科思想、发展学科能力、丰富学科经验的基础上养成学科核心素养。深度教学以知识观和学习观的重建为根本基础而不是指无限增加知识难度和知识量。

2007年,郭元祥教授带领团队实施"深度教学"课堂教学改革实验,

2016 年立项中国基础教育质量监测协同创新中心重点课题——中小学生实践能力评论与诊断,2017 年 6 月以《"深度教学"如何真实发生》为题在《今日教育》期刊全文刊登,对当前教学的师生教学程序简单翻转和师生教学时间粗暴分配的层次等现象提出批判与反思,认为"学生的变化充其量仅仅是知识量的改变,这种所谓的课堂教学改革本质上是技术主义取向的",只有把教学建立在"充分的知识广度""充分的知识深度""充分的知识关联度"基础上"才能让学生真正获得知识的发展价值"。并在对著名教育家杜威的经验教学过程理念概括的基础上提出"U 型学习"概念,认为通过引导进行学生深度的理解、体验、对话、探究和培养反思性思维,可以获得对知识的意义增值。深化课堂教学改革必须追求教学的发展性,并以学习的意义感标准、学习的自我感标准、学习的效能感标准作为实现的三个内在标准,并提出三个核心策略,即理解性教学策略、问题导向教学策略、回应性教学策略。此外,华中师范大学教育学院课程罗祖兵教授主持的国家社会科学基金教育学一般课题"普通高中综合素质评价的现实检视与理论反思"和四川师范大学教育科学学院李松林教授主持的国家社科基金项目"转变学科教材理解范式的深度教学研究"等研究也涉及本领域。

　　2005 年,上海师范大学黎加厚教授在《促进学生深度学习》中首次在国内提出"深度学习"的理念。2007 年,华中师范大学郭元祥教授带领团队实施"深度教学"课堂教学改革实验。2016 年立项中国基础教育质量监测协同创新中心重点课题———中小学生实践能力评论与诊断,2017 年 6 月以《"深度教学"如何真实发生》为题在《今日教育》期刊全义刊登,对当前教学的师生教学程序简单翻转和师生教学时间粗暴分配的层次等现象提出批判与反思,认为"学生的变化充其量仅仅是知识量的改变,这种所谓的课堂教学改革本质上是技术主义取向的",只有把教学建立在"充分的知识广度""充分的知识深度""充分的知识关联度"基础上"才能让学生真正获得知识的发展价值"。并在对著名教育家杜威的经验教学过程理念概括的基础上提出"U 型学习"概念,认为通过引导进行学生深度的理解、体验、对话、探究和培养反思性思维,可以获得对知识的意义增值。深化课堂教学改革必须追求教学的发展性,并以学习的意义感标准、学习的自我感标准、学习的效能感标准作为实现的三个内在标准,并提出三个核心策略,即理解性教学策略、问题导向教学策略、回应性教学策略。此外,华中师范大学教育学院课程罗祖兵教授主持的国家社会科学基金教育学一般课题"普通高中综合素质评价的现实检视与理论反思"和四川师范大学教育科学学院李松林教授主持的国家社科基金项目"转变学科教材理解范式的深度教学研究"等研究也涉及本领域。

"深度教学",正是在"深度学习"概念的基础上,基于教与学"相融性的一体化关系",以学科核心素养为引领,依托统编教材,在实践(课堂实验)中探索教学理念、教学内容、教学模式和学习方式的深刻变革,进一步致力于从课的建设到人的建设,在思辨探究和文化追寻中深度建构学科味道和学科魅力。引领教师强化新时代下对教学的深层认知,让教师从教知识(有知无识)、教技巧、教套路走向教思维、教文化、教思想,让教学走向生活化和情境化下的高阶思维和深度应用;引领学生进行"主动的、探究式的、理解性的学习",能"主动地建构知识意义、将知识转化为技能并迁移应用到真实情景中来解决复杂问题,进而促进学习者元认识能力、问题解决能力、批判性思维、创造性思维等高阶能力的发展"。它追求思维深度和思政深度,以及在教与学之间建立更清晰深刻的逻辑关联,并建构更深层的学科价值与学科意义。

三、中学语文深度教学如何实施?

结合语文学科核心素养的上位指向性、语文学科的特殊属性和学科价值、统编教材的编写范式和理解、运用路径的创新性(人文和任务群双线,学习和研习的渐进,群文、专题和主题等阅读模式以及多样态、多视角、多主题写作任务等)、"三新"的导向性意义下的新课堂建设和语文教学现状,在阅读教学和表达教学方面开展跨区域、跨学段的"深度教学"改革实践研究,以教学实践改革促进"深度教学"理论体系(学科)搭建、教学模式建构和操作路径探索实践等方面的研究,以期改变备课照搬照抄没有深入独创,教学游走浅表缺乏引领融通,学习止步感官难以深层观照等阻碍现代教学向新时代迈进的顽症痼疾,为教育高质量发展、培养更多拔尖创新型人才贡献力量。

(一)确定研究和实践对象

中学语文深度教学,以《普通高中语文课程标准》(2017 年版 2020 年修改)(以下简称《课标》)和《中国高考评价体系》(以下简称《评价体系》)为指导,以统编教材为教学载体的中学语文阅读教学和表达教学为研究和实践对象,努力探索搭建理论体系、建构教学模式和实践操作路径。

(二)确定框架思路

过程中,以"深度学习"和"深度教学"理念为理论指导,以相关的研究成果为借鉴参考,以过程性教学实践、教学研讨(区域性教研活动、论坛报告、发表论文等)和过程性教学评价(教学竞赛等)为推进手段,以学科"深度教学"实践基地校和骨干团队为依托,形成辐射性教学改革效应,深入推广"深度教学"理念和本课题研究成果,深化教学方式改革和学习方式的转变,从而重新建构新时代中学语文深度教学体系模式与学科价值。

(三)解决的重难点问题和达成的主要目标

着力解决现阶段中学语文教学过程中教师解读教材文本和作文素材因缺乏文本意识、矛盾意识和文脉意识而肤浅化以及教学过程中的碎片化、浅表化、表演化、同构化以及过度预设而导致的程式化和过场化等,"学生得到的往往是单一而破碎的、浅层的、有确定答案但很难建立关联的内容"以及学生的"精力总是被零零散散的浅表化学习任务所消耗,培养思维品质的深刻性更是无从谈起"的困境,让中学语文教学从教知识(有知无识)、教技巧、教套路而转向教思维、教文化、教思想;从教师的一言堂、学生的被动配合甚至冷眼旁观走向师生思维深刻、文化深刻、语言深刻下的深度生成;从语文教学与生活实践的隔阂与陌生走向语文生活化和情境下的高阶审美和深度应用,引领学生进行"主动的、探究式的、理解性的学习",能"主动地

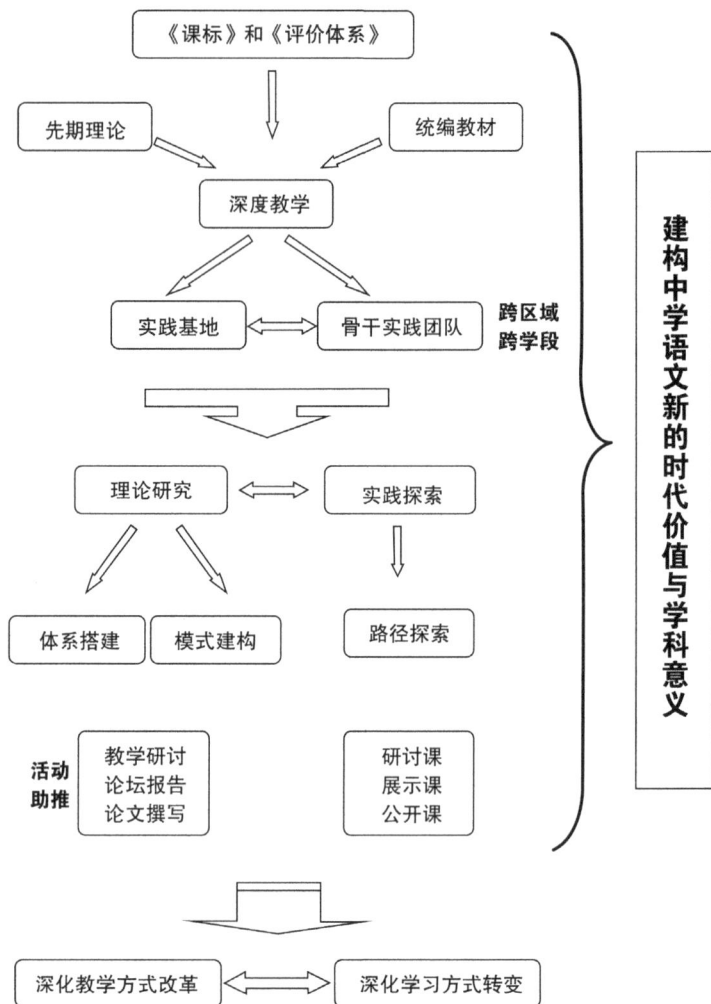

图 1-1　建构中学语文新的时代价值与学科意义

建构知识意义、将知识转化为技能并迁移应用到真实情景中来解决复杂问题,进而促进学习者元认识能力、问题解决能力、批判性思维、创造性思维等高阶能力的发展",从而建构新的学科价值与意义。

1. 现实针对性

长期以来中学语文教学陷入与时代发展要求脱节、与学生的思维发展脱节等现实困境。其程式化和浅表化教学使得语文课堂所教授的内容多为"一望可知"甚至不望可知,课堂乏味无聊、虚假做作,语文课本身集文学、文化、思维、审美于一体的课程特点不能被彰显,教师的教学个性和独创性以及引领价值得不到体现,学生在不同学段间的语言、思维、审美和文化的发展也得不到体现。针对以上顽症痼疾,本书将提出具有建设性的理论和创新性操作路径。

2. 理论可靠性和前瞻建构性

《课标》中在课程内容、学业质量和实施建议部分多次提到"深刻性"和"深度参与"等关键词,要求以任务群为依托开展主题教学、专题教学等新型课堂教学,"以核心素养为本,推进语文课程深层次改革"以及"增强学生学语文用语文的自觉意识,培养探究意识和发现问题的敏感性,探求解决问题和语言表达的创新路径"等,这些均昭示着新时代语文教学方式和内容的深度变革,"深度教学"的研究和实施势在必行。而郭元祥教授等人的先期研究为本课题的研究提供借鉴的同时,也为我们在具体的学段学科(中学语文)方面的进一步深入开展理论体系搭建、模式建构和实践操作路径探索方面的空间可行和前景广阔等给予启示。

3. 创建——在理论建构和实践探索方面的独创性探索

在"深度教学"的大概念下,建构"深度阅读"和"深度写作"两个分支概念和理念,并做出体系和模式建构。重视教学过程中在文本解读的基础上,以语言表达为总成的思维的引领、审美的启发和文化的浸润,其中关于"深度写作"教学模式的建构已经在区域性教学实践中得到实践检验并得到推广。如图1-2:

方法上,在"深度阅读教学"方面,以文本分析解读为主,运用"还原法""矛盾分析法""文脉梳理法""上位问题贯穿法"等,尊重读者意识和文本意识的基础上,充分开发读者(师生)意识,深度解读文本,充分教出文学、文化深度,培养学生的高阶思维。"深度写作教学"方面,以"深度写作"体系框架为基础,进一步完善相关体系建设,并运用逻辑思维、辩证思维和批判思维深化分析、表达和反思推进的过程,将中学语文写作教学进一步深刻化。如图1-2:

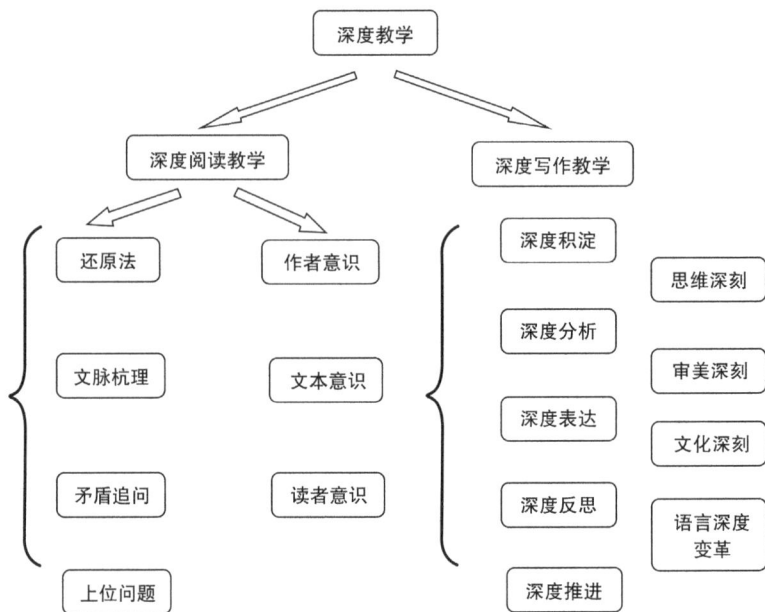

图1-2　深度教学

第二节　基于"双新"视域的深度教学样态

　　为了区别考纲时代老教材的教学,我们姑且把新课标、新高考时代的统编教材的语文教学,称之为"新时代语文教学"。那么,这个新时代的"新",首先表现在"双新"视域和新型课堂样态的建构问题,这不仅是整个新时代语文教学的大问题,同样也关系到文本解读、设计和实施的理念性和方向性等问题。

一、"双新"视域

(一)新课标

　　自2013年,中华人民共和国教育部启动了普通高中课程修订工作,深入总结21世纪以来我国普高课改的宝贵经验，充分借鉴国际课改的优秀成果，其中于2017年出版2020年修订的《普通高中语文课程标准》，既符合我国实际情况，又具有国际视野的纲领性教学文件。它成功建构了具有中国特色的普通高中语文课程体系，进一步明确了课程性质、基本理念、学科核心素养与课程标准、课程内容和评价等。它是学校开展教学，进行教学研究和试题命制等活动的根本性依据，是所有语文教师应该通读、研读并作为案头书的语文教学第一书。其中《普通高中语文课程标准解读》应该会让我们对新课标的理解以及如何落实有一个更深入的认识。

（二）新高考

2014年《国务院关于深化考试招生制度改革的实施意见》出台，对加强高考内容改革顶层设计提出要求，明确指出要依据高校人才选拔要求和国家课程标准科学设计命题。2018年，习近平总书记在全国教育大会上指出，要努力构建德智体美劳全面培养的教育体系，形成更高水平的人才培养体系，健全立德树人落实机制，扭转不科学的教育评价导向，坚决克服唯分数论、唯升学论、唯文凭论等顽瘴痼疾。2019年，教育部明确提出要立足全面发展育人目标，构建包括"核心价值、学科素养、关键能力、必备知识"在内的高考考查内容体系。由教育部考试中心制定《中国高考评价体系》明确了高考的核心功能、考查内容、考查要求和考查载体，解决了"为什么考、考什么、怎么考"的问题，从高考层面对"培养什么人、怎样培养人、为谁培养人"这一教育根本问题做出了回答。"新高考"时达到来了。

这里与大家分享几个文件和几本重要书籍。

一是《深化新时代教育评价改革总体方案》，这是2020年10月，由中共中央、国务院印发的，为深入贯彻落实习近平总书记关于教育的重要论述和全国教育大会精神，完善立德树人体制机制，扭转不科学的教育评价导向，坚决克服唯分数、唯升学、唯文凭、唯论文、唯帽子的顽瘴痼疾，提高教育治理能力和水平，加快推进教育现代化、建设教育强国、办好人民满意教育制定的方案。

二是《中国高考报告丛书》系列和《高考蓝皮书·中国高考报告》等，由中国高考报告学术委员会编辑。分析解读高考政策、命题情况和试题情况，并给出相关数据以及预测相关命题趋势等。

三是《中国高考评价体系》，是"新时代高考内容改革的新的理论支撑和实践指南"，"确立了新时代高考内容改革的基本方向"。

无论是《中国高考评价体系》还是《普通高中语文课程标准》，都对"新时代"的高中语文教学起着根本的引领性作用，而统编教材的投入使用和逐步推广更是为我们的高中语文课堂教学带来了观念认知、设计构想以及任务操作上前所未有的变革。无论是学习提示引领下的文本深读，还是研习任务指导下的深度思辨和深度写作，抑或是情境下的活动参与，对于教师和学生，都是前所未有的挑战。而课堂，是我们把自我教学构想进行实践并追求其最终实现的主阵地，是语文教学落实立德树人根本任务的责任田，是进行新时代语文教学的重要依托，是体现新型师生关系、凸显师生角色转变以及发展学生能力、提升学生品质、深化学生审美体验、情感体验的关键场所。但是，我们的语文课堂一贯存在着讲不清、说不明、表达不准确、评价不精确的"模糊性"，长久以来丧失了语文老师的话语权威；我们很多的语文课堂一贯存在着课堂引领、阅读分析任务和写作指导不够深入、不够细化的"浅表性"，丧失了语文老师的思维权威；我们很多的语文课堂一贯存在着照方抓药、照猫画虎、认知孤立、见解偏颇等知识学识和研究探索视野不够宽广的"狭窄性"；我们很多的语文课堂一贯存在着只顾低头走路不能抬头看天等远离理论前沿和不贴合政策高度的"低端性"；我们很多的语文课堂一贯存在着教师才情器量不丰足、学生学养积淀不深厚、课堂内蕴生成非动态等"荒疏性"；我们很多的语文课堂一贯存在着教师一人独尊、学生主体性不突出、学科素养得不到锻炼提升的"霸凌性"。这都是传统语文课堂的顽症痼疾，不能承载新时代的语文教学。而新型课堂的建构，应该包括我们的认知理念、模式手段等全方位的反思革新，以及教师引领下学生的学习活动设计、组织和实施，课堂的整体结构和学习内容深度、广度引导等的建构。

有鉴于此，笔者提出新时代的课堂建构理念和目标——"六度"语文课堂，这样一个新型的课堂样态。在新型课堂中，让传统文化融入教学的同时要高瞻远瞩,把握时代脉搏和高考走向,同时用我们的才情感染学生,用我们的亲和风趣温暖课堂,让我们的课堂更加开放包容,力争培养更具思辨精神、独立人格的新时代学子!

二、"六度"语文新型课堂样态建构

在"双新"视域下,以语文学科核心素养为建构引领,一方面引导纠偏教师自身不恰当、不专业的课堂言行,另一方面培养学生的学科核心素养,从根本上创建更趋合理合规和具有引领性的新型课堂要素,在思维深度和广度、文本阅读解读分析的细化与深化、审美鉴赏体验的高度、写作教学的深度重建等方面做出深度改变,从而打造"六度"语文课堂,帮助学生重拾语文学习自信,增强学习自主性。通过真实的语言情境、传统文化的融入、开放性的课堂等不同形式的教学实践活动增强学生语文学习的热情,充分调动主观能动性,变输入式机械教学模式为自主学习,让语文课堂不再单调冷清,反而更加充满"人情味"。让文化有深度、思维有广度、审美有高度、表达有精度、认知有器度、交流有温度。

"六度语文"课堂建设的"六度"分别是精度、深度、广度、高度、器度和温度,它们之间互通融合又各有侧重。

精度主要对应语文学科核心素养中的"语言建构与运用",主要指备课精心、上课精确、作业精细以及评价上以多元为基础的"精益求精"。以期实现在知识和言语有"精度"的基础上,帮助学生培养和提升"在具体语言情境中正确有效地运用祖国语言文字进行交流沟通的能力"。

深度和广度主要对应语文学科核心素养中的"思维发展与提升",即"学生在语文学习过程中,通过语言运用,获得直觉思维、形象思维、逻辑思维、辩证思维和创造思维的发展,以及深刻性、敏捷性、灵活性、批判性和独创性等思维品质的提升"。深度方面,既要追求师生的知识深度,同时又要追求思维深度和文化深度,追根溯源的探究意识和慎思慎取的辩证思维;广度方面,既要追求学识广度,又要追求认知广度,"走出"象牙塔,开阔视野,全面提升语文素养,充分发挥语文课程的育人功能。

高度主要对应语文学科核心素养中的"审美鉴赏与创造",主要指审美高度,即高情趣、高品位,即"学生在语文学习中,通过审美体验、评价等活动形成正确的审美意识、健康向上的审美情趣与鉴赏品位,并在此过程中逐步掌握表现美、创造美的方法"。通过教学实践活动,不仅引领学生理解生活之中什么是美的,更要进一步尝试理解以生活为基础的艺术美和文化美以及探讨为什么它是美的。

器度和温度主要对应语文学科核心素养中的"文化传承与理解",即"继承和弘扬中华优秀传统文化、革命文化、社会主义先进文化,理解和借鉴不同民族和地区的文化,拓展文化视野,增强文化自觉,提升中国特色社会主义文化自信,热爱祖国语言文字,热爱中华文化,防止文化上的民族虚无主义"。在深度"语文性"的继承、弘扬和融合中又能建立反思与批判意识,同时建立民族文化自信。器度意为"器量,识量,才量风度"主要指在新型语文课堂中,教师要建构认知器度、情感器度和文化器度,即观念的辨正、情怀的生发和文化的传承;温度主要指师生间、生生间以及读者主体和文本主体间交流的方式、方法要和谐、民主、科学和尚礼。

"六度语文"课堂建设,"六度"之间相互融通、互为支撑,不可割裂看待。过程中,以"精度"为建构基点,以"器度"为认知与文化上的积淀,以"温度"为交流方式和标准,以"深度""广度""高度"为教与学的志趣、品质追求与考量评价,在课堂建设中,流动往复、动态发展。

"六度语文"的课堂建设,就是以"六度"为导向的语文教学实践活动为依托,打破背离教学和学生发展规律、偏离新课标精神和新高考导向、不能契合新教材编写精神、完成新教材教学任务等的旧有语文教学模式,打造新型语文课堂样态,定义新型语文课堂模式,创建新型语文课堂内涵。

要注意的是,"六度语文"课堂或者其他新型课堂的建构,是一个方向和承载,但它只是新时期语文教育教学变革的阶段性目标指向,通过新型课堂的建构,进而达成教学转型,完成新时代的教育使命,才是我们语文人的终极追求。

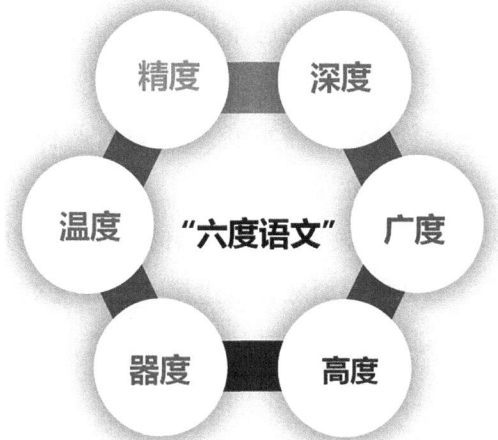

图1-3　"六度语文"关系图

第三节　深度阅读教学的四种模式

统编教材以双线索结构组织单元内容,以群文和单篇两种模式编排教材,突破了旧有模式,对课堂教学的设计和实施提出了新挑战,对我们的职业素养提出了更高的要求,同时,也给了我们教师规划、设计课程留足了自我发挥、独创的空间,为我们充分发挥主观能动性,做出新的尝试和突破。

以下分享四种教学模式:单元整体教学模式、群文阅读教学模式、单篇深度教学模式和以单篇深度为基础的群文比较(关涉)阅读模式。

一、单元整体教学模式

这种教学模式,突破传统单篇教学的思维禁锢,从宏观视角俯视整个单元结构和内容,建构大单元教学思维,对单元教学内容做统筹规划、系统设计,凸显新课标整合思想和结构化理念,其凭借"整体化的课程与教学组织形式,让学生在相对完整的情境和任务中自主构建、不断反思和调整中养成"学科核心素养,有利于学生宏观思维的建构和系统梳理、整合能力的训练与提升。

采用这种模式进行教学设计与实施,又可以有两种不同的子模式。一是"大主题+多专题+系列活动"的系统模式。这种模式要求执教者先建构以"大主题"为贯穿的"主线"教学思维,进而借助体系化的专题学习和系列活动方式具体实施。二是多课型融合推进模式。即统整单元整体情况,以基础阅读梳理课、深化阅读关涉课、单元专题探讨课、学生活动展示课、写作指导交流课等多种课型进行融合性推进。

二、群文阅读教学模式

群文阅读课,不能上成是多篇性的广义泛读课,也不能是在精讲单篇后的一般意义上的拓展阅读。教师在设计课程时,一定要找到篇章之间的联系点,巧妙切入、注重过程、比出结果。这种教学模式的应用,主要针对统编教材"一课多篇"的情况。

以必修上册第三单元的七八课为例。我们可以尝试建构以"课"为整体的"比较"教学思维。李正浪、李彬在《细读中培养"审美鉴赏"能力》一文中讲的"文本的学习不能缺少参照系,否则就会因视野的逼仄遮蔽了作者的个性表达和读者的全面认知",如果说建构以"主题"为贯穿的"主线"教学思维是注重在单元人文主题统领下的整合教学,那么建构以"课"为整体的"比较"教学思维就是在充分理解文本的基础上,引导学生以群文比较来探寻篇章内在联系从而预设相关主题的分析教学。

三、单篇深读教学模式

这种模式主要针对的是统编教材中的单课单篇内容,要点是在教师的引领下,师生一起对文本进行较为深入的解读,讲出"新"与"深"。它是单篇教学,但又不同于旧有的单篇教学。

要做到这一点,教师就要善于在文本解读中引领学生以"生活经验+阅读体会",可以尝试运用孙绍振先生的"还原法",进行矛盾分析,这样一些传统的认识可能会更深刻,一些原先没注意到的问题可能会有新的见解。

(一)关键词分析

比如,教材第一单元第一课《沁园春·长沙》文本后面的"学习提示"中要求学生"反复诵读,仔细揣摩,体会这首词选词炼字的精妙之处"。这是一节诗词课的传统性任务,但是在学生眼里可能"视而不见"或者是因见惯而"习以为常",看到但难以做到。

我们如果用"生活经验+阅读体会"的方式,对文本内容进行还原,发现诗词中用字、用词"奇怪"且不同寻常的,甚至是感觉矛盾的地方,学生可能会一下子找到新的发现。

如上阕中,"鹰击长空"的"击"和"鱼翔浅底"的"翔",解析的答案随便在哪个参考书都能找到,但是课堂过程性体验往往缺失。没有了过程性体验,久而久之,学生成了抄笔记、背答案的工具,毫无乐趣可言,更谈不上素养发展和能力成长。

如果用还原法,就是"鹰翔长空""鱼游浅底",学生一定觉得这个才是符合常理的。原文的句子好奇怪。通常描述鸟的动词通常都是"飞"或"飞翔"。而老鹰是鸟的一种,自然也不例外,即使它飞得高、飞得快,至多描述为"翱翔""雄鹰展翅"等,可作者却偏偏用了一个"击"字;相似的情况还有鱼,作者没有用"游",而是用到了描述鸟儿该有的动词"翔",这不是很奇怪很矛盾吗?还有"浪遏飞舟"的"遏",还原一下,就是"浪阻飞舟",但就是再多的人在江中游泳,游泳时溅起的水波、水花再大也不能阻止江中行驶的船只,等等。

通过引领发现和分析解读,至少达成了三层目的。一是学生在自主发现的驱动下,以生活经验生发了语文趣味和语文推理,进而过程性地体验了诗人炼字之妙,其也从"一望无知"走向了可知、能知。二是进一步体会了诗人的对自由的渴望(鸟儿对天空的向往,鱼儿在水中的无碍逍遥)以及选择"鹰"为寄托的不同一般的自视(也可以理解为共产党人的自视)。三是诗人不同于一般诗人的眼光、情志、格调、格局、气度:无悲凉而有豪情,在寒秋而有生机!

有了这样的认知基础,教师再引导学生深度理解独立寒秋的"独",可能就会较好地体会无关落寞、更非失落,天地一人、傲岸不群的境界。

(二)意象分析

一是"万山""红遍",其意象就是红遍了的万山,真的有一万座山吗?即使有一万座山,就都红遍了吗?是否有不实、夸大之嫌?

不是。山,本来就是带有雄壮色彩的意象,加一个"万"字,是极言其多,不是写实,符合诗词重在抒情而非写实的文体特点。通过阅读想象,跟随诗人建立一种广阔的视野以及磅礴大气的意境。

二是"大江"《念奴娇·赤壁怀古》中写长江作"大江",而且是"惊涛拍岸,卷起千堆雪"的"大江",但是细思起来,这不像长江,更像是大海,而且是有大风的深海,如大西洋等。反而是《赤壁赋》中对长江的描写,似乎更合常理。那么,问题来了,苏轼肯定是见过长江的,不但见过,而且数次乘船于江上,那么,《念奴娇·赤壁怀古》中的大江为何会"失真"?但历代词评家都认为是好词,换成"长江"行不行?

这里借用孙绍振在《名作细读微观分析个案研究》一书中评价李白"黄河之水天上来"的话:"有了黄河的特点,但光有黄河的特点充其量不过是自然景观的描绘,没有诗人的感情的特点,还不能称其为诗歌意象。"是的,没有了诗人感情的诗歌,就没了诗味!

所以,此处我们需明白三点:

一是无所谓"失真",因为这是诗歌,本来就不是实写。我们都会觉得"黄河之水天上来"是好诗,但是绝不会因为它失真,而将其改造为"黄河之水西北来"或者"黄河之水三江源来",那样更近乎真,但绝不是好诗了。同理,如果把"大江"还原为"长江",更近乎真,但少了诗意。因为,"大江东去"里的大江这个意象,其写作视角是"俯视"的,而据《赤壁洞穴》讲,苏轼并未上到山顶,所以这种俯视感,是苏轼以豪迈的情感想象出来的,他把自己置身天地之间,建构俯视视野,纵览江水东去,颇有李白那种"黄河之水天上来,奔流到海不复回"的,且能"看到"黄河从天边到海边的宏大视野带来的宏大气象,在诗歌开篇就给人带来的是铺天盖地的豪壮感。这种气象的建立,为后文纵谈英雄,寄情周郎,奠定了情感基调。而这种抒情基调的奠定、这种宏大气象的建立,不是"清风徐来,水波不兴"的长江能完成的,必须是大江。

二是大江,不但有空间属性,而且还有时间属性,它能"淘尽千古风流人物",这就更加超越了即景写实的"清风徐来,水波不兴"的长江的本有功能,就像孙绍振在《念奴娇赤壁怀古:苏轼的赤壁豪杰风流和智者风流》一文中所讲的,这样的写法"把空间的遥远转化为时间的无限",将"无数英雄尽收眼底",进一步"反衬出苏轼自身雄视千古的高度"。

三是由一个到一类。古典诗词中常常有这种情况,即"以空间之高向时间之远自然拓展,使之成为精神宏大的载体",如陈子昂《登幽州台歌》,是空间上的登高,却书写了时间上的"前不见古人,后不见来者"的悲怆,情感深沉蕴藉,让无数读者产生共鸣。

(三)细节分析(细节真实)

《百合花》第52段"那些妇女又羞又怕,就是放不开手来,大家都要抢着去烧锅,特别是那新媳妇。我跟她说了半天,她才红了脸,同意了,不过只答应做我的下手"。明显新媳妇较之一般妇女更害羞,那么56段写她"正侧着身子坐在他旁边",58段写她"劈手夺过被子""自己动手把半条被子平展展地铺在棺材底,半条盖在他身上"。

针对文本内容,教师可以对学生做三个维度的引领。

一是思维引领,即引领学生自主发现"矛盾",并深入思考为什么这样?前后文字是否存在逻辑悖论?因为这种性格表现似乎违背矛盾规律,也就是她"羞涩害怕"这一点,不能既是真的又是假的。

二是深层引领,即引领学生进入深度分析,从而加深对文本的认知:环境能改变一个人,战争和死亡,这种非平常的环境,更是能让人瞬间成长。

三是动态生成,即找到文本表述"矛盾"的根源。显然,新媳妇之前羞涩害怕的描写是属于细节真实,这是日常女子的正常表现,而后文中她的"那种忸怩羞涩已经完全消失,只是庄重而虔诚地给他拭着身子"也是细节真实,反映的正是新媳妇一瞬间的成长,更深一层的含义是我们的"平常的、拖毛竹的青年人",同时更是伟大的、可敬可爱的、真正的人民战士带给她的灵魂洗礼。

同样的,文章的第56段提到,"她低着头,正一针一线地在缝他衣肩上那个破洞"。第57段又提到"她却对我异样地瞟了一眼,低下头,还是一针一线地缝"。

这里教师对学生三个维度的引领分别是:一是思维引领。缝衣服当然要一针一线,为什么要特别写一下呢,还要写两次,这是否是属于无效文字呢?不仅如此,面对医生的"断言"却写新媳妇"好像什么也没看见,什么也没听见",一个"好像"就表明她也看见了,也听见了,但是依然要"细细地、密密地缝"!这,又是为什么?

二是深层引领。这当然不是无效文字,不然编者也会删改。这应该是高明的构思后的细腻表达。那么高明在哪呢?

三是动态生成。人的行为背后一定有心理的支撑!也就是一般意义上,人的行为都具有目的性。新媳妇缝得认真、细致,其行为背后深层意义有二:一是中国传统文化向来是死者为大,荀子讲:"事死如生,事亡如存。""一针一线"和"细细、密密"正体现了她内心的虔诚;二是她之前把通讯员当作一个小弟弟那样捉弄,看他出囧,是她青春活泼的细节真实,但此时面对"手都冰冷了"的青春面庞,她的内心一定是无比歉疚,又怎么忍心他穿着一件破了洞的衣服离开呢?所以,她对医生的话充耳不闻,坚持要把破洞缝好。

(四)意脉分析

《声声慢》。这首词的可鉴赏点很多,有叠词、意象、情感等,以首句为例,如果仅鉴赏叠词,而不去分析其意脉,不仅没有新意,而且也可能未抓到重点。因为首句叠词的使用,不是独创,也不是以数量取胜,其实易安本词的首句之所以是名句,是有深层原因的,这个原因要从意脉的探寻着手。即分析其以情动人,深层的情感和美感。

以上,从关键词分析、意象分析、细节分析、意脉分析四个方面,谈了单篇深读教学模式。接下来,谈一谈以单篇深读为基础的群文关涉阅读模式。

四、以单篇深度为基础的群文关涉阅读模式

这种模式以某单篇文本为基点,在细读、深读的基础上进行有预设的关涉性的群文阅读。这种关涉范围广,形式多样。可以是同一作者的群文阅读,还可以是同一文体的群文阅读,可以是同一主题的群文阅读,可以是同一时代的群文阅读等。如在讲苏轼的《赤壁赋》时,可以返回头比较苏轼的《念奴娇·赤壁怀古》,又如《石钟山记》,在情趣方面,即散文的生动一面,联系比较前后《赤壁赋》苏子散文的妙笔生花,让人向往之;在理趣方面,即散文的哲思一面,比较王安石《游褒禅山记》,要亲身实践——自我反思,提出成功条件志力物,求学要深思慎取。也就是可以进行跨单元乃至跨册的关涉性群文阅读,开阔学生的思维,建构知识之间的广域关联,形成知识的体系化和结构化。教师要努力建构从"文本的深度阅读"到"建构以思维和文化为框架的设计路径"到"完成以设置"上位问题"为贯穿和统摄的带有群文关涉阅读特征的教学设计"的过程。

第四节 深度写作教学模式的
五层推进和三点深刻

一、"深度写作"作文教学模式核心概念阐释

"深度写作"是指以发展学生的语文学科核心素养为目标,以"深刻性"为教学指向,在高中生的议论文写作教学中,尝试运用历史视角、当代价值

观以及逻辑思维、辩证思维和创造思维等思维方式,突破形式逻辑,走向辩证逻辑,从而使学生在写作中能辩证地审视和评价古今中外的事件、人物,体现理性思辨以及文化批判反思等写作样态。

深度写作教学模式,要求教师克服浅表教学的局限性,实施深度教学,引导学生深度写作。在材料的驾驭和处理上,能充分体现广度、深度和关联度,以思维敏感性为基础,凸显分析推理的辩证性、逻辑性、批判性、独创性和层进性。教师要启发学生思维的深度,使学生能从想得深刻走向写得深刻,从逻辑深刻走向文化深刻,彰显语文学科核心素养的思维发展目标。

在意义认知上,教师要充分认识其对写作深刻性的追求,以突破高中学生议论文"三要素"写作局限、突出"三段论"写作樊篱以及打破"名人开会、名言荟萃"的旧模式、认识感性化、认知浅表化以及在审美和文化两个维度上不能深入探索的尴尬处境为重要着力点,整体提升高中学生"个体言语经验",从而有效建构高中写作语言的指向性手段。

二、"深度写作"作文教学宏观模式创建

"深度写作"作文教学模式,以"思维深度""审美深度"和"文化深度"为支撑,以"语言建构"的深度改变为最终的创建目的和呈现方式,包含以生活和文本为本源的"深度积淀"教学模式、以阅读实践认知为基点的"深度分析"教学模式、以语言实践训练为突破的"深度表达"教学模式、以评改研讨交流为升格的"深度反思"教学模式以及以重构磨砺反思为蜕变的"深度推进"教学模式五个线性发展且循环递进的微观教学模式。

(一)以生活和文本为本源的"深度积淀"模式建构

该模式建构包括"深化生活认知"和"深化文本理解"两个部分。既强调把生活作为观想、认知和积淀的本源,又重视文本的写作挖掘与积累,共同体现思考下的分类、甄选和积淀。

1.深化生活认知建模——从无意随意到有意深意

在深化生活认知部分,强调的是师生一体,通过有意识、有目的、有方式

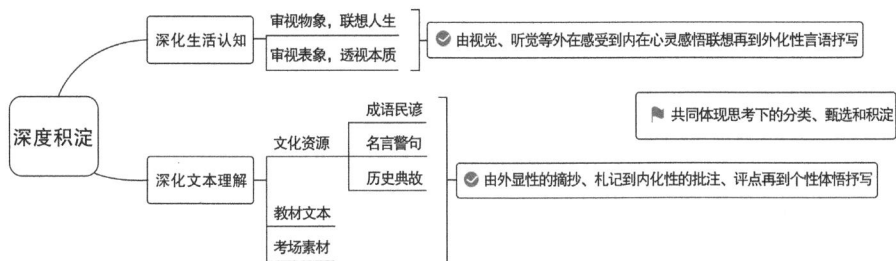

图1-4 "深度积淀"模式建构

地审视物象和生活表象,把通过自身的视觉、听觉获得的外在感受转化为内在的心灵感悟,力争能获得不同于世俗大众的文艺性审美体验和质疑思辨。比如同样注视秋天,郁达夫和老舍获得的审美体验大不一样。我们把《故都的秋》和《济南的秋天》做对比阅读,会深刻地体会到相对于老舍,郁达夫的审美即为文艺的审美。老舍在"老城"找寻是"红袍绿裤""藕荷色儿""淡美的色道儿""诗一样的温柔"一类的美,而郁达夫偏偏注意的是"老舍忽略了的东西"——朴素的"芦花"、平淡的"柳影"、野趣的"虫唱"和悠远的"钟声",喜欢的是"蓝色""白色"等淡雅之色。他欣赏的是枯草、落蕊等残败的生命,体悟的是生命的另一种感受。相对于老舍注意到了外在和形状,郁达夫的审美似乎更侧重于内在的意味。两者都是对生活的有意审视,而后者更体现了一种思维和审美的"深意"。教师引领学生把自己的感悟体验通过文字抒写,外化为言语表述,成为个性化的物化"终端"。如此,似可走出有生活无体悟,有体悟无文字锤炼的写作泥沼。当然,很多的意趣、雅趣的发现并不容易,要依赖于一些修养,特别是传统文化支撑下的修养,否则,可能就是"视而不见、感而不觉",如此,就要有对文本的深度理解作支撑。

2. 深化文本理解建模——从无意随意到有意深意

这一部分,强调的是以文本(素材)细读、深读为基础的写作性挖掘和积累,由外显性的摘抄、札记到内化性的批注、评点再到个性体悟抒写。如《六国论》通过"自问自答"层层深入的论述结构,值得在自身写作中操刀应用;而《将进酒》中"君不见黄河之水天上来,奔流到海不复回"等名句,则不仅是单纯的名句积累,还值得做思维挖掘,就是李白把自然景观的描绘上升到诗歌意象的唤醒,并且由西边到东边、天边到海边而带来宏大的空间感。这样的挖掘,就超越了简单的名言积累,更超越了一般性的列举名人事例:列举想象力时可用、列举主观精神豪迈时可用、列举驾驭浩瀚空间以表现精神气度时可用。同时如结合李白的身世还可以把他用到诸如"人无完人"——文学巨匠与政治矮子,或者"正确认识自己"——剑仙、诗仙、浪子和高官等。再进一步,在思维上同样有启示,如,大家都是用平视或仰视的角度写黄河,但李白用的是俯视,所谓"登高望远、上下宇宙尽收眼底",甚而是一眼望尽!就像《蜀道难》,前人都只写它的"难",让人读完掩卷叹息、望蜀畏步。而李白的作品却是难中有美、难中有险,难中有政治方面的"反向开拓"。这大可启示我们在写作中应该让自己的思维"跳起来",尽可能地从多个视角思考,在"新颖"上做到深度突破。

(二) 以阅读实践认知为基点的"深度分析"模式建构

1. 思维发展建模——从形式逻辑走向辩证逻辑

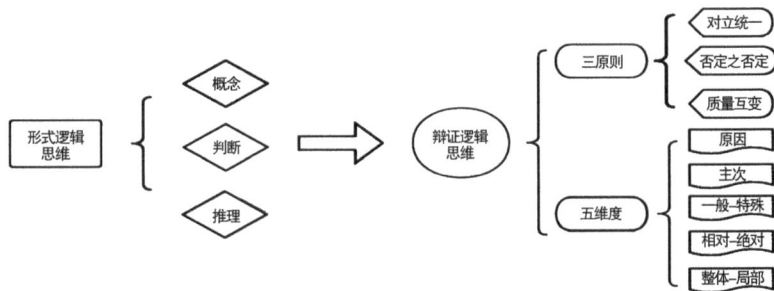

图 1-5　学生思维发展模式建构图

议论文的写作,如果不能在思维上找到形式逻辑的支撑点,就会在行文中出现"议论"流于浅表,论证不深刻的问题,无法达成"有理有据地表达自己的观点和阐述自己的发现""准确、生动、有逻辑地表达自己的认识"的学科核心素养目标,更不能体现思维的深刻性、批判性,也就不能在议论文章中凸显"科学理性精神",很难成为议论文中的上乘之作。

(1)引领学生理解并运用形式逻辑思维,提升对世界的认识

所谓"形式逻辑"就是指传统逻辑,也叫普通逻辑,狭义指演绎逻辑,广义还包括归纳逻辑,靠概念、判断、推理(包括归纳推理与演绎推理)反映事物的质,是我们认知水平在知性阶段的重要思维形式,它能帮助我们在写作中避免"我觉得""想当然"式的表象逻辑表达,从而使表达趋于"理性"化。

①明确概念的适用范围,表述上力争"准确性"

无论是写记叙文还是写议论文,都会不可避免地用到一些概念,明确概念之间的关系和其适用范围是达成新课标要求的表达"正确性"的基础。

一般讲到概念之间的关系,会列出如下几种:全同关系、包含关系、交叉关系、矛盾关系和反对关系。后两者又叫全异关系。如图 6:

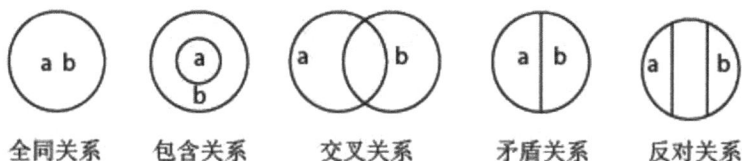

图 1-6　概念关系图

此处特别要注意的是概念间全同关系和同一概念的一组同义词的区别,前者是指概念的外延全部重合,但是内涵必须不同的关系。如"李耳"和"道家之祖"、"俄罗斯"和"战斗民族"以及"鲁迅"和"《祝福》的作者"等,他们各自的内涵都存在差异性,我们不能抹杀其差异性而把多种规定性混合为一种。后者如"西红柿"与"番茄","手机"与"移动电话"等,就是同一概念的一组同义词,而不是概念的同一关系。加一点逻辑思辨就会理解,如"鲁迅"这个词语表达的是一个笔名,这个笔名之下和很多作品有联系,但是《祝福》的作者"只是表达了它等于《祝福》的写作过程。了解这一点,可以使我们从不同方面认识同一类对象的多种本质属性,在写作中能更确切地表达思想。

具体到议论文的写作中,在文章的开头,提出"论点"或前提,务必要先有一个精准的界定。下一个定义,在概念层面做出区分,用准确恰当的词语

明确议论的着力点和方向,圈定一个议论范围,也给自己辟出足够的说理空间,使得文章在一开始就有语言的"精度",在"准确""理性"层面先下一城,如此就达到了先把足立稳的效果。

②注意挖掘背后深意,让表达更"深刻"

写作中,我们常常要对事物进行陈述或者判断,甚至是断定,但是我们的语言表意丰富,某句话在表达某个判断时(不管是肯定判断还是否定判断),可能会有逻辑上的预设义和隐含义,也就是所谓的潜台词,或者叫言外之意。学生要有意识地巧妙把握这一点可以为我们的文章增色,而认识不清、使用不当则可能会使文章出现逻辑漏洞。比如,写作要求中常常有这样一句话,"围绕上述材料展开讨论",这句话的潜台词就是"不围绕上述材料展开,就是偏离要求"。再比如,2020年高考天津卷作文材料中的最后一段"走过2020年的春天,你对'中国面孔'又有什么新的思考和感悟?请写一篇文章"。这里面就大有奥妙,可惜很多学生没能解读出来。如,"走过2020年的春天"存在隐含主语,凸显的是考生主体,而"走过"一词,就是亲身经历、亲眼所见或者亲耳所闻;一个"又"字表示学生一定是思考过的、感悟过的,和"新"搭配就是强调能突破老调常谈,写出个性化的、有创建的见解,在行文中能够表达由"旧"到"新"的层次关系!

③重视有效推理的运用,提升文章的逻辑力量

优秀议论文的写作中必须要进行有效推理、合理论证。一般来说,推理形式有如下几种:三段论、充分条件推理、必要条件推理、排除法、二难推理、归纳推理和类比推理等。其实生活中的很多判断都可以转化为三段论,如"作为年轻人,你要有上进心啊!"转化为三段论就是"年轻人都有上进心,你是年轻人,你要有上进心。"作为演绎推理的一种重要形式,三段论会帮助我们更理性地认知事物。

充分条件推理一般包含两种模式:肯定前件和否定后件。肯定前件:前件 p 是后件 q 发生的充分条件,有前件 p 就一定能推出后件 q,即肯定前件 p 就要肯定后件 q。其推理形式是:

如果 p,那么 q;p 所以 q。

比如,"如果某篇作文在各条评价标准上都是优等,那么这篇作文就是一篇佳作。"这个评判过程就满足"如果 p,那么 q"的充分条件中肯定前件的推理形式。否定后件也不难理解:因为前件 p 是后件 q 的充分条件,所以没有后件 q 就没有前件 p,否则违反矛盾律(要求两个相互否定的判断不能同真)。其推理形式是:

如果 p,那么 q;非 q 所以非 p。

如,"如果甲是本案嫌疑人,那么甲应有作案时间,经审查,甲没有作案时间,所以甲不是本案嫌疑人。"不管是哪种形式,充分条件推理都是一种假言推理。在实际运用时我们还要注意的是,推理的大前提或小前提必须真实可靠,否则即使推理形式有效,但结论可能失真。

必要条件推理也包括两种形式,但和前者有所不同:一是否定前件,二是肯定后件。否定前件,如"只有气候适合,才能出产好茶叶;气候不适合,所以不能出产好茶叶。"其推理形式是"只有 p,才 q;非 p,所以非 q。"肯定后件,如"只有气候适合,才能出产好茶叶;出产了好茶叶,所以气候是适合的。"其推理形式是"只有 p,才 q;q,所以 p。"

我们可以进一步思辨。首先,否定后件不能断定前件,如"只有小明到场,我才到场。我没到场,所以小明一定没到场。"再有,肯定前件不能断定后件,如"只有小明到场,我才到场。小明到场了,所以,我一定到场了。"据此大家可以想想自己的作文中是否存在推断不合理的现象。

排除法,除了做选择题时会用到之外,比如《拿来主义》的论证,先列举错误主义,一一都排除,最后只剩下拿来主义。当然作者接下来也具体论证了拿来主义如何可行。

二难推理,比如韩非子讲的"以子之矛攻子之盾"的故事以及在《说苑·辨物》中记载了子贡和孔子的一段对话:

子贡问孔子:"死人有知无知也?"孔子曰:"吾欲言死者有知也,恐孝子顺孙妨生以送死也;欲言无知,恐不孝子孙弃不葬也……"

归纳推理(包括完全归纳推理和不完全归纳推理)是从个别到一般的推理,类比推理是从个别到另一个个别的推理,二者都是一种或然性推理,都是前提为真,但结论不一定真的推理。比如"守株待兔"属于不完全归纳,结论为假。而《拿来主义》中关于尼采和中国的论述是类比推理,结论为真。由此可以去注意自己行文中可能存在的逻辑疏漏,并予以改正,在逻辑上做到无漏洞。

佳作实例 1

Ⅰ-作文素材

《人民日报》原记者卢新宁在北京大学的毕业典礼上曾说:"无论中国怎样,请记得:你所站立的地方,就是你的中国;你怎么样,中国便怎么样;你是什么,中国便是什么;你有光明,中国便不再黑暗。"以上这句话引起了你怎样的思考?请结合自己的体验和感悟,写一篇不少于 800 字的文章。要求:观点鲜明,论证有力,辨证分析,不要套作,不得抄袭。

Ⅱ-学生习作

你的模样,我的模样,中国的模样

——致新宁前辈的一封信

卢新宁前辈:

安好!

①黑板角上的数字掀到了三十九天,我何其有幸,又一次聆听到了您的谆谆教诲,就像是在寒彻骨中嗅到扑鼻香的梅花,像是在茫茫夜色江面上看到泛光的灯塔。您言道:"你怎么样,中国便怎么样;你有光明,中国便不会黑暗。"我忽然意识到,中国是如何成为今日之模样的,中国未来的模样我们更是义不容辞。

②以您为代表的一代中国脊梁的模样,成就了今日站在伟大复兴地平线上的中国。在传媒领域,有您为代表的一代新闻人"铁肩担道义,妙手著文章",助力中国改革开放的大船安全航行与乘风破浪;在建设领域,有刘永恒为祖国海疆装上千里眼,钱七虎铸就共和国"地下钢铁长城"。他们是大国工匠,是咱们中国的底气;在基层,有"粉笔画老师"张举文扎根乡村学校播撒希望,有"当代愚公"黄大发 36 年修通生命之渠带领群众摆脱贫困。

您们的求实精神、创新精神、奉献精神,正绘成了中国生机勃勃模样。

③很多时候,平凡的我们觉得"舍英雄几无历史",中国的模样只与英雄们有关。而自己的模样无足轻重,自己的力量太过渺小,改变不了光明背后的阴影。我们可能常常抱怨理想信念抵不了"大环境",抱怨规则战不胜"潜规则",于是有时候便会选择暂熄自己的光,因心灰意冷而随波逐流。我们有时可能会一面感慨着"世之混混逐逐,无一不醉",一面有意无意地做个事不关己高高挂起的"佛系青年"抑或是事关己利汲汲营营的精致利己主义者。在作文中仁义道德家国情怀信手拈来,在现实生活中却受光于天下而后照一堂。自己在生活中离绊倒的老人远远的,而看到他人冷漠就躲在屏幕后面骂两句,将中国的阴影归咎于他人。

④殊不知,在雪崩中,没有一片参与其中的雪花是无辜的,这话虽不完全准确,但是中国过去的模样跟每一个中国人有关,中国现在的模样,更与我们每个人都有关! 从您的教诲中,我明白了,我们便是东到海的百川,我们的模样,便是中国未来的模样。英国诗人约翰·多恩说得好啊:"一个民族最重要的,不是少数仁人志士的坚守,而是群众的向善向美。"只要我们每一个人都持有一分光明,积水成渊,蛟龙生焉,积土成丘,风雨兴焉,中国便不会黑暗。

⑤于是我暗下决心,希望能通过努力进入北京大学中文系,进入人民日报社,像您一样,成为新闻评论员,成为社会这艘大船上的瞭望员。像您一样,既用文字为生活中兢兢业业的劳动者打开一扇能带来鸟语花香的窗,又用舆论监督的利剑维护制度和法律的正常运行。我相信中国的传媒业会因有我加入的一代人的努力,愈加归溯"人"的核心。我的模样,我们青年一代的模样,定会如您所愿,铸成年轻中国之乾坤朗朗清清。

⑥又忆鲁迅先生所言的"愿我们每个人都摆脱冷气,只向上走,能做事的做事,能发生的发生,如萤火般,有一分光,便发份热",大概便是寄予了"你有光明,中国便不会黑暗"的希望! 你的模样,你们的模样,铸成了中国的过去和现在;我的模样,我们的模样,必将助力中华民族伟大复兴之路步履铿锵。

祝万事胜意

您的后继者

戊戌仲春

（张含融）

Ⅲ-教师点评

文章用词准确,逻辑严谨,在论证过程中几无逻辑漏洞可寻,可谓一篇议论文中的上乘之作。

首段,引用"你怎么样,中国便怎么样;有光明,中国便不会黑暗"这个句子,仔细琢磨是有逻辑问题的,但是再想一步,就会发现其中的妙处。首先是有意忽略了两个"怎么样"的概念不是全同概念,而扩大了概念论述的意义范围,又借助了"光明"和"黑暗"两个概念丰富了内涵,用夸大光明作用的方式表达了作者坚定的自信和无可改变的信念!

第三段,多次用"可能""有时候"这样的词语,对论证范围作了进一步的规定,降低了被人抓到痛点而进行驳斥的风险。特别是文中用"光明背后的阴影"而不是"光明后的阴影",避免了语法上的歧义和逻辑上的漏洞。

第四段,作者对"在雪崩中,没有一片雪花是无辜的"这句话进行了改动,体现了其思维的严谨性。除了缩小原句"雪花"概念范围之外,还巧妙规避了"在雪崩中后期被裹挟的冰雪是不是相对无辜一些"的逻辑漏洞。

佳作实例2

Ⅰ-作文素材

阅读下面的材料,根据要求作文。

在某理工大学的校园里,一群挚爱种植的大学生想做有文化的"花农",于是,他们引入《诗经》文化,在田野中栽种了近百种花卉。

对于这群学生"自由成长"的行为,有人认为,大学时光那么宝贵,理应花在汲取知识营养、增加实践阅历上,而不是浪费在花花草草上。相反,有人认为大学生活本该多姿多彩、自由成长,才能让学生发现一个更好的自己。

作为高中生的你,对诸如此类"自由成长"的行为,有怎样的感想和思考? 请写一篇文章,谈谈你的观点和看法。

要求:①自选角度,自拟标题;②文体不限(诗歌除外),文体特征明显;③不少于800字;④不得抄袭,不得套作。

Ⅱ-学生习作

施以自由沃土,方成芝兰玉树

①"桃之夭夭,其叶蓁蓁。""苕之华,其叶青青。""维士与女,伊其相谑,赠之以勺药。"至美画面,感动到窒息;《诗经》余香,悠扬到如今。

②在时代自由的沃土中,我辈手植芬芳花卉,种的不仅是寄托,更是理想、信仰、时代精神。在种花种草种春天中得到自我升华,育成姹紫嫣红,成为百花齐放。

③深谷"刷山",遍寻草药,是樊蓉理想的脚步;闹市街头,磨刀霍霍,是北大杀猪哥信仰的延伸;地铁站旁,坐而论道,是流浪大师沈颜在时代自由的沃土上行为艺术。走出象牙塔,行己所爱,在自由的沃土中,顺应自己的天性,特色成长,是我们成为芝兰玉树的不二法门。

④百舸争流,千帆竞发,这个时代给了我们无数的成功可能性与卓越成长的机会,00后的我们更应让青春之花在时代自由的沃土上开放出自己的"极致"。这不单为了发现更好的自己,更是能为国家民族最大限度地散发光和热。但时代自由的沃土虽然广袤,成长要顺天而行,而育才也需遵循方法规律,所谓给他空间,给他时间,顺应其天性,策之以其道。

⑤"橐驼非能使木寿且孳也,能顺木之天以致其性焉尔",此言发人深省。无独有偶,"归鸭于野,齐声喁喁然以和,其羽濯濯然光泽"。可见,植树如此,养鸭如此,育人更应如此,策之必以其道,才能真的"成人"。这"道"一定要紧跟时代的变化,不能僵化、固化,更不要用停滞的目光批评发展的人事。

⑥所以,大学生也好,中学生也罢,死学知识,两耳不闻窗外事的单一型人才已经不能适应时代的发展。既是理工学生,又有人文熏陶的复合型人才,既能造高铁、架大桥、探宇宙,又能"琴瑟和鸣""赏菊东篱""种花读诗"

的新青年,才能在新时代、新世界、复兴中国梦的征程中一展雄风。

⑦种花种草,我们不必桃花坞里桃花仙,也不一定为了"投我以木瓜"。通过广植花卉,种出气质,种出境界,甚至种出理想、种出精神,都是有的。而在种花前,培土好自由的沃土,允许适应时代,甚至是超越时代的人事存在发展,更是需要我们深刻明悟的。

（张含融）

Ⅲ教师点评

此文除了读来齿颊生香之外,更有思路清晰、架构清楚,充满了逻辑的思辨精神与张力,而且毫无斧凿之痕。

文章开篇,在信手引用和巧妙排比的背后是作者匠心独运:把《诗经》文化"与"时代自由"相连。之后隐含式地解读了"自由下的成长"。接下来,作者用到三段论推理:这个时代是自由的沃土,00后生长在这个时代,所以00后可以自由成长。然后再用一个"但"字紧缩自己的论述:成长可以自由,但是又要"顺天""遵循规律"。这是作者自己主动地去堵住"自由就是漫无边际、自由就是毫无限制"的逻辑漏洞。第5段引证事例,用到类比推理论证后又用必要条件推理论证:策之必以其道,才能真的"成人"。并进一步规定"道"的概念内涵,以求与主旨相和,显示了逻辑上的深化。第6段主动回归,在充分条件推理和要条件推理的贯穿下完成自己主张的阐述。尾段通过用"不必""也不一定"和三个"种出"以及强调"自由沃土"进一步规定"自由成长"的要素,让自己的论述更精准、更深刻,从而为自己的议论画上完美的句号。

（2）引领学生提升思维认知深度,用辩证逻辑加强文章的论证

形式逻辑让我们的写作更"准确""理性",因为它可以帮助我们对事物的局部进行深度加工,但是,因其无法在一个逻辑过程中既把握局部又把握整体,这种"非黑即白"的思维逻辑,其线性思维特征和静态立场,往往会执其两端,容易让思维走进死胡同,也就是所谓的"著相"。比如,"对的就是对的,错的就是错的""有就是有,没有就是没有""爱就是爱,不爱就是不爱""我觉得你是好人,那么你处处都好;我觉得你不好,你处处都不顺眼"

"好人做的都是好事""他没送我生日礼物,说明他不够爱我""敌人都该被消灭"等。而这个时候就需要一种更高级的思维方式作辅助——辩证逻辑。它是一种矛盾的、对立统一的逻辑,这是环形的思维,就如太极图一般,黑中有白,白中有黑,黑白交替,运行不悖。这种逻辑思维方式就是动态立场,是无常的,没有一个固定的形式,一切形式因时空、立场的变化而变化。这是一种无我的、辩证的、整体的、相对理性和客观的思维方式。比如,对错是并存的,有无是相生的,善恶是一体的,大爱不爱,无住而住,物极必反,无所从来,亦无所去,益虫对于害虫来说是害虫,美女既是美女又不是美女等。也就是在辩证思维中,事物可以在同一时间里"亦此亦彼""亦真亦假"而无碍思维活动的正常进行,我们在观察问题和分析问题时要以动态发展的眼光来看问题。举个例子来说喝茶有益身体健康,辩证思维是喝太多或不合时宜地喝茶反而会伤害身体。

辩证逻辑的三条原则,即对立统一、否定之否定、质量互变。另外,辩证逻辑有五个维度,即原因维度(内因外因、根本原因—主要原因—次要原因)、主次维度(主次矛盾、主次方面)、一般—特殊、相对—绝对、整体—局部。三条原则与五个维度集中体现为"矛盾"的观点及分析方法。在方法上,辩证逻辑要求用全面的、发展的、联系的、矛盾的观点看待问题,要求具体问题具体分析,要求明确讨论问题的前提范畴。主张确定的范畴下,有确定的真理。

具体到写作中,要能在行文中用辩证思维探析有关现象,体现辩证思维。能由材料的表象去引发背后的思考,由文字的表层看到未见的深意,就是我们议论文走向优秀的又一关键。

比如,就"巴黎圣母院大火"这一热点事件进行写作。有的学生对一些国人表达惋惜之情,批判为"媚雅",甚至举出圆明园的例子,说不值得同情;有的学生则是写如何保护我国的文化遗产问题;还有的学生就马克龙的"我们将重建巴黎圣母院"表态发表看法,分析重建之后还是不是巴黎圣母院。这就为教师引导学生的思维带来了契机。持"媚雅"观点的,显然是偏执于逻辑思维,着了"非黑即白"的相。惋惜于外国的文物被毁甚至同情曾经敌对的国家遭受灾难就是不爱国吗？这显然是偏执的。如果应用辩证思维，就会在思维场里一下子豁然开朗，因为事物都是对立统一的，也是可以矛盾相互转化的，同时还是发展变化的，我们更要分清矛盾的主次，甚而要站在一定的高度来看整体而不被局部所迷惑。我们一定还没忘"青山一道同云雨，明月何曾是两乡"吧？曾经八国联军铁蹄的蹂躏和如今的巴黎圣母院失火不能一概论之。我们进一步应用辩证思维，用动态发展的眼光去看待，根据"巴黎圣母院失火"的材料，联想到我国还有许多需要保护的文化遗产，表达了对于文化遗产的危机意识、忧患意识，则是深度写作的更深一层的体现。甚而，去写关于修复文物背后的思辨问题，即以"忒修斯之船"哲学故事为引入，谈文物的历史价值和文化价值问题，也就是凭借"修旧如旧"，以旧材料、旧样貌为媒介，与历史和文化进行深度对话，而不是在于文物本身作价几何。这样，对于文物的认知势必更深一步。

所以，有鉴于以上，教师可引领学生就"民族的心态，世界的胸怀""多彩的世界与多元的文化""文化自信不仅是对自身文化、思想价值体系的认同与尊崇，还体现在对其他文化的包容""从容不迫，理智、理性是民族性格和民族精神成熟的重要标志""保护古迹，要以'历史真实为'要""修复古迹，切忌时人的'不伦不类'"等话题在对一轮写作充分思辨的基础上进行升格写作。

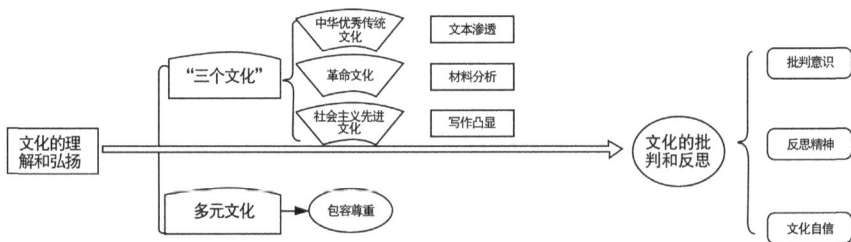

图 1-7 文化认知模式建构

2. 文化建模——从理解弘扬到批判反思

行文中的文化认知深度，是我们"深度写作"得以体现的重要层面，从对"三个文化"的理解弘扬，到对"多元文化"的包容尊重，进一步能凸显文化的批判与反思,在文章中彰显批判意识、反思精神但不因此而产生文化的自卑而是更好地建立文化自信。

纵览近五年的天津卷作文题,无论是 2020 年的"中国面孔"还是 2019 年的家国情怀抑或是 2018 年的"重读长辈这部书"等都有值得探析的文化现象,都为深度写作提供了可供批判和反思的文化空间。很多学生作文难以突破瓶颈到达一个更高境界,重要的原因是欠缺写作深度,而深度的一个方面,就是文化层面的思辨。在整个高三作文教学中,教师要在基础性作文教学的基础上对学生有意识地进行文化批判和反思意识的训练。比如,2020 年"中国面孔",无论是写杜甫的家国情怀还是写众志成城的民族精神、守望相助的个人担当都可以深入文化层面,体现思辨精神和文化深度。

又如,"李文亮医生去世",很多人会写"英雄"和"正义"的话题,当然这无可厚非,但是如果我们能注意到医生也属于知识分子,去写一写由"士子"精神而带来的职业坚守和道德良知,肯定在"深刻"方面更进了一步。如果再能用辩证思维去看待,就会深刻地认识李文亮的"去世"是属于"有的人死了,他还活着",惟其如此才能表达出超越肉体生死的认知——"肉体消亡,精神永存"的深度分析,那么文章一定出彩!

在课堂操作层面,要凸显教师的引领作用,从文本阅读中渗透,从材料分析中体现,在行文写作中凸显,也就是注意建构一条从文本到写作的路径。

操作示例。

主题:关于"追寻士子精神,建构当代风骨"的思考与建构。

追寻士子风骨,先要为其正名。凡读书人的坚贞不屈、坚守不弃、坚定不移,于国忠贞、于民爱护、于信仰始终如一,都可谓之有士子风骨。可以说儒家为我们的传统文化建构了这种精神,还可上溯源流、下延支脉。比干剖心是为扶大厦之将倾,黍离行吟是为悲故国衰变,屈原投江是为明忠贞之情怀,宋瑞赴刑是为震疲弱之国风,佩弦饿死是为锻不移的傲骨。乃至贵为天子,山河破碎也要以身殉国。可见,这种风骨基因向来在我们的传统文化中传承了下来,并在民族的性格里扎下了根。一个读书人可以身体羸弱、困守书斋,但不可无风骨气节;一位士大夫可以远离庙堂、醉酒江湖,但不可无士子精神;一众诗人作家,可以倚红偎翠、醉眠酒家,但不可无傲骨坚守。士子风骨关乎个人气节评判,更关乎国家尊严、民族性格的抒写,不可不有。

（1）士子精神的时代特征和考验危机

士子精神为中华文化特别是儒家文化一脉贯穿,但是在每个时代又具有鲜明的时代特征,也接受着时代的考验。太平岁月,士子精神的考验和危机主要是欲望的侵蚀,相对的士子精神特征更多地表现为自律自强下的自我精神坚守,特别是对自身欲望的克制。如"慎独"精神,就是典型的士大夫的高度自律精神,是典型的儒家文化下的自我克制、自我戒守,是士子精神的重要组成部分。而乱世年月,士子精神的考验和危机主要是家国的沦丧和生死抉择。相对的士子精神特征更多地表现为对国家民族的忧患、直面贼寇的不屈以及宁死不降的忠贞。如四面环敌、国势孱弱的南宋时代,陆游的"男儿堕地至志四方,裹尸马革固其常""切勿轻书生,上马能击贼";辛弃疾的"虏人凭陵中夏,臣子思酬国耻,普天率土,此心未尝一日忘",就是士子精神的典型表述,所谓"忧时元是诗人职,莫怪吟中感慨多"。再如夏明翰的战歌式的诗句:"砍头不要紧,只要主义真。杀了夏明翰,还有后来人!"无论是哪一个时代,士子精神在实质上都贯穿了一个"勇"字。前者是敢于直面内心和灵魂的"勇",是敢于对自己说不;后者是敢于直面刀和血的"勇",是敢于对敌人说不,更是对"生"说不!经受得住时代的考验,必将青史留名;经不住时代的考验,必将被万世唾弃。

（2）建构"三个文化"下的当代士子精神

当代社会,经济高速发展,物质高度发达,但也前所未有地复杂多变,当代的知识分子要经受住比以往历史时期更多、更难、更复杂的时代考验,更需一份勇力,方能建构属于这个时代的士子精神,彰显具有当代价值的士子风骨。

当代社会的知识分子,必须具有真正为人民服务的心,做到这一点,前提是要锻造"平常心"以建立淡然意识,能克制物欲的诱惑,坚守陋巷瓢饮而不失风骨;要打造"是非心"以建立公正意识,让灵魂始终站在高处,如白莲纯洁,如青松挺直;要洗练一颗赤诚的"爱国心",不要道貌岸然的伪君子,不要衣冠楚楚的精致利己主义者。

（三）以语言实践训练为突破的深度表达模式建构

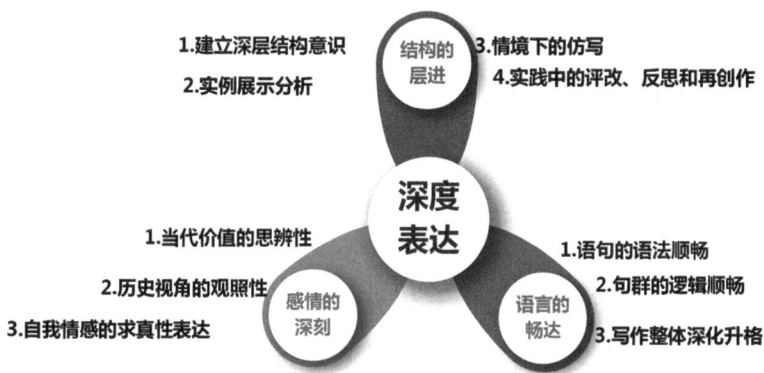

图1-8　深度表达模式建构

"深度写作"以"深度表达"为最终指向,但后者却远不是止步点。而能体现表达"深度"的也绝不是辞藻的华美、用典和引用的数量或质量。它应取决于议论结构逻辑上的层进,意念上的纵深;取决于语言的畅达,细节无瑕疵,逻辑无漏洞、无矛盾;还取决于感情的深刻,能从当代价值和历史的双重视角去审视、去思辨、去观照以及自我情感的"求真性"表达,不虚妄、不夸张、有生活的投影、有思想的蕴含更有文化的滋养。

在具体的写作教学中,首先教师要引领学生打破"三段论"的模式,甚而摒弃论点、论据和论证的陈旧禁锢,以建构深度结构意识。要知道高明的议论文写作必不可少推理、分析,比如韩愈的《师说》,第一段末尾得出核心结论——"道之所存,师之所存"就不是用论据证明的,而是通过设置层层推理进而得出结论。如,第一个前提:"师者,所以传道受业解惑也"。同时这也是一个定义,属于精准的界定,在概念层面做出区分,由于其是一个共同认可的前提,起到了"先立地步"的作用,也给自己辟出足够的说理空间。接着韩愈又引出第二个前提:"人非生而知之者,孰能无惑?"这又成为后面一系列推论的前提,也没有论证。接着,作者分三层继续推进。一是因为不可能无惑,故不可能不从师。二是闻道先后,与年龄大小无必然联系,以师道为准,虽然通常是师者即长者活着以长者为师,但不能绝对化。三是闻道先后和身份贵贱无必然联系,通常师者为贵,甚至上古习六艺者多为贵族,但时移世易,只有闻道才是不变得标准。

这显然不是论点、论据、论证模式,而是结构层进之下,以推理分析达成雄辩的典型。

除此之外,在论述中善于提出问题。分析性思维拒绝被动地追随,从人所共知的常识去反思,到对立面去找到分析的切入口。如《将进酒》"天生我材必有用"固然是千古名句,但是李白的政治坎坷恰恰说明天才不一定会得到重用,写诗的天才并不一定是治国的天才,即使进入了最高权力圈,也是一事无成。"立论的生命不是对论点的被动追随,而是让论点在具体分析的过程中深化"。对论点、命题中包含的矛盾进行分析,就是文章分析展开的过程。对于辩证逻辑来说,不存在永恒的无条件限制的论点,每一个论点都要防止绝对化。

对于有深度的议论文,论证过程不是寻找例证的过程,而是具体分析的过程。这种论证与形式逻辑不同,他不是对于论点的垂直肯定,不是遵循观点与材料一致的要求去组织论证,而是追求矛盾,不管是观点内部矛盾,观点与材料的矛盾还是材料中存在的矛盾,都可善加利用。

例如《六国论》它通过不断提出新问题的形式,对论点进行再分析,使得论点在层次上深化。首先,作者提出自己的观点,六国被灭是不敢战而失败,即"弊在赂秦"。在强敌面前,总是采取绥靖政策,割地求和,但是短期的安逸换来的是整体上的力量削减,这是"破灭之道也",也种下了败亡的种子。

紧接着作者开始了他的层进深化。

第一层深化,就是"六国互丧,率赂秦耶?"对啊,六个国家不是每一个都"赂秦"了啊。看似自蹈绝地,但正是这种自我提问,才为深化提供了强有力的助推。接着作者自问自答"不赂者以赂者丧,盖失强援,不能独完"。失去了强大的盟友,不就是变相地强大了对手吗?作者将疑问成功转化为对论点的支撑!

第二层深化,还是作者主动提问,就是齐国似乎不符合"赂秦"论点啊? 然后作者自问自答,齐国不救助盟友,就是变相"赂秦",和割地资敌没有区别,待到五国灭亡,齐国的败亡也就不可避免。

第三层深化,作者又主动提问,那么燕赵也没有"赂秦"啊? 接着作者自己回答,赵国不止一次战胜秦国是事实,但是赵国自毁长城,杀了李牧,这不正是作者主张的"六国破灭,非兵不利,战不善",而且作为小国亡于大国之后,更是佐证了作者的主张。

以此分析为基础,让学生适当仿写,但注意教师务必要设置一定的情境,不可漫无边际,或者让学生自由写作,要知道没有边界的命令就是无效命令,在这之后就是组织师生共同参与的评改、反思和再创作。这里还要提一下"下水作文",师生实操方面的"同甘共苦"不仅能带来共振,更是有利于教师把握写作难度、过程问题和重点点评方向。

有了深度结构意识的成功建构,接下来就是对语言畅达的建构。议论文的语言畅达不排斥辞藻华丽,但是一味地追求这一点或者说只停留在这一点,一定不是好的议论文语言。因为议论的有效性不等同于辞藻的华丽,它更多的是追求语言表意的准确性、概念的严密性、稳定性以及在行文中的一贯性。上文提到的在文章开头要有下定义的自觉,其重要作用就是能避免相邻概念的反复错位、交叉,这是进一步阐释论证的前提。

之后引领学生追求语言的简要性,尝试使用概括性枚举法,避免将实例或材料整个搬到文章中去,要学会取其一端,即与论点相关的那个侧面,要学会对材料的自如驾驭。像《报任安书》,作者所举的文王、仲尼都有各自不同的人生经历,但引用时只取遭遇不公平待遇却能将消极转为积极最终取得成功的一面。引用事例时务必主动撷取,不要被动铺叙。教师一定要引领学生做到根据论点重新组织材料,抽出与论点相关的意蕴,排除不相干的,切忌按照时间顺序平铺直叙,以避免被不相干的文字占据说理空间。

除此之外,在作文教学中,要借助以句子为单位的病句知识讲练以及以句群为单位的辨、析、改、评。后者可看做是情境下升级化的实践应用,让学生在整体语境下判断语句表达的恰适性。然后就是情境下的片段写作训练,以评价语句的语法顺畅为主要考量,评改后进行升格写作。

接下来就是关于句群的逻辑顺畅的建构。首先,行文中要追求论据内在的一致性,不能出现个别素材游离于中心之外,不但无用,反而足改文章的连贯性论述的情况。其次,再次注意概念的稳定性和一贯性,避免出现中间不可出现的偷换概念或者临近概念混淆的问题。另外,就是要注重论述上的概括性要求与罗列大量事实不相容的问题,因为事实总是无穷无尽的,而文章的容量是有限的,特别是议论性文章。而且使用的论据不能是"孤证",一定要有典型性。除此之外,要注意论证的系统性、论证的严密性、论证的连贯性、前后的统一性以及论据的内在一致性。要知道,所谓"雄辩不仅仅是自圆其说,而且是他圆其说"。

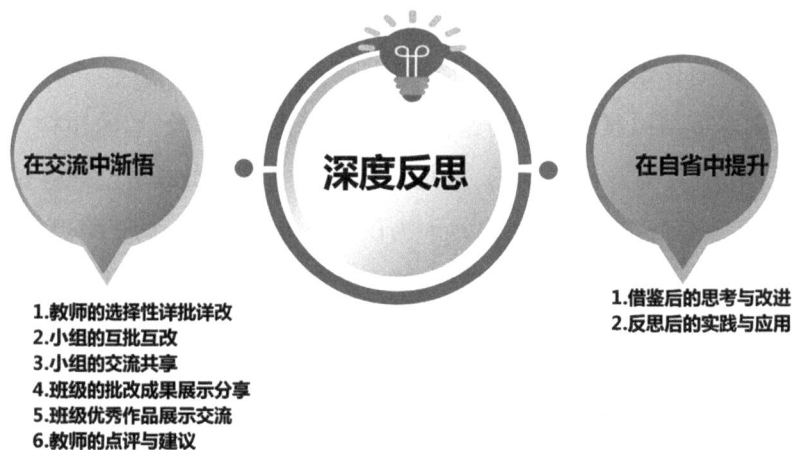

图 1-9　深度反思模式建构

（四）以评改研讨省悟为升格的"深度反思"模式建构

在此模式中,重点是发挥教师的引领作用和学生的主体作用,无论是交流中渐悟,还是在自省中提升,都不能出现师生作用相互的"割裂"的情况。

1. 在交流中渐悟

（1）教师的选择性详批详改

在交流中渐悟环节,作为后续活动基点的是"教师的选择性详批详改"。在操作上,第一个要点是关于对"选择性"的把握,教师要注意的是选择的原则和选择的范围。在选择性原则方面,要重点把握差异性原则、关注性原则和追踪性原则。

所谓的差异性原则,是指注意选择批改对象的类别分布,如按照作文综合写作水平分类,写作高手——一般写手—不入流的各一部分;或者按照座位组别分类,是 1 组—2 组—3 组—4 组一部分;或者是按照座位前后分类,第一排—第三排—最后一排;或者是按照性别分类,男生一部分—女生一部分。当然,为了增加趣味性,教师还可以把学生的名字做成标签,偶尔抽签决定。这些都是为了增加被教师详批详改的几率,公平对待每一名学生。

所谓关注性原则,一是教师要把每次详批详改"数据化"乃至图表化,长期积累可形成每个学生的写作变化趋势图。二是教师要特别关注三类人,第一类是班级原有的和后起的写作高手,注意及时利用文字交流的形式予以深度点拨;第二类就是写作水平不高、提升也慢或者是水平有提升但会有波动的学生,一是关注他们的变化,细致寻找原因,并予以针对性地解决,二是关注他们的心理,及时纾解,勿使他们失去提升写作水平的信心;第三类就是热衷于文学创作,或者水平很高,或者自视甚高,或者爱而不得其门而入的人,特别是后两类,既要通过文字形式进行技法指导,又要进行必要的面授机宜。

所谓跟踪性原则,指的是教师根据变化趋势图建立个性档案后,不仅要在一个主题的写作中跟踪学生反思后的升格写作情况并予以针对性处置,还要长期跟踪学生的阶段性变化,进行阶段性的作品对比,和学生一起找出好的变化和未解决的顽疾,教师予以针对性解决。

相对于选择的原则,选择的范围更容易理解。主要是所教班级(通常是两个)的交互选择,不能有所偏倚。另外就是非固定的 1/3 数量,这一点和差异性原则相对应。

"教师的选择性详批详改"的第二个把握就是对"详批详改"的把握,涉及"详批详改"的着眼点和"详批详改"的方式两个方面。

详批详改的着眼点,应包括语法点、思维点、结构点和情感点,包含了细微的如病句、逻辑漏洞、前后矛盾、缺乏辩证性、主旨没有一贯而下、没有前后呼应、情感不真不深、思想缺乏历史和现实的观照等。

详批详改的方式,则应包括眉批、旁批、尾批以及面批面改下的针对性交流。用方式的多样化,促进批改的详尽、到位和精准,用文字交流与口头交流相结合的方式,增加批改的有效性和深刻性。

(2)小组的互批互改

设计这个模式环节的主要意图是要在写作上使学生在交互式批改和研讨式交流的课堂中,能够从赏阅者视角冷眼审读他人作品,又能反观自省自己的表达,并在批改困境、美感愉悦的研讨中获得共同提升。特别需要注意的是此环节教师的积极参与,但不能喧宾夺主,参与体现在引领、指导和规范。至于学生批改的方式则不必苛求,有旁批有尾批即可。

(3)小组的交流分享

这个环节是上一环节"研讨中交流"的升格和深化,包括争议中求同、借鉴中提升、朗读中分享、批改语言的赏析。在小组的互相批改中难免出现有争议的情况,可以通过组内的集体研讨达成共识,也可跨组交流,请老师来做引领性评判,但一般情况下可留给学生一定的思辨空间。当然,涉及严肃的政治历史、科学文化的问题必须有一个严谨的定论。另外,就是组内文章的多角度的相互学习借鉴,以及可由组长适当组织朗读分享,时间和地点自由选择。另外就是批改语言的赏析,除了本组同学的批改语言外,也可以由教师推荐如钟嵘《诗品》中的精彩点评语句供学生学习。

更可推荐现代点评式整本书籍,如陈秀征老师的评析名家散文中学生读本《把栏杆拍遍》《四方城》等六部。在欣赏名篇佳作之外,可借鉴其中的语句来点评议论文。

(4)班级的批改成功展示分享

此处只设计两个小环节,一是关于争议话题探讨,二是精彩批改展示。前者是小组互批争议的延续和深化,由老师把关,把具有可议论空间、有争论意义和思辨价值的话题放到班级平台进行大研讨。在操作上,可以提前把预选的几个话题集中在班级预先展示,由学生选择一个课堂研讨话题。

精彩批改展示,可以采用张贴展示和课堂点评展示相结合的方式进行。

(5)班级优秀作品展示交流

此环节在上几个批改、研讨的基础上,以优秀成果的形式向全班同学做集中展示。形式上可以采用片段朗诵、全文配乐、句子迷和深度鉴赏的形式,前两者可集中在专门的课堂上进行,形式上采用个人报名和小组推荐相结合的方式,准备上学生自主结合教师辅助,特别注意要有跟进点评。句子迷,指的是对于有体现议论深度说理的句子的积累,特别是体现深度说理的句群的积累,以及体现深度层进结构框架的说理句段的积累,可以用图形表示。

而深度鉴赏则是写作中的写作,议论中的议论,是深度写作广度上的延伸,对提升议论说理很有帮助。操作上,可以采取现场口述、课后写短评、然后研讨、展示等循环往复的形式,使得"写作"的这股力不断层。

(6)教师的点评和建议

教师的点评和建议环节,是对以上环节的升华,但不能总是总结和一言堂,要体现开放和民主,可以鼓励学生参与进来,但不是推诿替代。

在操作上,要注意点评的深度和建议的深度。前者体现在多角度、引领性和语言精准性上。后者体现在中肯度、深度和启发性上。总之,点评不是简单的总结,更不是虚夸和猛批,要体现艺术性、严谨性、发展性和引领性。教师要做好充分的准备。

2. 在"自省"中提升

经过了以上"在交流中渐悟"的群体提升环节,接下来重要的是沉淀后的自我升华。一者是借鉴后的思考和改进,二是反思后的实践和应用。互批互改、研讨交流、展示共享、深度点评和教师建议,都是外部效应为主,要对自我产生深度影响,需要在自省中提升。

(1)借鉴后的思考和改进

"他山之石可以攻玉",在教师的引领下,学生把自己学习到的体会到的或者是领悟到的,做积累后的深思和行动。要有一个"记录本",里面用文字记录阶段性的自我"认知"。

（2）反思后的实践和应用

这个环节的主张是，操作上是学生在课后对自己文章的反观、修改和润色，甚至是大刀阔斧地翻修。务必要体现出"痕迹"，如异色笔的文字修改、作文纸背面的结构重塑等。

（五）以"重构"磨砺创新向蜕变的深度推进

图 1-10　深度推进模式建构

这个大环节是一个集大成的环节，以上所有环节的努力成果都要在这个环节中体现。同时，这又是一个延续性的环节，是体现"不放过"和"升华性"的环节。操作上分为三个部分，一是同主题的片段性磨砺，二是同主题的整体性重构，三是"成文"上平台（班级公众号等）。

1. 同主题的片段性磨砺

由于有前面"自省中提升环节"作铺垫，这个同主题的片段性磨砺就不会显得太突兀。操作上，教师要有目的性和预置性，不能随意而为。其中的片段性并不是某一段，而是文章的某一区域，比如针对之前的话题进行"一言立骨"式开篇写作，或者是针对之前的话题设计体现说理深度的结构，包括中间用"提问"来助推，还可以是针对之前的话题，进行概念性的话题圈定，以下定义的形式，将自己的写作话题进一步精准和缩小，从而进一步增加文章的思辨性等。

2. 同主题的整体性重构

在片段性磨砺的基础上，进行整体性重构与写作。重构在先，动笔写作在后,一定体现谋而后动,要"得成竹于胸中""振笔直遂,以追其所见要"。为此,在操作上,一定要留下谋划的痕迹草图。

3."成文"上平台(班级公众号等)

最后是对"成文"的处理,这个"成文"针对的是之前不成熟的写作而言,后期可以继续改进。操作上,可以是教师自己或者委任课代表或者其他人开辟并和教师一起共同管理班级的写作公众号,也可以是年级的或者是学校乃至区域文学社的公众号或微博。总之,是网络平台性质的为好,因为除了更开放更便于交流外,还有就是爱好者可以追加评论,又增加一个研讨交流的机会。另外,可以满足学生的成功心理以及激励更多的学生提升自身的写作水平。特别要注意的是,教师要定期关注公众号更新、追评情况,进行跟踪管理,并将之融入作文教学中去,从另一个侧面加大写作的"深度"。

三、结语

当今,作文教学是高中语文教学中困扰广大师生的一大难题。教师在进行作文教学时,往往有着浅表教学的局限性;学生在进行写作时,又无法突破议论文"三要素"的写作局限、"三段论"写作樊篱以及"名人开会、名言荟萃"的旧模式;而师生又面临认识感性化、认知浅表化、在审美和文化两个维度上不能进行深入探索的尴尬处境。

基于上述(包括但不限于)一线作文教学的种种顽疾痼症,为了深化作文教学、根本上改变作文教学现状,刘克强老师提出了"根系培育"的核心理念。本书正是以这一理念为引领,根据静海区的教学实际和未来愿景,研究并创建了"深度写作"作文教学模式。

本模式主要分四个层次进行建构,即以阅读实践认知为基点的"深度分析"模式建构、以"语言"实践训练为突破的"深度表达"模式建构、以评改研讨省悟为升格的"深度反思"模式建构和以"重构"磨砺创新为蜕变的深度推进。这四个层次,互通融合而又层层递进,构建成了一个完整的"深度写作"作文教学模式。

在高中生的议论文写作教学中,"深度写作"作文教学的构建,便是要尝试运用历史视角、当代价值观以及"逻辑思维、辩证思维和创造思维"等思维方式,来突破形式逻辑,走向辩证逻辑;要力争在驾驭和处理材料时,达到充分广度、充分深度和充分关联度;要从想得深刻走向写得深刻,从逻辑深刻走向文化深刻,彰显语文学科核心素养的思维发展目标。

本模式的建构,为高中语文作文教学提供了完整的参考思路,在一定程度上促使高中语文作文教学向更加明朗和深刻的方向发展。"实践出真知",要想真正实现"深度写作",还需广大一线教师在作文教学的实践中多思考、多行动、多分享,共同为学生打造一片可以深入扎根的写作土壤!

第二章 文 本
深度解读,加强学生文化浸润

第一节 "文学阅读与写作"任务群

课标相关内容解读

首先,从本任务群的定位和价值视角来谈一谈。

一、定位和价值——最高、最多,总领、奠基

通过研读新课标我们发现,"文学阅读与写作"任务群,在 18 个任务群中所占学分最多——2.5 学分,就必修课程来讲,更是占了 8 学分中的 1/4 强。

在新教材的编排落实上,更占了必修上册和必修下册 16 个单元中的 5 个单元,即必修上册三个单元,分别是 1、3、7 单元,和必修下册两个单元,分别是 2、6 单元。可以说是学分最高、内容最多。这样就结束了吗? 远远没有。

首先,每册书后面都有"古诗文诵读"部分。五册书都有,选编的篇目也都是如《涉江采芙蓉》《春江花月夜》等文学性极强的名篇美文。其次,一些穿插在其他单元内,被赋予了价值意义的文学篇目,也都具有很强的文学

价值和写作借鉴意义。

就以本任务群所在的必修课程为例，如必修上册第二单元"劳动光荣"选录的《诗经·芣苢》和杨万里《插秧歌》两首诗歌，第六单元"学习之道"韩愈的《师说》、荀子的《劝学》和鲁迅的《拿来主义》等，必修下册的第五单元的《谏逐客书》，而针对此文，鲁迅在《汉文学史纲要》专门讲过一句话——"秦之文章，李斯一人而已"，可见其文学价值。另外，第八单元杜牧的《阿房宫赋》、苏洵的《六国论》等，虽然进入新教材时有的属于"实用性阅读与交流任务"群，有的属于"思辨性阅读与表达"任务群，但其中的文学阅读价值和写作价值不可忽略。

另外，在选择性必修课程中，还专门开辟了新的文学阅读场域，分别按照"中华传统文化经典研习""中国现当代作家作品研习""中国革命传统作品研习"以及"外国作家作品研习"等任务群，编排了相关的单元内容，如加西亚·马尔克斯的诺贝尔文学奖名著《百年孤独》、古典中国的千古名篇《离骚》和乐府双璧之一的《孔雀东南飞》，甚至千古读来依然让人泪下的《陈情表》等，其他如，"整本书阅读与研讨""跨媒介阅读与交流"等任务群也同样有着阅读和写作的价值意义。这些安排，可以理解为编者对于新教材的整体架构，系统划分。

首先说，语文的内容都可以广义理解为"文学性"内容，而编者特设一个"文学性阅读与写作"任务群，用五个单元的教学内容予以落实，其实是在必修阶段做了一个奠基性工作，后面又根据高中语文学科核心素养的要求，进一步在选择性必修部分开辟更为广域的语文空间，划分了更为细致的语文群落，将语文的阅读与写作特征做了更为细致、深入、实践的落实。

综上，"文学阅读与写作"任务群，是一个总领的、奠基性的任务群，在教材中，内容最多，涵盖最广，而且其发展学生语文核心素养，指向深度阅读和深度写作的意义也最强，同时与其他任务群有着强烈的关涉意义。因此，对这个任务群的研读、设计和实施应该投入足够的精力和重视度。

二、学习目标与内容——整体观照和切分审视

(一)整体关照

首先,我们要对这段话做整体看待,这里面提到了阅读对象、阅读范畴以及阅读的两个任务,分别是阅读的过程性任务(感受、品味和体验)和阅读的终结性任务(文学赏析+审美鉴赏和文学写作+表达交流),最后就是阅读与写作的目标指向:提升关键性的三个能力——文学欣赏能力、审美鉴赏能力和表达交流能力。我们可以把后面的时点作切分看待。我们不妨把它切为两部分,即文学阅读+文学写作。首先,我们来看"文学阅读"部分。

(二)切分审视

1.关于文学阅读

要以艺术形象感受作品语言,欣赏作品内涵,把握作者创作意图为主要方向。同时要注意以下几点。

(1)深度性指向和任务性驱动

文学阅读,尤其高中阶段的文学阅读,一定要有深度,即深刻性,不能是照本宣科式的泛泛而谈,也不能是毫无建树的浅层游走,这些都会因为缺少深度让高中语文课堂失去魅力,更不能体现高中语文教师的深层引领作用。就如孙绍振先生所说,老师要讲那些学生一望不知,再望也不知的东西。这里需要强调的是,我们的课堂要力争做到,在教师引领下进行以文本深度解读和任务性驱动为依托的过程性感知、深度性挖掘和独特性理解。

做到这些,首先就需要高中语文教师具有较强的文本解读能力以及问题发掘下的情境任务设计的能力,也就是解读问题化、任务化的能力。

比如讲到《百合花》这篇小说时,教师可以引领学生思考:新媳妇去包扎所帮忙,开始时为伤员们"拭脸净手"、为"他们换一件干净衣服"都"又羞又怕","只答应做我的下手",到后来却见她解开通讯员的衣服"刚才那种忸怩羞涩已经完全消失,只是庄严而虔诚地给他拭着身子",这样的描写是

否存在前后矛盾？如果换一个人，新媳妇还会不会这样做？

再如，从不肯借被子，到"劈手夺过被子""自己动手把半条被子平展展地铺在棺材底，半条盖在他身上"，这样的前后反差，会不会让读者觉得假？为什么？特别值得注意的是，被子，是这位新媳妇新婚的被子，而且在那个艰苦的年代，能有一床被子，实属不易，教师可以引领学生联想红色经典故事"半条被子"，正是由于那里的老人没有被子，三位红军战士临别才把自己仅有的一床被子剪下一半留给老人！

还有，"她低着头，正一针一线地在缝他衣肩上的那个破洞"，为什么特别描写这里？再有，小说写新媳妇用被子"盖上了这位平常的、拖毛竹的青年人的脸"。为什么不写"伟大战士"的脸？等等，都是在文本细读之下，很好的思维爆点，将之设置为任务或者引领学生自主形成任务，那我们的课堂就一定会因为有了深度而更精彩。

（2）学生视角和学生主体

整个学习过程应该以学生视角和学生主体为建构来进行设计和实施，而不是教师自身。要注意学生在文本理解、任务完成中的整体性参与，主动性体现，探究性凸显和体验性保证。反对直奔主题，那种越过过程或者虚假过程的、教师主角光环闪耀或者全程剧本刻板式表演的以及任务或活动设计缺少吸引力、没有启发性等阻碍学生深度参与、有效参与的无效操作，都不是"三新"下新型课堂教学应该出现的情况。

2. 关于文学写作

注意，任务群的首段就明确提到的是文学写作，不是作文，也不是文学创作。

一是"作文"的表述有窄化嫌疑，因为我们常规理解的作文，多指的是大作文，也就是800字的议论文，或者少量的记叙文。从新课标的表述看，一是学生可尝试"自己喜欢的"多种文体样式和表达方式的写作，有选择的权利和空间。二是这里的写作不仅包含了传统的作文，还有杂感、随笔、评论甚至研究论文等。如必修上第一单元就有"学写诗歌"的写作任务，第三单元有"学写文学短评"的写作任务，而第七单元则是写情景交融的散文。

另外,每个单元的第一题,基本就是让学生写带有立论性质的发言稿、讨论稿,这个任务根据单元不同,还包含了阅读鉴赏、内涵探讨、经历分享、评点文字,甚至还有拍摄脚本等。

二是"文学创作"的表述有拔高嫌疑,不切合高中生的自身水平,甚至超过了他们通过培养可能会养成的能力、水平。

关于"文学写作",上海师范大学的郑桂华老师,在《普通高中语文课程标准解读》中提到之所以是"文学写作",而不是"文学创作",这样可以"减少学生对文学创作的担心甚至畏惧心理,激发学生对文学创作的热情和兴趣",并不会"削弱文学创作的独特性和创造性",这个是课标编者的良苦用心。但是,这里我要强调的是我们在教学过程中,要特别注意培养学生的独创性品质,这也是呼应语文核心素养中思维品质独创性、深刻性的发展提升要求,也是新时代高中生日常写作和考场写作,打破固有套路,走向深度写作的必备素养之一。

三是自由写作和高考作文。"用自己喜欢的文体样式和表达方式写作",其实就是一种自由写作,学生有自我选择的空间、发挥的空间,旨在写作兴趣的培养、写作基本功的养成以及日常积淀性、观照性的素养的发展,不求统一模式,但求全员都写,各有所长。这一切都必须从高一做起,而且教师和学生都要建立一个理念,那就是日常写作与高考作文息息相关,不可割裂看待,让学生错误地认为高一高二的作文课堂是无用的、无效的。在具体操作时,可结合单元学习任务进行,重在落实,落实应包括布置、检查、批阅、修改升格和交流分享等,没有布置或者只有布置而缺少后续环节的任务,都是不完整且无效的。

四是关于强调自己的而非他人的。任务群强调,要"结合自己的生活经验和阅读写作经历""力求有自己的发现""用自己喜欢的文体样式和表达方式写作"以及"写出自己的阅读感受和见解"。

细读之下,我们会发现在以上的四句话中,课标多次用到"自己的"一词,"自己的"成为"文学阅读与写作"任务群的学习目标和内容的高频词,也是一个关键词,这与课标后面第四部分"课程内容"的第 2 节"学习要求"

中关于"自主写作，自由表达"中提到的"力求有个性、有创意的表达"形成一种内在呼应，更与课标第五部分"学习质量"中提到"表达自己的理解和感受"，以及"在表达时，讲究语言运用，追求独创性……表达自己的判断和推理……表达自己的思想和情感"，形成内在呼应。这些是在向我们传达一个强烈的信号，即要重视发掘学生的自我认知、觉醒其对生活的自我观照、关涉其对经历的自我感悟，进行文学写作时，要写出具有个性色彩、真实体验和真实情感的诗文作品，也就是"自己的"一词背后，是语文要回归生活本真，要融合生活经验的学科内然性互换。它指向的是写作的"真"与"深"，体悟真，才能写得真、写得深。不要再在纸张上拾人牙慧、无效罗列、虚假感叹。当然，做到这一点并不容易，很多学生写作文一是背，二是仿，三是套，就是不会自己写，究其根源，跟缺少对生活的观察有很大的关系。所以课标还强调写杂感、写随笔，更重要的是，教师引领学生尝试做到以生活和文本为本源的"深度积淀"！

三、教学提示

本任务群为2.5学分，包含5个单元，课标解读中建议一共45课时完成。关于必修上册的1、3、7三个单元，建议用28至30课时。

（一）教学模式的多样性

在教学中，我们可以根据学情，酌情安排丰富多样的教学模式，如大单元教学统摄下的专题阅读教学、比较阅读教学以及以单篇深度教学为基础的群文关涉教学等。

（二）关于情境设置的必须性、关涉性和有效性

在做教学设计时，设置情境是必须的。《中国高考报告丛书·高考政策与命题解读》中就有关于"三线"的提法，即"核心价值金线""能力素养银线""情境载体串联线"，不论是全国卷还是分省卷命题，都呈现出典型的"无情境，不成题"的特征。由此，我们在日常教学中，要特别注重学习情境

的设置,要以文本内容为基点、关联生活本真、具有精准指向,并且能够有效激发学生的阅读兴趣,深刻引导学生的思考探寻方向,开掘学生的语言、思维潜力,提升其审美素养,引领文化体悟的学习情境。

(三)关于核心问题(任务)的上位性和贯穿性

一堂课,应该统摄在一个上位问题或核心任务之下,以保障文本理解和课堂结构的整体性和体系性。可以有一个或几个子问题或子任务,但要保证他们与核心问题具有内显或外显的关联性,并且它们的出现是必须且有效的,以及契合学习目标的。

(四)关于"专业"阅读方法的培养和阅读习惯的养成

高中语文的文学阅读,不是消遣阅读,更不是随意阅读,而是有明确的阅读目标、阅读任务等强烈阅读指向的专业研读。

有鉴于此,教师在日常的教学中应该教导学生用有效的阅读方法来阅读,如批注法、思维导图法、问题预设法和札记、随笔积淀法等。另外,还有从高一伊始就着力养成其良好的阅读习惯,如不拿笔不读书、不标画不读书、不思考不读书等,以及开展教师示范引领下的读名著、品名著、谈名著等阅读活动,除了统编教材规定的两本整本书外,还可以进行一下线索性地拓展,如,依照教材选文的线索,可以阅读《论语》《老子》《百年孤独》《复活》整本书,然后进行研讨活动、展示活动。总之就是要建构读思融合、读写融合的认知并以有效的行动予以落实。

以必修上册第一、三、七单元为例,谈教学建议

一、结构和内容

(一)关于"文学阅读与写作"任务群和相关人文主题的双线索交叠

如果说以"文学阅读与写作"等学习任务群为线索组织单元,是依据新课标精神,以具体学习内容来体现高中语文核心素养,那么以"青春激扬""生命的诗意""自然情怀""良知与悲悯""观察与批判"等人文主题为线索组织单元,就是利用高中语文教材的"文学性"文本涵载的哲思思考、文化自信、理想信念、责任担当和反思批判等人文价值,自然融入社会主义核心价值观教育,发挥语文课程独特的育人价值,"以文化人",润物无声地落实立德树人根本任务。

在这种"双线交叠"的结构特点之下,我们对文本的理解、教学的设计和实施以及相关的教研活动就要注意凸显高中语文课程的育人和育才、传道和授业的"双线交糅"特征以及操作过程中高中语文课程思政育人价值和高中语文学科核心素养价值的"融合性"特点,决不能出现脱离学科依托而进行显性宣教的割裂感、植入感和生硬感等里外"两张皮"的现象。

在做具体的教学设计之前,我们应该从"双线"的视角,对这几个单元具有高位的、整体的认识。

在"文学阅读与写作"任务群的统摄下,单元的思政育人任务是树立伟大革命抱负,理解作者对国家命运前途的关注,激发青春的热情,敞开心扉、追寻理想、拥抱未来。高中语文核心素养任务是理解诗词运用意象,抒发思想感情的手法,把握小说叙事和抒情的特点,体会文学作品的独特魅力;感受文学作品意蕴的丰富性和语言表达的特殊方式,学习从语言、形象、情感

等不同角度欣赏作品,获得审美体验,提升审美能力;尝试诗歌写作,增强语言表现力。

第三单元,同样是在文学阅读与写作任务群的统摄下,单元的思政育人任务是感受古典诗词的魅力,体味古人丰富的情感、深邃的思想、多样的人生,激发我们对中华优秀传统文化的热爱,提升审美情趣和审美品位,增强文化自信。高中语文核心素养任务是在反复诵读和想象中感受与欣赏古代诗词独特的艺术魅力;了解古诗词的形式特征,包括对偶、平仄、押韵等语言形式,掌握古代诗词鉴赏的基本方法;体会诗人对社会的思考与人生的感悟,理解文学作品丰富的内涵和语言的独特表达,提升审美能力;尝试写文学短评。

第七单元,同样是在文学阅读与写作任务群的统摄下,单元的思政育人任务是感受自然之美,提升感悟力,激发对自然的珍爱和对生活的热爱;培养与自然和谐相处的理念,树立合理的自然观;探寻民族的文化观念和审美心理。高中语文核心素养任务是整体感知文学作品。涵咏品位,领悟作品的内涵,把握作者情感态度,获得审美体验;从不同角度、不同层面鉴赏文学作品,对作品的表现角度和艺术价值有独到的感悟和思考,感受作品的文辞之美;捕捉创作灵感,运用一定的艺术手法,用自己喜欢的文体样式写作。

除了以上之外,我们通过对课标和教材内容的研读,在做教学规划和设计时,还可以做出一些更为具体和独创的设定。

(二)三个单元的内在关联

必修上册的一、三、七单元,除了都统摄在"文学阅读与写作"任务群之下,在人文主题层面、学习任务包括写作任务安排等层面都体现出一定的内在逻辑关联。

从立德树人的视角来看,作为十六七岁的青年,进入高中的第一节语文课,就学习和感受伟人的青年时代,那种以天下为视野、以江山为担当的胸襟格局;那种青春激扬、睥睨天下、敢于改造旧世界的情怀气概以及虽然时逢深秋,却无萧索悲凉而有壮丽飞动的生命意境,虽然身遭险境却无落寞孤寂而有青春叱咤、主宰乾坤的豪情壮志! 对于刚刚步入人生新阶段的青年学子而言,这真是正当其时,正当其位!

而后续的几首诗歌包括两篇抒情小说,虽各有侧重,但触发点和侧重点还是统一在"青春激扬"的主题之下。所选作品,看似跨越了时代,却以共通的青春年龄相接,内容虽然相隔了岁月,却以共有的青年激情相连。学生阅读第一单元文本,是必然有感悟的,也是可以有共鸣的,为后面的知识学习和人生成长,做了理想情怀、责任担当和青春思考乃至生命思考的语文化奠基。

接下来的第三单元"生命的诗意",教材设置了更高层次的感悟体验——在诗意中感悟生命情怀,选文从个体生命觉醒的魏晋到对个体生命思索的唐宋,虽然抒写形式多样,但感情深沉真挚,同时与第一单元的内容、情感形成一种内在呼应,教师做设计时,有的篇目甚至可以形成一种反观式的群文比较阅读,在情感价值、文化理念等方面可以得到深层次的体验。

进入第七单元,这是人与自然交互的一个单元,这里有文人士子的审美、跨生命的哲思、根祖文化的体验,在人与自然的交互和文化的深层浸润中,学生的审美体验、文化理解乃至人生的思考,得到进一步的加深。

从激发青春的理想信念,引发青春的沉思,到开启生命的觉悟思考,再到融入自然天地,体悟人生大美,三个单元间,存在着立德树人层面的内在关联性。

从教材的学习任务的设置来看,三个单元的任务在认知和训练层级上是渐进的,难度上螺旋上升的,整体上体现了体系性的知识建设,其内在指向是语文素养上的提升。这种发展和提升是逐渐积累、系统成长的。而且与高考评价体系也是契合对接,不再是教、学、考三者相互割裂,而是教什么考什么,考什么学什么。

如第一单元第一题,要求学生就"青春的价值"展开讨论,要完成此任务,学生就要对本单元的作品有较为深入的个性化阅读和思考,并且要准备交流稿件,先读,后写。第二题,则是要求学生诵读本单元的诗歌后,围绕"意象"和"诗歌语言"揣摩作品的意蕴和情感,感受其风格,并且以"札记""交流稿""点评"(评价)的方式完成。第一单元的学习任务,不管是交流稿

(高级版读后感)、札记、朗读、点评稿、诗歌并合编一本诗集,总体上是根据自己的"感动""感受""感触"感性层面的东西进行写作。

到了第三单元,同样是第一题写交流稿(几乎每个单元的第一题都要求针对某问题做讨论),但要求上已经从第一单元的以"感动""感受""感触"为写作基点,上升为"探讨内涵"基础上的"思考和启示",也就是要求学生从感性认知上升为理性认知,强调的是学生内在思维层面,从直觉思维、形象思维上升为逻辑思维甚至是辩证思维、批判性思维等。而第二题的任务要求,也从第一单元的个体"朗读"交流,升级为班级诗歌朗诵会,体会古诗词的音韵美,而且要求学生揣摩音韵节奏、设计朗诵脚本、借鉴网络资料,并能自主配图配乐。这不仅是措辞的变化,更是学习层级的变化、交流形式的变化,乃至是学生自我学习体验进一步深入。更值得注意的是,两个单元的写作任务,从写点评、学写诗歌,到写文学(诗歌)短评(第三题任务),也就是从会写诗歌、能写诗歌,并且写了诗歌,有了下水创作体验后,进一步会评价别人写得怎么样,好不好,到底好在哪里,能自主选择一个切口去做个性化的点评。写评价,当然不能是上课笔记的照搬,必须体现独创性的思考,可以借鉴前人的评价,但一定要有自己的看法,这就必然驱使学生做更加深入的阅读,加之更加个性化的理解。整体上,第二单元所给任务,从感性上升为理性(写诗—评诗),从散碎升格为体系(点评—短评)。

进入第七单元,单元任务的要求有了进一步升级。

如第一题,完成题目的基点是学生以理解作者对生命的感悟与思考为基点,建构自己的感悟与思考,并写出评点文字和拍摄脚本。

相比于之前的以"感动""感受""感触""思考""启示"为基点写交流稿,本题的任务要求学生自己对生命的感悟,强调了对生命体验的深刻性,这种深刻性首先表现为思维模式上从对语言和文字形象的直观体验上升到对语言现象、文学现象的辨识、分析、归纳、概述,以及运用批判思维去审视的辩证思维。其次是审美与文化认知的深刻性,能对课本的选文有独到的理解,本身就表示了学生审美鉴赏能力和文化理解力,而能以此为基础写出评点和拍摄脚本,更是理解认知深刻的表现,凸显了"理性精神"的建构,毕竟影视拍摄脚本要想说清楚关于镜头怎么拍,势必他已经把整部作品的架构如庖丁解牛般内化在了自己的头脑中,并有自己独特的理解。(注意,第三单元第2题也有设计"脚本"任务,不过是朗诵脚本,相对简单些)

第二题,要求学生能在理解作者审美倾向和人生思考以及作品折射出的民族审美传统的基础上,对相关作品(如《故都的秋》)的民族审美心理和审美特点,以及作品背后蕴含的文化意义进行研讨。

此题将思考层面从个人上升民族,从个别走向一般,由一个引出一类,学生的思考认知视野进一步开阔,对审美和文化的思考进一步加深。提升了学生的审美水平,加深了其对传统文化的理解。

第三题,要求借鉴选文的艺术手法进行散文写作,而且是写—读—评—改一体化的操作,之后还有编辑成册、拟定书名。值得注意的是,此题进一步引领学生回归生活,在时序变化的观照和遐想回忆之间建立关联,进行写作,这既要求引导了以生活为本源的观照积累,又引导了以文本深入借鉴(前边两个题的理解、研讨,可以算作是第三题的写作基础)。同时,关于散文"融情于景""情景交融"的特征提示和写作引领,不仅是手法的教导,更是对于写作中情感深刻的凸显,这一点应特别注意,并做特别要求。即写真文章、抒发真感情。

以必修上册第三单元为例,谈三种教学模式建构

"单元整体教学"的实施,应以"整合"思想,凭借"整体化的课程与教学组织形式,让学生在相对完整的情境和任务中自主构建、不断反思和调整中养成"学科核心素养。

一、建构以"主题"为贯穿的"主线"教学思维

将"'生命色彩·诗意表达'——关于诗人和诗歌志趣的探究"作为此

主题的切入点,设置"个性的生命色彩,不朽的诗意吟唱"作为任务情境,引入本单元八首诗词的创作背景和诗人的生命状态的探索与交流,通过设置"关键词""壮心不已曹孟德""东篱隐士陶渊明""长安放还李太白""晚年飘零杜子美(伤时伤己杜少陵)""天涯沦落白居易""黄州一人苏东坡""忧愤满怀辛弃疾""愁郁无解李清照"等引领学生用阅读、查询、分析、研讨、表达等方式完成梳理并整合,借助专题学习和系列活动方式具体实施,达成课堂的有效生成。

专题一:"生命色彩·诗意表达",关于诗人和诗歌志趣的探究

系列专题活动(一)"梳理整合·知人论世"。

系列专题活动(二)"配乐吟诵·整体感知"。

系列专题活动(三)"概括主旨·探究志趣"。

专题二:"生命呐喊·手法风格"关于诗人风格和诗歌手法的探究

系列专题活动(四):"手法梳理·风格探究"。

专题三:"文学·生命·文化"关于诗歌中的文化现象研讨

系列专题活动(五)探究"诗人·诗意·酒"的关系。

系列专题活动(六)对比分析八首诗歌表达的"境界层级"。

专题四:"鉴赏批评·读写融合"关于文学短评的教学和写作

系列专题活动(七)文学短评的写作与交流。

系列专题活动(八)"知识梳理·单元整合"。

通过设置四大专题,尝试建构由了解诗人到赏析诗歌,再由探究诗意、解锁文化回到理解诗人生命意义的圆融与循环。在探寻理解的基础上,进行深入鉴赏批评,最后融合读写,完成对整个单元的主线教学。八个系列活动是对四大专题的细化与具体实施,从梳理诗人信息开始,由探寻生命意义色彩而吟诵感知诗意,进而概括主旨、探究志趣。在此基础上,引领学生探寻呈现诗意的差异和诗意的呈现方式之间的关系,也就是诗人选择什么样的诗歌样式表达思想感情与诗人的个性、与诗歌内容、与诗歌体式对情感表达的作用的关系。教师通过设置引领性问题请学生选择一位诗人和其作品进行相关探究,还可以把几位诗人及作品放在一起进行对比探究,从而梳理手法,探究风格,在其中感受摸索体悟的趣味。在以上梳理探究基础上,进入更深层的文化层面探赏。

本单元所选的诗词都直接或者间接与酒有关,如《短歌行》中曹操因"对酒当歌"而横槊赋诗的苍凉豪迈;《琵琶行》中白居易因"醉不成欢"而"添酒回灯"的复杂矛盾心绪;《念奴娇·赤壁怀古》中苏轼用"一尊还酹江月"表现出来的旷达洒脱;《声声慢》中李清照以"三杯两盏淡酒"展现的冷寂孤独,这些都是显性易知的。而其他如陶渊明、李白、杜甫和辛弃疾作品也都有或淡或烈、或清或浊的酒意融在其作品和人生中,很有探究的意趣。在对诗人、诗意和酒的关系的研讨中,学生的审美体验得到进一步提升,而对诗词文化、酒文化甚至由此延伸的中华优秀传统文化的体悟都会有加深。引领学生探寻的脚步一定不能止于此。因为同为诗人,大都饮酒、作诗,但也有境界的差异,解读时可以参照冯友兰先生的"人生四境界"引导学生在比较阅读中思考探寻,并鼓励写成小论文进行班级交流。当然在单元教学任务的最后,再做一个反梳理从而做到日常性的"厚积"就更为尽善了。至此完成"诗意的生命"如何熔铸成"生命的诗意"的探寻,但要注意专题安排上逻辑的递进和整体的融通。

二、建构以"课"为整体的"比较"教学思维

"文本的学习不能缺少参照系,否则就会因视野的逼仄遮蔽了作者的个性表达和读者的全面认知",所以如果说建构以"主题"为贯穿的"主线"的教学思维是注重在单元人文主题统领下的整合教学,那么建构以"课"为整体的"比较"教学思维就是在充分理解文本的基础上,引导学生以群文比较来探寻篇章间内在联系从而预设主题的分析教学。

(一)"人生的抉择"

比较阅读《短歌行》和《归园田居》(其一),在两位诗人的时代背景、出身履历、人生经历等方面寻找异同,点评其历史意义和当代价值。

曹操生活于汉末三国,陶潜生活于晋宋之交,同属魏晋那个风云变幻的时代。诗人天生的敏感心灵和细腻情感让他们可以用生命去感悟时代的真实,并将之投射在自己的作品中。其作品充分体现了他们各自人生抉择的大相殊异。教师可试着引领学生从出身经历、性格志趣等方面找寻原因,从历史文化价值和当代社会价值方面点评其意义。

梳理1:显宦之后和败落门庭——分别梳理他们各自的祖上门第和家境身世对其仕途的影响。

表 2-1:各自的祖上门第和家境身世对其仕途的影响梳理

	祖辈官职(地位)	家境身世(变故)	对仕途的影响(正负)
曹操			正:
			负:
陶潜			正:
			负:

曹操的出身虽然广为诟病,甚至是敌对之人攻击他的一个痛点,但是不能不承认,"祖上"对他的仕途有着相当"正向"的影响,特别是当他因为棒杀蹇硕叔父事件后,虽然博得"京师敛迹,无敢犯者"的名声,但如果他不是太尉之子,恐怕结局就大大不妙。当然,也因为他是太尉曹嵩之子,而曹嵩又是宦官曹腾的养子,这就大大比不上袁绍的四世三公名头更正、来头更大,让他在十八家诸侯讨伐董卓时颇有掣肘无力之感,但也促使他去倾尽家财另创局面,从而建立不世功勋。

相比于曹操,陶渊明的出身虽无痛点可供敌手痛骂,却难比曹操显赫。陶氏先祖虽可追溯到东晋时期名将陶侃,但祖父只做过太守,父辈家境虽可,却无政治建树,也就对他没有什么政治荫庇。而且陶渊明八岁丧父、十二岁失母,家境败落,所谓"弱年逢家乏"。所以,他触摸不到上层阶级,自身虽然有从政经历,但颇有"白发初为吏,沉沦于下僚"之感。他心有济苍生大志,却没有展宏图的机缘,不过,这也促使他下决心挂冠归隐,从而开隐逸诗宗一脉。

梳理2:风云际会和劳形躬迎——分别梳理他们各自的早期经历

表2-2:各自早期经历梳理

	曹操		陶潜	
阶段一:				
阶段二:				
阶段三:				

曹操的早期经历可谓一波三折,大体梳理成三个阶段。

阶段一,他初涉仕途,崭露头角。20岁被举为孝廉,入京都洛阳为郎。不久,被任命为洛阳北部尉。他申明禁令、严肃法纪,造五色大棒惩治不法,后得罪权贵而遭报复,回乡闲居。后又被征召,但朝政腐败,无所建树。

阶段二,黄巾起义,一展拳脚。此时曹操被拜为骑都尉,受命与皇甫嵩等人讨伐黄巾军,因功升迁,治事济南,"政教大行,一郡清平",但权宦当道,只好隐居。春夏读书,秋冬弋猎。

阶段三,董卓乱政,逐鹿中原。董卓入京,废少帝,立献帝,倒行逆施,曹操"散家财,合义兵",首倡讨贼。后"设奇伏,昼夜会战",大败黄巾军,建立青州军,自此实力大涨,开始逐鹿中原。

结论:曹操致力于建功立业,虽然几经沉浮,但矢志不渝。

陶渊明的早期经历也算几上几下,大体梳理为两个阶段。

阶段一,弱年失怙,总角闻道。陶渊明八岁丧父,十二岁丧母,早失凭依,家境败落。他幼读诗书,同时受到儒家和道家思想的影响,既"猛志逸四海",又"性本爱丘山"。

阶段二,游宦谋生,动荡仕耕。陶渊明出仕并不晚,但客观上是为解决生计,且官职不高,几度反复;主观上出现仕与隐的矛盾:既想为官一展宏图,又在出仕后仍眷念田园——"目倦川途异,心念山泽居"。可以说他缺少的是没有祖辈荫庇情况下的自我奋斗、建功立业的诚意和毅力。

结论:陶潜虽然有济天下的大志,但是缺乏平天下的手段、毅力和耐心,儒道两家的思想,最后还是道家占了上风。

梳理3:建功立业和隐逸保身——引领学生从历史文化价值和
当代社会价值方面点评其意义。

表 2-3:各自抉择的历史文化意义和当代社会价值意义梳理

	历史文化意义	当代社会价值意义
曹操建功		
陶潜归隐		

这部分梳理是比较开放的,教师应注意学生在辩证思维和批判性思维方面的运用,同时要注意引领学生"有理有据"地发言,不可姑妄言之。

(二)"恨有高低"

比较阅读《梦游天姥吟留别》《琵琶行》《登高》。三者都写痛苦,但境界有差别。

李白的痛苦,源于极度自负下的极度失落。属于对自我认知不清、定位不准带来的心理落差的痛苦:自认才华横溢,但是朝廷没有为自己提供用武之地,缺乏相应的政治经验和政治耐心,在被政敌打击和自我遇挫后,一味的自我放逐、自我放弃。属于个人层面。

白居易的痛苦,源于政治诉求失败,遭遇贬谪后的政治孤独的痛苦:有好友,但不在眼前;有理想,但不被认同;有爱好,但知音难觅。浔阳的一切都是那么陌生,突然听到琵琶声,唤起心理上的认同;听其身世唤起自身遭遇和自我价值的认同。白居易的痛苦中有着知音之乐,湿青衫的眼泪中有着孤独得到纾解的快意。也是个人层面。

杜甫的痛苦,是个人和时代的杂糅,是自我和家国的混同,难解难分。所谓"四十无闻,斯不足畏",自认能"致君尧舜上"却终生只为小吏的老杜,心理落差是巨大的;终生念念国事,但国运却日益飘摇,内心是苦痛的;壮志离家,却霜鬓潦倒、破船归乡,心情之复杂,果真一言难尽,就是借酒浇愁也难以做到,心中的苦痛不是一句个人或者家国就能说清楚的。

课堂中,通过比较阅读引领学生思考对三位诗人从作品中透露出来的关于生命的思索。

表2-4　归纳并结合诗句分析三位诗人的不同痛苦

	观点提炼	诗句分析
李白的恨		
白居易的恨		
杜甫的恨		

除以上两个主题外，教师在教学中还可以激发学生的创造力，建构诸如"诗人的艺术"主题，以《梦游天姥吟留别》《登高》《琵琶行》三首诗为一组，探究诗歌体裁和艺术手法；建构"风格比较"主题，比较苏辛豪放中的差异，也可比较李清照和晏殊、柳永、李煜婉约中的不同。

（三）建构以"篇"为基点的"深度"教学思维

深度解读文本，将其深层含义和隐含价值挖掘得更透彻、更充分，是高中语文教学和初中语文教学的区别之一。如《声声慢》的首句，大家都知道好，但是好在哪里，往往没有讲清楚。如果仅从数量上考量，它不是最突出的，清代贺双卿《凤凰台上忆吹箫·赠邻女韩西》就"用双字至二十余叠，亦可谓广大神通矣"词评价陈廷焯也说："易安见之，亦当避席。"但这显然未挖到本质深度，没有挖出其内在的意蕴价值。清照晚年孤苦，无依无靠。比起物质的匮乏，更可怕的是精神的无尽孤独。她似乎在寻觅什么，而且很想寻觅些什么，故一个寻觅不够要寻寻觅觅，但又"不知道寻觅什么，说不清自己到底失落了什么。精神的失落感是看不见、摸不着、寻不回的，寻觅本身成了目的"。少女时代的烂漫时光还寻觅得到吗？情投意合、赌书泼茶的爱情还寻觅得到吗？悠游自在、稳定安闲的生活还寻觅得到吗？一切都寻而不得啊！"冷清"二字看似是环境描写，其实更是她的心境写照，又是她寻觅的结果。孤寂而冷清，这就是她的现实，是她意识到了的。这意识中有无限的懊悔、凄惨，定要加上"戚戚"二字方能尽意，但又似乎不能尽意，"怎一个愁字了得"呀！而且三句之间有"逻辑的断点""没有逻辑的因果"，就在这似断还续中,那份失落和迷茫就被表现得淋漓尽致了。当然此处还可联系史铁生在《我与地坛》中写的"忽然间几乎什么都找不到了"来表达"攻玉"。

《梦游天姥吟留别》
——主观梦境下的天姥世界和人格统一

不同于苏轼《江城子·乙卯正月二十日夜记梦》、李贺《梦天》等诗词的记梦写梦,李白的《梦游天姥吟留别》颇有些主观造梦的味道。诗人利用自己天马行空的想象,创造天姥意象,建构"天姥"世界,让"自我"飞天遁地又脚踏实地,感触真实却又深陷幻境。遇仙而不成仙,登山而未绝顶,好梦却惊起,归期却无期。真是处处超出想象,处处隐含疑惑。

一、东南名山不少,为何独造以天姥意象为主体的天姥世界?

(一)天姥意象:带有李白强烈的情感印记个自我、个人价值认定追求规定

李白笔下的天姥山已然不是单纯的自然客观的天姥,它带有李白强烈的精神、情感以及潜意识里急于对自身价值证明的规定。

李白自视才倾天下,曾自比身佩六国相印的苏秦,"归时倘佩黄金印,莫见苏秦不下机",又自比大鹏鸟,能"扶摇直上九万里",但终其一生也未曾真正地同风起,特别是眼前"被"辞职的矛盾窘境,让他与现实中寂寂无名的天姥山颇有些"同病相怜"的味道,所以,他就把本不广大的天姥山写成"天姥连天向天横",仿佛蛮荒神山般广域万里、横亘天际;又把本不高耸的天姥山写成"势拔五岳掩赤城",而且"天台四万八千丈,对此欲倒东南倾",压服包括五岳在内的群山,成了绝对的高耸绝伦!可以说是极力夸大

了其高雄和广袤,既有绝对化的描写——连天、横天,又有相对化的衬托——势压五岳、直掩赤城,甚至不惜先把天台山拔高到"四万八千丈",然后再让它对天姥山倾倒匍匐。天姥山在李白笔下俨然成了高地绝天、纵横万里的天下第一神山! 这种诗化意象明显是人与山合、心与物合的结果,李白就是那座天姥山,相应的,诸王公贵族、诸名士权要则成了五岳、赤城等,成了配角与背景。这种明显的夸张和"歪曲"实则是李白现实中失意而梦中自雄、借造梦以认定自我价值的一种诗意手法,那么天姥意象本身就有了李白精神情感和预设心理下的主观规定。

2. 天姥世界:包含三重小世界的真而幻、幻而真的叠加时空

1. "自然天姥"是建构基石与凭依,不可少但不可多

人间的自然天姥既是建构天姥世界的必要存在,是客观凭依,纵观全诗45句,真正实写天姥山自然景观的笔墨只"渌水荡漾清猿啼"四句,且皆泛泛描写,没有出现如黄山迎客松、泰山十八盘那样标志性的景物,也没有如姚鼐般去登临绝顶。何也? 一方面是实际上他也是真没去过(莫砺锋观点),无从写起,而更重要的是诗人意不在此。这并不是说自然天姥不重要,它除了是诗人造梦的源起外,也是诗人后文得遇仙境的源起:山路盘绕、山花烂漫、沉浸其中而不自知,以致忘了身外的时间和空间,这才在近乎"坐忘"的恍惚中撞入仙境。这里要特别强调,是李白被景所迷,夜色降临而不自知,而不是突然天黑。这是两个完全不同的理解。前者是强调天姥山景色殊美的前提下,让仙境出现,有审美基础,这中间还有一个变化的过程和时间的延伸以及因果关联——景美、人醉、仙境出。后者是强调天色突变、仙境突现,缺少过渡衔接,仙境的出现就显得突兀。

2. "人文天姥":是愉悦,是慰藉,也是升华

为什么梦游天姥要出现谢灵运的影子? 是顺便一提,还是着意为之? 这可能也是我们阅读时的一个疑惑。我们知道,用自然的美景消解内心的悲愁,这是古今骚人登临山水的一个重要目的。所谓"登临山水遣胸怀",李白自然也不例外。就像美国社会学家库利讲的那样,"我""我的"或"我

自己""并不是独立于普遍生活之外的某种东西"。文艺作品,往往是现实生活的镜像。显然,"仰面大笑"到"赐金放还"的巨大落差和挫败,在人生中的负面影响还未远去,李白需要自然山水来消解释怀内心的愤郁,但外部美景的消解功用,在巨大而沉重的政治失意面前,显得力量不足。一如兰亭美景未让王羲之完全解忧,永州山水也未让柳宗元完全释怀。所以,李白此刻不仅要在兼有雄壮之美(前文写山势)、柔和之美(月光湖色)和迷离之美(迷花倚石、千岩万转)的天姥山风景中消解痛苦,还要借助人文历史的固有"约定",来找到一个足够分量,又值得崇拜的"同病之人",在"天下沦落"的同感中,找到心灵的慰藉。于是,最合适的谢灵运出现了。说他最合适,是因为谢灵运是为数不多能和李白跨越时空性情相投的人:才高八斗且恃才自傲,政治失意又喜欢借山水寄托心志。这些都非常契合李白的性格和彼时心境。谢灵运的出现,让诗歌写作从山水向人文做了升华。同时,随着谢灵运出场,李白好像也找到了继续"登临"的方向:穿上谢公的鞋子,沿着谢公的路线,前进!他似乎找到了一种皈依的感觉:吾道不孤!"事实"也证明了,他做对了:在后续的登临中,他在视觉上望到了震撼——半壁见海日;他在听觉上出现了仙幻——空中闻天鸡。于是,李白内心得到了极大的愉悦。在人文和自然作用的相互交叠下,他渐渐沉浸在自己所造的梦境中,这也为下一步入境仙幻做好了准备。

3."仙幻天姥":是终极,是告慰,也是文脉贯穿

为什么梦游天姥要出现怪异仙境?这可能也是我们的另一个阅读疑惑。而且李白笔下的仙境颇有些怪异"熊咆龙吟殷岩泉,栗深林兮惊层巅。云青青兮欲雨,水澹澹兮生烟。列缺霹雳,丘峦崩摧"。伴随仙境出现的不是仙音阵阵、仙花朵朵,而是野兽咆哮、乌云密布、雾气昭昭、山岭崩塌。简直吓人!与我们想象的"金银宫阙高嵯峨"的仙境有些差距。但李白这不太完美的仙境,其实是符合"人"的想象轨迹的——不太过架空,有一线人间痕迹。所谓"人间痕迹",就是那面现实的镜子,这种怪异的仙境,实则是李白现实境遇的梦境折射。这在文脉上就和前文的自然消解、人文消解做了贯穿,也就是这梦境虽然迷离恍惚,但文脉一直贯连。很显然,不管李白

自己说在不在乎,但在他的潜意识里,我们能读出这种被放逐的感觉,而且他把这种不好的感觉在似梦似幻的意境中做了艺术性放大:恐怖的叫声、暗黑的天色、摄人的雷电、骇人的山崩,这些让人恐惧景象(视觉听觉)是如此地清晰;而迷乱的路径、迷雾的景象等都作为梦境环境的整体概写,给人以约略的印象。也就是发自内心的恐惧是清晰而显要的,而外部的景象是朦胧而模糊的。这其实就是现实和梦境的混融,也是人潜意识特点的体现,更是李白主观造梦的高明之处——真实,所谓"自我感觉中他人的影响可以十分显著和特别,但也可能是模糊和笼统的"。显然,李白是写梦的高手,更是抒写自我潜意识的高手。当然,这样的处理也符合道家方式——自然而然,别太完美,但李白却在这似乎不完美的梦幻之境中进一步得到纾解以及自我价值认定目的的实现。

(1)承认我:仙境显现,仙人自来。不但有仙境、仙人,而且人数众多,而且列队而站,可谓仪式隆重!更重要的这不是李白求来的,而是仙境仙人主动现身。在我们传统文化里,仙境,肯定是高于人间的,而仙人当然也要高于凡人,包括是凡人中的王者。君不见高贵如始皇也要派人求仙。那么,此刻仙境和仙人的文本意义就很明显了:承认他!这种承认的指向不是他道士的身份,而是世俗世界未曾实现的政治价值。李白颇有些负气的意思:人间的价值认定失败,偏要在仙境中找回来!

(2)不重要:到底入没入仙境,进没进仙班?诗人没有接着写自己被迎接入洞天进福地和仙人欢聚甚至位列仙班的场面。梦境到仙人列队就戛然而止!可以说这是一个不完整的梦境和戛然而止的梦境。但这非常符合梦境特点和审美文化传统。梦,见到但看不真切。如果写得太逼真,就显得假,也容易写成神仙故事而偏离主题,也就是"遇仙"即可,"成仙"则不必;再有就是遵循我们传统文学理念,要留白不写尽。而且,究竟进没进仙境、进没进仙班,已然不重要,洞天福地为之开启,诸位仙人列队欢迎——似乎比玄宗降阶相迎更隆重,这就足够证明他的重要性了。可以说,这也是一个小的进阶,前面的自然风景和人文情怀没能完全消解内心愤郁,此处进一步借助仙境,释放了自己在现实生活中的不如意,大大地安慰了自己!

(一)李白为何独独钟情天姥,要造一个天姥世界?

李白一生游览了众多名山大川,绝非只爱一座天姥山。天下有仙异传说的不少,也绝非只天姥山一座。但是,考虑到本诗中"天姥山"和表达主题的关系,即"天姥山"和诗歌中"我"的关系,彼时彼刻的天姥山最符合李白的内心预设,故此他要梦游天姥而不是瀛洲、黄山或其他地方。

1. 仙山不能写:避免沦为纯粹的游仙一流

诗歌开篇就提到了"瀛洲"这座古代传说中与蓬莱、方丈并称的东海仙山,但是李白及时做了"否定",这个微妙的处理方式不仅暗示了"天姥山"能与"瀛洲"相提并论,有效衬托了天姥山的写作价值,而且及时刹车,调转写作方向:从仙家之山到人间之山。因为李白如果继续写"瀛洲""蓬莱"等这些毫无"人间痕迹"的仙幻之山,则可能沦为纯粹的游仙诗,虽然这首诗本身也有游仙痕迹,但就像孙绍振认为的他并不像曹植的《游仙诗》那样写了"绝对不受主体和客观世界任何限制的仙境"而"太过架空,绝对欢快,缺乏现实感",那样诗歌与现实的关联性就几近于无,其引起读者(东鲁诸公)共鸣效应也会变差。也就是传说中的仙山虽然让人向往,但是却只会给人"十分假"的效果。

2. 名山不想写:不合此刻心境和认定

中华大地上,人间高山绝岭无数,即使是吴越之地,也有因轩辕黄帝炼丹而得名且被誉为"洞天福地"的黄山;有大禹祀地、中华四镇(宋以后发展为五镇)五岳之一的"南镇"会稽山;还有"海上名山、寰中绝胜"的雁荡山等名山,似乎哪一个都比天姥山名气大、景色胜,也都有深厚的人文底蕴。这些可以写,实际上李白也写过他们,这次不写的其中一个原因就是这些对象不符合彼时彼刻李白的心境。很显然,被"赐金放还"的那面"镜子"并不使他感到愉悦,而这种折射也代表着他那"济苍生""安社稷"的远大志向和"我辈岂是蓬蒿人"的自视不被认可和价值证明的失败。虽然结合其一生经历我们可以得知,唐玄宗仅仅将李白作为"御用文人"看待是有"识人之明"的,"赐金放还"的举措也还包含着一份尊严在,但彼时的李白却并不认同,也不能接受。那么,潜意识里,那些"名山"形象和权贵巨擘更接近,反而不如寂寂无名的天姥山可爱,不如将天姥山当作主角,而将前者作为后者的垫脚和陪衬。

3. 天姥要写可写:写它就是写自己!

首先说,天姥山是有特点的,颇有可写性。它不但风景殊胜,而且有人文底蕴,像刘阮遇仙的传说,像前贤谢灵运的登临轶事等。这些都是它入李白法眼的现实基础,也是写作基础。甚至在李白看来,它可能不是没有达到五岳或黄山那样的程度,只是"被埋没了",以致声名不显。由此,李白决定营造一个前人从未有、后人也未必可能会有的独树一帜的天姥世界。

二、独创天姥世界,他用意何在? 他最终又得到了 什么?

其实这个问题还要从篇末的"安能摧眉折腰事权贵,使我不得开心颜"一句谈起。学界对此句的解读并不一致。吴小如就认为李白是表达对权贵的蔑视,同时是对庙堂的否定,所谓"对富贵利达这一类世俗的追求也不再抱有过多的幻想",显示出一种"坚决不妥协的精神和强烈的反抗情绪"。也有学者持相反意见,认为"对权贵的蔑视是不当的,李白蔑视的只是他鄙视讨厌的人",而全诗传达的是要继续仕进的信号,其"赐金放还"后的人生历程,不过是在"重新发力去走名士风流的仕进征程"。更有学者提出李白在"散文和诗歌中,有两个李白""他的诗歌表现了一个潜在的、深层的李白""在诗中,他上天入地,追求超凡脱俗的自由人格"。

李白追求宦达,这一点毋庸置疑,他的很多诗文和行径都表明了他曾为此努力。如《与韩荆州书》的"十五好剑术,遍干诸侯;三十成文章,历抵卿相"。又如《东武吟》中"方希佐明主,长揖辞成功"等。他为自己设计的人生模式大抵也是"隐逸—宦达—隐逸",就是靠着隐逸获取声名,以期被朝廷重用而建立功业,再飘然而去隐逸山林。实际上他也是这么做的,不过在关键性的第二步总出问题,开始几十年是宦达无门,后面是仕进后遭遇挫折，以致被赐金放还乃至流放夜郎。所以说他在第二阶段不断努力是没问题的，但说他一心于此、别无他想却也未必。比如他曾寓居安陆十年，游山玩水；比如他曾间断性寻仙访道，还专程到齐州紫极宫授道箓成为正式道士等等。但若是就此不加甄别地反认为李白蔑视权贵、否定庙堂，更是失之偏颇。因为考察其一生经历多与权贵有交集。甚至是"摧眉"式的拜谒。如果以本诗的写作为分界点的话，之前，他有许多干谒权贵之作，如《上安州裴长史书》《上安州李长史书》《上李邕》《赠裴司马》《赠玉真仙人词》等，可见他是从地方到中央拜谒了不少权贵的，其中还包括集大诗人和高官身份为一身的贺知章。另外，李白还与权贵之家结亲，他婚配的对象是故宰相许圉师的孙女，许家可是正经的权贵之家。那么写作此诗之后，他是否就视权贵如粪土然后从此与之老死不相往来了呢？不然。李白此后去过幽州、回过长安，最后又投奔永王李璘，他奔走的目标无一不是权贵。总之，可以说李白的一生试图去做一个权贵，为此也拜谒了很多权贵，也曾一度快要做成了权贵，怎么能说他蔑视权贵呢？那么，本诗中的"安能摧眉折腰事权贵，使我不得开心颜"就要辩证看待。因为李白不是站在权贵官场的对立面，以隐士的身份来讨伐，他是想做官、想宦达，想被皇权价值认定，但是显然，在人间的被承认的努力失败了，那么，他便以幻想的形式，用仙境的价值成功认定来消解人间失败求索的痛苦，而不是对权贵官场的彻底否定与厌倦，这也就能解释，在十几年后的五十七岁李白还加入永王李璘幕下，希望建功立业，就是在可视为其绝笔诗的《临路歌》里也以大鹏鸟自比表达了壮志未酬的悲怆与遗憾。可见，李白终其一生岁月都不能自绝于仕途，那么"安能"一句自然不是表达对权贵的蔑视和厌恶。具体说，首先是"权贵"一词在本诗中其实有两类群体。一是前文的"五岳""天台""赤城"等所融合的那些得名、得势人群，没有特指谁，所表达的情绪或者说想法不是蔑视而是不服气，但也承认了他们是高大的。第二类就是"安能摧眉折腰事权贵"中所指向的群体，这是特指，指向的是以高力士为代表的一类人，李白用放诞的行为表达内心的鄙视，用直白的宣告表达对他们毫不掩饰的蔑视。所谓"平生不识高将军"，李白对这两类权贵的姿态是全然不同的。试想李白会让玉真公主、张说等人为其脱靴吗？显然不会。其次是关于"攒眉"的理解。所谓李白"坚决不妥协"也是没有的，看看李白为干谒写得肉麻的诗句，乃至那赞美杨贵妃的"云想衣裳花想容"。他很快结束了仕宦生涯，被赶出长安，其实是他那高傲不羁的性子和骤然高位（供奉翰林自然算不得高官，但从一介布衣而至皇帝近臣，也可算骤然高位了）带来的自我迷失以及未经科场历练和官场锤炼而走名士类仕进的任职方式带来的后遗症，让他在官场中很快失陷。而以散文诗歌为界，将李白人格两分的说法，大致准确，但也不可一概而论，比如本诗中的两个李白，或者说李白的两个人格就做到了统一。这一点还要从"别君去兮何时还"一句开始。

（一）别君去兮何时还"，他在向谁告别？

有学者认为这句诗里作者的告别动机统一指向"无法释怀的士子情结或者说用世梦想"，并引用清代诗人陈沆的话，说题做"留别"，表达的是"去国离都之思"。这个观点结论是传统解读屈原作品"香草美人"的思路，基本就是认定李白在对玄宗皇帝隔空喊话了。先不说时间，"赐金放还"事件刚刚发生，李白是否有这个心情，单从他一生行踪来看，前文讲过他并未一刻不停地求职，而是在行为上呈现"求职——隐逸（游山玩水、求道访仙）—求职"的间歇式行动模式，这一段时间正好是他排遣郁闷而游山玩水、寄心宗教时期。当然你可以说李白如此作为是为了逢迎玄宗皇帝对道教的推崇，从而还是在求职，但是从李白一生的性格来看，他没有如王安石一样坚韧不拔，一生孜孜于政治创建与改革；他也不像屈原一样，是有政治大才和独具的政治创建不容于朝堂而见放，从而喊话楚王。他更多的是幻想一朝建立功业，然后再一朝归去，缺少包括性格在内的政治修养。他把政治想简单了，从而更多向世人展现"一醉累月轻王侯"的放诞不羁和高傲自负。可以说李白对功业的追求没有明确的方向和一以贯之的宗旨。那么断定李白此时借诗歌向君王表达回返意愿的判断是不准确的。

他在向谁告别呢？自己。刚刚的梦境让他又惊又怕又爱，所以出离梦境时是"忽魂悸"，是"恍惊起"，有点吓醒的意思，但是又有些舍不得，这才看看枕头席子，回想梦中的烟霞仙境，发出人世间的快乐不过如此、古往今来的功业并不永驻久存的感慨。这种感慨是建立在人间和仙境对比之上的,其潜台词是:仙境更美好,仙境能久长,我要去仙境。所以这个"亦如此",不能理解为"也这样",即世间的快乐也像梦境一样短暂。这样的理解是突然的,也是有悖全诗文脉的。首先是此句之前,诗人表达的是梦境醒转过程的感受,继而写对失去梦中烟霞景象的遗憾,并没有梦境短暂之意流露,所以这个理解缺少"这样"的文本基础。其次是诗人从听讲天姥传闻、创建天姥意象到入梦天姥世界,一直都是积极的情绪,中间虽然有"惊惧恐怖"之笔,也是梦境折射了现实,反映的是诗人处理造梦细节真实的高明。所以此处突然解读出负面情绪,殊为不妥。那么是否可以认为这是梦中之梦呢?也就是诗人在用梦境中的我同现实中的我告别,从而继续做梦中的自我,并且要把梦境接续下去。所以这也许就能解释,这句问话似乎没有回答,归期却无期?因为不需要回答,也不是和朋友们说,是对自己说。这实则是一种宣言乃至宣告。是对自己今后人生走向的宣告。笔者认为当时李白可能再没想过入世,这也是前文说他没有明确的方向和一以贯之的宗旨的原因。

(二)白鹿·青崖·名山

厘清了上面的疑惑,再看后一句话,就清晰多了。但还需要弄清楚这句似答非答的话中的三个关键词,其实也是进一步弄清楚另一层疑问,诗人的梦境到底有没有结束。

梦游天姥结束了吗?结束了,但又似乎没有结束。

说结束了,是诗人在仙人列队之后,突然写自己魂魄悸动、惊起长嗟——梦醒了,梦游自然也就结束了。这是对梦境中有现实折射的回应,也是一个突转:在最挑起人向往的一刻突然醒转!毕竟梦游太玄幻是假的,长梦不醒就更假,而李白的高明之处就在于梦境有真实感。

但看似梦境醒转,实则是又以另一种方式接续了梦境以及仙境——骑白鹿访名山!白鹿,乃是记载于《山海经》中的瑞兽、仙兽(《山海经·西次三经》:"又北百二十里,曰上申之山,上无草木,而多硌石,下多榛楛,兽多白鹿。")。如此异兽,不但可骑乘而且随时听候召唤,其主人自然是仙人,所驻留和到访的地方,自然也是仙家的洞天福地无疑。当然,这样写作也颇符合李白现实中的另一层身份:道士,且是得授道箓的真正道士。同时又用"安能"一句让这个"大梦"做得更决绝彻底:仙人都列队欢迎的我,用得着以摧眉折腰的方式换取那不过如此的"快乐"(仕途之乐)吗?所以说,看似梦境结束了,但其实是以另一种方式在接续一个更大的梦境——寻道访仙。所以谁能说前文的醒转不是梦中之梦?毕竟李白自己说"浮生若梦",苏东坡也说"人生如梦",李白此诗则恰是"庄周梦蝶",入梦后"不知周",醒转后"蘧蘧然周",而后发出"不知周之梦为胡蝶与,胡蝶之梦为周与?"感慨的最好诠释。那么,自然诗中的"名山"就不是所谓的"仕途门径","青崖"也不是一般的山水之地。

李白就在这似梦似幻的天姥世界中将自我的愤懑、恐惧、压抑、舒展、得意、失落、希望等内心世界表现得淋漓尽致,完成了自我救赎和人格统一。

《荷塘月色》:深度阅读与群文关涉

一、在批判和辩证中建构深度阅读

新教材已经施行三年,新高考即将来临,但当下的新课程教学依然在困境徘徊:或者阁置"三新"的导向意义,执旧琴而操新曲,缺乏批判性继承和独创性建构;或者全然抛弃单篇教学精华,造成文本解读肤浅而群文关涉不够的"不伦不类"局面;或者为活动而活动,流于表演、耽于形式而不能真正发挥教师引领作用和发掘主体潜力。以《荷塘月色》这种经典篇目为例,教学中对本篇的处理,常以"这几天心里颇不宁静"为文眼句展开设计实施,笔者认为这样处理固陋而偏颇,原因有三:一是此句实乃一败笔,做不得文眼句。因为它颇不符合我们民族"哀而不伤""含而不露"的传统审美,也与作者自己在后文借助月下荷塘和江南采莲抒发内心愁郁的手法以及全文展露的诗意素雅美的文风格格不入，既浅陋又赘余，且剥夺了读者于文字间玩味体悟的乐趣，这就像未见谜面，先揭谜底，大煞风景，大可删去。二是此句居于文首，其作用无非是点明自己的心情，如果就此认为作者愁闷了就用且一定能用"荷塘月色"来排遣心情，那么对"荷塘月色"的理解未免太机械、太功利、太浅显，没有体现思维深度和文化深度。三是不能统摄全文，无助于深度阅读。文章整体是一种"寓情于景"的写法，将深层的情感投射在"现实的荷塘月色"和联想到的"江南采莲"上，对此点解读的关键点和出发点是他建构的"另一个世界"，与此句无关。

而"日日走过的荷塘，在这满月的光里，总该另有一番样子吧"一句通常因为位置的非典型（不处于段首、段尾等）和造句的非经典（用词不华丽、不典雅）被我们忽略了。其实，这个句子非常关键，原因有三。一是它交代了三个关键词——日日走过、满月的光、另有一番样子。进一步解读，应该是，荷塘很普通——天天路过，自然也不是只有朱自清一个人路过——但是在今晚满月的光华下，会有另一番样子，让我们充满期待。而这一点到了第三段，被作者生发为"我的天地"和"另一个世界"，进一步地，作者自己也在"苍茫的月下"此成为"自由的人"。二是基于此，也就可以尝试理解为什么朱自清前文写道"我且受用这无边的荷香月色"，而文章后半段写江南采莲的事是"有趣的事"，与前文的"爱热闹，也爱冷静；爱群居，也爱独处"照应起来，但又表示自己"无福消受"，因为江南采莲虽好，但不在月下，却受困于时代、家庭、个人因素而无法主观建构，因而作者的郁结无奈也就表达得更深一层。三是文章前后两个部分间的对比关系也就进一步被厘清。这种对比效应的理解需要文章内在逻辑的理解，也需要对传统文化建构的理解。

二、要荷塘又不必荷塘——朱自清用"月光"打开的另一个世界

我们解读《荷塘月色》，通常还将"荷塘"与"月色"等重起来。但从文章看，没有月华的荷塘是一片"阴森"之地，幽僻有余而美感则无，缺少心灵依

托审美价值和文化价值。而月光起着统摄和灵魂点睛作用,荷塘,恰逢其会,却不是必须。反观没有了荷塘的月光,则可以有其他事物替代:在朱自清可以是秦淮河;在苏东坡可以是赤壁大江;在李白可以是镜湖天姥,甚至有月的"无情游"就足矣,无需其他。因此,我们在理解上应做区分,这种区分实则是文化上的深掘与关涉。

(一)朱自清用月光建构了静谧而不怪诞的世界

月光的淡淡普照让荷塘静谧而不怪诞、幽僻而不荒凉。换句话讲,朱自清是求静而不求怪。我们熟知的写荷花的诗文不少,杨万里的"接天莲叶无穷碧,映日荷花别样红""小荷才露尖尖角,早有蜻蜓立上头",周邦彦的"水面清圆,一一风荷举",即使是李商隐"秋阴不散霜飞晚,留得枯荷听雨声"中荷花枯败了,那也是白天的荷花。偏偏朱自清要晚上去赏荷花?是否会让人觉得他怪异甚至怪癖?一如苏轼游览赤壁要晚上,张岱欣赏雪景要晚上,李白"游天姥山"要晚上,张若虚写春江花月要晚上。自古现实中的桃花源难寻,但文人士子却可以自我建构。苏轼用大江绝壁隔绝世俗烦扰——"江流有声,断岸千尺""谗岩""蒙茸""虎豹""虬龙";张岱用雪西湖隔绝世俗烦扰——"人鸟声俱绝""上下一白";朱自清则用幽僻的荷塘来隔绝世俗烦扰。这还不够,还要有月光普照,灵动万物——一切都有了灵魂的美感和文化的深蕴。苏子的月下赤壁,"白露横江,水光接天""月白风清,如此良夜";张岱的月下西湖,"上下一白""一痕""一点""一芥"与"舟中人两三粒"相映成趣;张若虚的月下春江,花林似霰、江天无尘,相思明月,落月摇情。朱自清则写月光淡淡,让普通、幽僻甚至阴森的荷塘有了朦胧美、优雅美、动态美与和谐美:花如"刚出浴的美人""牛乳中洗过一样";叶子在微风中轻摇微摆,更见风致;清香仿佛"渺茫的歌声";光影恰像小提琴曲般和谐。这一切的营造都具有非阳刚的柔美,颇符合作者彼时彼刻的心绪。整体上的月下荷塘有了文人大夫的审美价值和深层的文化价值,朱自清大可游之。

(二)月光的朦胧和谐建构了朱自清"哀而不伤""独而不孤"意境

我们的传统文化推崇"独",但独而不孤。孤,必定是寂寥的、郁结的、封闭的境地,所谓"独学而无友""独来独往""为人孤僻"。"孤"不利于修身纾解,而且性格心理还存在缺陷。而"独"则虽是独处但有寄托,如风月、山水皆可解我心忧,这是一种民族文化的沉浸。李白的"对饮成三人",郁达夫的看牵牛、听驯鸽,张岱的"天与云与山与水",柳宗元的"独钓寒江雪",都是在自我建构的"独"境中尽享超然自适。《荷塘月色》中,朱自清周围有微风吹拂,有淡月当空,有荷花袅娜,有荷叶风致,有荷香缕缕,甚至还有蛙声相扰,在朦胧月光的统摄之下,一切都和谐有度、哀而不伤。虽然心中之事无法向妻儿言说,所谓"夜中不能寐,起坐谈鸣琴",但他在自己营造的"独"境天地中,作出了一种"非语言"的倾诉、言说。

(三)朱自清借月光在自然之境中建构诗幻但不完美的世界

他求美不求全,这一点是颇有些道家影子的。月光淡淡,恰似小睡;青雾浮起,朦胧如梦;荷叶田田,亭亭风致;荷香缕缕,若有似无。但这毕竟是散文而不是诗词,虽有想象,但其行文还是比诗词更"现实"些——李白的落九天的银河、苏轼的"惊涛拍岸"的大江,都要在诗歌中出现才好。所以细读之下发现,本文虽美,但实有"缺憾":荷塘是普通的日日走过的;路是煤屑的;树有很多是不知名的,树色是阴阴的,树影也是峭楞如鬼;路灯更是没精打采的。这里有作者主观情感低沉的映射,与道家大大相合。

由此,月光的打开,实则是文化的建构,而由此一点做广度上的联想和深度上的挖掘,以成群文的关涉(但是专题主线的,不做过度延展),并在其中梳理文化的脉络,建构作者的文化心理,是深度阅读教学的重要支点,也是突破当前新课程教学困境的重要方向。

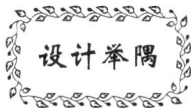

设计举隅

课题:文人大夫的另一个世界。

(1)上位问题设计:《荷塘月色》是"荷塘"重要还是"月色"重要?

（2）活动依托：朗读课文，个人思索+小组探究，课堂探讨（群文关涉）。

（2）教学步骤：

朗读课文。配乐泛读，学生配乐朗读，教师点评指导（节奏、语气、情感把握等）。个人思索+小组探究。课堂探讨（群文比较）学生发表看法，完成表格，教师点评。

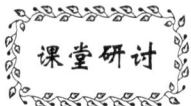

课堂研讨

预设1：荷塘重要。

如第4段的描写。博喻、通感、叠词等手法中的荷叶、荷花、荷香、荷波等体现的美以及第6段中荷塘环境所体现的作者心绪，甚而提到后文江南采莲与之形成照应。

（1）赏析："叶子出水很高，像亭亭的舞女的裙"。①比喻的恰适性。本体为荷叶，喻体为舞女的裙，具体是哪种裙并不重要，静态如芭蕾舞裙，飞旋如其他长裙都可以想象出这样的姿态，二者在外形上相似，而且以此作比，再加"亭亭"二字，激发读者的想象，又有朦胧月光的加持，将荷叶挺立的姿态美和月光、微风下的"非阳刚"的柔情美表现得淋漓尽致。②隐藏的动态美。这个比喻呈现的画面是以显性元素——叶子与隐性元——素月光、微风为整体元素，而叶子也在若有若无的微风中轻摇微摆，呈现动态的风韵美，与后文的"微风过处""叶子与花也有一丝的颤动""叶子却更见风致"构成整体和谐与照应。

（2）赏析："微风过处，送来缕缕清香，仿佛远处高楼上渺茫的歌声似的"。此句的关键就在于"微风"二字需要意会的妙境以及由此形成的美感效应。首先是风不大，而且不持续，那是若有似无的风，而荷香本就不浓郁，作者站在荷塘边，微风中的荷香自然就闻得到，若有若无、似断还续，这感觉与后一句"远处高楼上渺茫的歌声"给人的体验极其相似。歌声的源头位置在"远处高楼"，传到跟前时一定是似乎听得到，但又听不真，故加"渺茫"

二字,而且我们揣测朱自清提到的歌声一定是位清丽女子所唱,这就更升华了缕缕荷香的妙境——不是浓艳、激烈、浑浊,而是清清淡淡、若有若无、时断时续,虽不沁人心脾但让人渐入坐忘之境,这种生命体验就达成了文章第三段提到的"独处"且"受用"的妙境。

(3)赏析:文章第六段。树色"阴阴""只有一些大意",路灯"没精打采""树上的蝉声和水里的蛙声"的"热闹"。这些关键细节、关键点位让此段的描写整体统一在朱自清那似悠实烦的情绪下,独处荷塘一隅,一切是那么随意、随性,热闹随他们,无精打采随他们,意境美而不完美,达成一种心的"自由"下的视听自由,不过还是有遗憾流露,这也是下文想起江南采莲的出发点,于是在回忆想象中表达了一种向往。

预设2:月色重要

(1)月色营造了整体的诗幻意境。是淡淡的恰到好处的月光带来了朦胧而梦幻的荷塘,才有其朦胧美、动态美。无月色的荷塘,将是阴森、幽僻而毫无美感可言的,也就不能吸引作者前去踱步漫游。所谓"想起日日走过的荷塘,在这满月的光里,总该有另一番样子吧"。可见,荷塘寻常无奇,日日可见,唯有在满月光华之下,才有夜游的价值。

(2)月色映射"此时此刻"的心境。淡淡的月色与朱自清那自由、散漫、不激烈也不灰暗,似梦如幻,有忧郁(斑驳的黑影、稀疏的倩影)但又未超出那个度的心境相恰适,且能到达一种所谓"如梵婀玲上奏着的名曲""哀而不伤"的平衡。

(3)是淡淡的恰到好处的月光建构了足够作者栖息心灵的天地世界。如同苏子月光下的大江赤壁,他在其中散享"江上之清风"和"山间之明月",在其中畅想风流人物和千古豪杰,那是他努力建构的天地世界,我们又何必去考察究竟是不是三国赤壁;如同张岱月光下的雪西湖,他在其中独享天地一白的世界;又如同柳宗元的"寒江世界",他求的就是那种"钓雪"的境界,无关鱼虾,更无关他自己之外的人物世事。

(4)形成对比,深化表达。月下的荷塘世界与日下的江南世界都是作者喜欢的,后者也回应前文"爱热闹"的伏笔,但六朝时的自由风气,如采莲、看采莲的热闹场面都是一场在 1927 年时代和他家庭及个人境遇下难以达到的奢望,那就越发显得月下的荷塘的世界幸福而珍贵,一如曾皙谈到沂水春风时孔子的慨叹中是大有向往和遗憾的。

(5)诗化世界,浮生偷闲。作者在妻儿睡觉时一头走进自己建构的荷塘世界,又在重重心事中一脚迈出这个世界闯进现实世界——"不觉已是自己的门前",就像李白乘着月光飞渡镜湖攀上天姥一样。月色,帮朱自清打开一个世界,建构一片天地,那是只属于他的自由世界——"什么都可以想,什么都可以不想""白天里一定要做的事,一定要说的话,现在都可以不理",一直到他"觉得是个自由的人"。

(6)月色朦胧而苍茫,一如心绪复杂而多面。作者的颇不宁静是比较复杂的,既有时代层面的,也有家庭层面和个人层面,所谓"作者创作的作品是个体表达意义与传承时代意义两者高度融合的意义载体"。而作者说"不宁静",文末标注了 1927 年 7 月,传统解读往往在"不宁静"和"1927"之间建立"社会功利价值范畴"内的一元关联,引领学生认知作者的"不宁静"来自时代层面,却忽视了"这几天"与 4 月到 7 月有几个月时间差的矛盾,这也造成一种思维惰性:伟大作家的痛苦都和时代甚至政治相关。学生也可联系《背影》以及《一封信》等资料进行多样化解读。

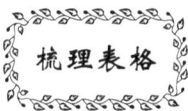

梳理表格

表 2-5　文本深度阅读

	建构"另一个世界"的"材料"	材料的作用	世界的特点	作者在世界中的获得
《荷塘月色》	荷塘			
	月色			

表 2-6　群文比较阅读

	建构"另一个世界"的"材料"	材料的作用	世界的特点	作者在世界中的获得
《故都的秋》				
《赤壁赋》				
《湖心亭看雪》				
……				

（四）课堂小结,深化升级

荷塘是朱自清月夜漫步的自然客体,同时又是作者借月色月华诗幻建构的主观世界。这种建构是一种文化的建构,自古有之,传承不绝,表现的是一种诗意的栖居和高雅的审美意趣。

（五）作业设计

自主梳理并分析本单元其他篇目中的"另一个世界",写一篇小论文。参考题目:XXX 和他的另一个世界。要求:体现思维(批判思维、辩证思维、独创思维)和文化的深层思考,观点新颖深刻,文脉清晰,字数 1000 字以上。

要突破新课堂教学的困境,不应局限于一种模式或者一种路径的建设,更多的应该是在思维和文化的建构中深度阅读并做恰适的关涉,以达成"重建大阅读体系,实现课内外贯通,增强阅读探究性,建立混合学习样态"并"使阅读由原有的读懂'一篇'走向读通'一类'"的深层语文教学意义。

《江城子·乙卯正月二十日夜记梦》
时空跨越中的三重矛盾和第四种苏子
——统编教材"古诗词诵读"类作品教学探究

《江城子·乙卯正月二十日夜记梦》选编在统编高中教科书语文选必上册的诵读部分,教师在教学中除了引领学生以诵读为主线贯穿课堂外,还有必要做一次思维和文化引领下的思辨性阅读,以便学生深刻体会苏轼的复杂情感、感知苏子的多元人格以及作品中体现的传统文化特质。如,作品名为记梦为何写梦不多?既是为怀念亡妻而专门作悼念性作品,夫妻之间必定情深义重,但为何又十年不归?词中展现的"泪千行"式的苏轼与我们熟知的超脱旷达、豪迈睿智的苏子形象是否格格不入?这一系列"矛盾"问题颇值得我们引领学生做深度阅读。

一、名为记梦,为何写梦不多?

按照我们惯常的写作思路应该是:梦前、梦中、梦后,或者是入梦、记梦、梦醒。总之,要以"梦"为主线,而相应的写梦的文字不是全部也应是主体。但纵观整首词,上下两阕,真正涉及梦境的内容似乎只有下阕的"小轩窗,正梳妆。相顾无言,惟有泪千行"。这一点和《木兰辞》的处理很像——为表现花木兰的"非英雄的姿态"和"不忘女性本来面貌的女英雄"特点,全诗真正写作战打仗似乎只有"将军百战死"这样近乎概述性的叙述诗句。而本词中,苏轼为何做此处理?其深层原因也大可探究。

（一）悼亡而又不止于悼亡的复杂心绪

从作品中不难读出苏轼的内心复杂,悼念肯定是本词的重要部分,但不是唯一,甚至不是缘起。我们知道自宋神宗熙宁七年(1074)开始,苏轼不被容于朝堂而任职地方,而在这之前,他的母亲、父亲相继去世,师友也因为政治原因逐渐离散，甚至看他后面的人生经历，这次离开朝堂，基本就是他仕途下坡路的开始。一系列的变故，对于才情四溢、踌躇满志，甚至宋仁宗皇帝许为"后世宰相"的苏轼来说，心理落差之大，心理打击之重，可想而知。所以，词中的"凄凉""泪千行"乃至"肠断"的痛点与泪点，除了对亡妻的深切怀念外，是否还包含了对人生多变的感慨，对仕途不顺的失落，对往日生活、工作顺畅以及对师友、父母的怀念？我想都是有的。所以本词的写作是由悼念而至其他还是其他引发悼念不得而知，也不必深究，但诗词读来，其悼念至怀念，感慨至失落，愤懑至沮丧，心绪复杂，非一言能尽，却是毋庸置疑的。作者在这首诗词中的情感沉重，颇有些泪千行也流不尽的意味，应该不是一句悼亡能解释的，更不是靠"幽梦"能消解的。所以，作者记梦却没有全部依托于梦境，故而名为记梦，实则并未完全写梦。这一点，苏轼比李白做得好。

（二）梦与不梦，不是关键

题为"记梦"，并不像《梦游天姥吟留别》一样，梦与非梦之间界限分明，就本词而言，可以说全词皆梦，也可以说全词无梦。全词皆梦，是他在现实中难以找到出口，也难有倾诉之人，所谓"欲将心事付瑶琴。知音少，弦断有谁听"，潜意识驱使下像李太白一样要在梦境中找寻那个人、那个出口——他曾经的发妻兼知己王弗。全词无梦，虽然在"不思量"一句就开始进入怀念层面，但是直到"鬓如霜"一句，上阙基本都是以自己为表达主体的自说自话，这可以理解为梦境中的倾诉，也大可理解为现实之中的孤影盘桓。而到"料得"三句，作者似乎又悄然出了梦境，开始对未来进行设想，这里可以理解为梦境中的别离之语，大可理解为作者从梦境回到了现实。"小轩窗"四句营造了"爱妻梳妆"和"相顾流泪"两个场景，可以是作者梦中依稀所见，还可以是作者现实中的回忆与想象。所以，本词从头至尾，现实交叠着梦境，梦境重复着现实。幽梦，是作者倾诉的出口；爱妻，是作者倾诉的对象。显然，对象可以在梦中，也可以在画中、在心中，重要的不是形式，而是怀念中的释放。

如果将"小轩窗"四句算是梦境的描述，写梦的篇幅确实不多，但如果将作者的复杂心绪为贯穿全词去理解,则认为全词皆梦之语也不为过。

二、平凡动作里的深层文化蕴含

虽然本词写梦境的话语不多,但细读深思之下,颇有意趣。

(一)细节真实:特殊写作对象的特征性细节

"小轩窗,正梳妆",对于古代女子来说再日常不过的事,所以这是作者捕捉的一个经典镜头,同时,我们还应注意到"梳妆"也是闺阁中相当私密的动作,如果是已婚女子,应该是只有丈夫可见。所以苏轼在怀念亡妻的梦境中见到她"小轩窗,正梳妆",表现的不仅是一种朦胧、温柔、娇羞的美,更是内心唯一感、独特感的体现。万千思念都融化在这个细节性动作中,表现的是妻子在丈夫心中最美的永存驻留,侧面展现出大丈夫温情脉脉的一面。

(二)抒情有度:含蓄内敛的文化特质

作品营造的这场"相会"是不容易得到的:要跨过岁月的时间阻隔,要越过距离的空间阻隔,还要冲破仕宦的人事阻隔——悔教夫婿觅封侯,仕宦漂泊不由己!所以,这该是多么难得、多么令人激动的场面!但是相见的情景里只有三个非常平凡的动作——"梳妆""相顾"和"流泪",以此营造的也不过是"背影相望"和"对面相见"两个普通场景,这里面有士大夫的矜持,但更多的是我们有别于西方文化的含蓄内敛的特质,以及其主导下的含而不露的表达。由此也可以理解尽管宋词是特别能见出作家们真情流露的一种文学形式——高尚如范仲淹也写"残灯明灭枕头欹,谙尽孤眠滋味",但是像柳永那样写得直白露骨的作品还是不被士大夫阶层所接受。这是由传统文化特点决定的。

(三)无理而妙:无言落泪中的情感真实

"相顾无言",初看令人费解——多年未见不应是万语千言吗?为何是相顾无言呢?"泪千行"会不会过于直白、过于夸大?

1.因"陌生不识",故要仔细端详

"相逢不识",这种陌生感来自时空阻隔的疏离和生活折磨的苍老:十年不见,千山远隔,生活磨击,岁月留痕。这些带来了太多的不应该在夫妻间出现的陌生,所以要"相顾",要细细打量:你的鬓角又添了几丝白发;你的额头又有了一些皱纹,你的脸颊又添了一些沧桑⋯⋯这种相顾,更多的应该是王弗对苏轼的端详。因为十年间经历太多的是苏轼,虽然还没有从子瞻变成东坡,还能偶有牵黄擎苍的豪情迸发,但已是"尘满面,鬓如霜"。这一切都是王弗未曾与苏轼共同经历的,所以她不了解在丈夫身上发生了什么,这是一种悲哀。但同时她又对丈夫有发自内心的关爱:仔细端详,拂去尘霜! 此时说什么呢? 安慰、鼓励,还是同情? 说什么都是那么苍白无力,不合时宜,都不如一个细微的动作和宁静的对视带来的温暖和力量。

2."泪千行",多不多,好不好?

泪水,可以是思念的,可以是别离的,当然也可以是相逢的,但"泪千行"则肯定是文学夸张。用这种夸张来表达相逢时激动而复杂的心绪自无不可,但有两点似可商榷。

(1)是否与整体文风不符,割裂整体感?

本词属于怀念性作品,本不宜夸张宏大、豪放雄奇,虽然诗词的写实性不比散文,如《赤壁怀古》中的大江是"惊涛拍岸,卷起千堆雪",而《赤壁赋》中的大江则是"清风徐来,水波不兴",我们可以说前者要营造一种激昂慷慨的氛围,为塑造周郎形象做准备;后者是营造一种宁谧的氛围,为表现旷达超脱的心绪做准备,但是很显然,前者的大江更像大海,后者更接近大江本身。但本词中的"十年""千里"等数量词基本写实,并不是作者刻意追求"百""千""万"等数字的宏大效应。即使是形容面貌变化巨大,作者也是考虑到自己再沧桑也不过时年38岁,故还是选用更为严谨的"鬓如霜",而不是"发如雪"或者"搔更短"。所以,"泪千行"的出现略显突兀。

(2)是否过于直白,挤压了想象空间?

"相思坟上种红豆,豆熟打坟知不知?"这是黎简对亡妻梁雪的悼念;

"赌书消得泼茶香,当时只道是寻常",这是纳兰对亡妻卢氏的悼念;"空床卧听南窗雨,谁复挑灯夜补衣",这是贺铸对亡妻赵氏的悼念。在这些温情脉脉的话语中,写深情、抒厚意,但都不写尽、留空白。这就是我们的审美传统。相对于"惟有泪千行"一句,本词的结尾二句"明月夜,短松冈"所营造的明朗中蕴含忧伤的意境似乎更让我们在想象中体会生死两隔、相见实难的悲情。

三、三重悲痛的思考

(一)悼亡则情深,却十年难归

苏轼与王弗由相知到相爱,可谓感情甚笃。按照常理,爱妻去世必然悲痛,那么每年的清明和忌日前去祭奠哀悼应该是必须的,但是词人为何十年不归? 甚至可能以后也不会归——"料得年年",不是亲见年年——似乎词中的"十年生死"与"自难忘"在行为和自我宣称的情感上不甚匹配。这又是为什么呢?

其实在本词上阕部分,苏轼的悼亡怀念,看似是单方的、单向的,实则细品之下会发现,这种类乎自言自语式的深情抒发,更是与爱妻的倾诉——一个飘零十载的游子对着妻子大吐苦水,把刻骨的思念化作家常话语,在家常的倾吐中不自觉地写出自己这十年的不易、不顺与不幸。这也能间接回答,为什么感情甚笃,却十年不归:是因为不得归、不能归,人在宦海,身不由己。更有一种可能就是,十年闯荡,没有能"觅封侯",反而是"尘满面,鬓如霜",归程带不来荣耀与自豪,愧对曾经红袖添香、举案齐眉的爱妻,从而还不想归。这是让人悲哀和伤痛的。

(二)相知相爱,却相逢不识

一如泰戈尔所言:"世界上最远的距离,不是生与死的距离,而是我站在你面前,你不知道我爱你。"苏子跨越时空、跨越生死,在梦境中归来,但是爱妻却不能一下子把眼前人与当年的巴蜀骄傲、当朝才俊重合起来,也就是知道我爱你,却又"不认识你",这岂非更遥远的距离、更大的悲哀?而且这一句"不识"关涉后文的"泪千行"乃至"肠断",将仕途失意、人生多磨的复杂难言尽数包含:最熟悉的枕边人都不认识离别了十年的丈夫了。但值得注意的是,作者用"不识"二字的表意重点在于巧妙地抒发苦痛、衬托悲哀,而不是二人因时间和生死而情感的厚度和思念的沉重有所降低。

(三)相逢实难,却无言相对

十年变化,苏轼再也不是那个少年高中、跨马游街、王相赏识、前途无量的苏子瞻。他虽年方 38 岁,却已鬓见白发;虽才高八斗,却不容于朝堂;虽逐渐领袖文坛,却师友离散;虽还聊发少狂,却总感壮志难酬。而这些,王弗都没有陪同他一起经历。隔膜了?疏离了?相逢的话语不知从何说起,而说这些不如意似乎又不适宜于这难得相见的场景,于是无言胜过有声。这又是一层悲哀。

四、词风大异,与豪迈苏轼大不同

每个人心中都有一方温柔时空,苏轼也不例外。我们见惯了"大江东去"中的豪迈苏子,也欣赏"清风明月"中的智者苏子,甚至更熟悉"日啖荔枝三百颗"的放达东坡,但是这种幽梦还乡的温柔子瞻却也真实可亲,可视作是第四种苏子。

虽然在创作上,苏轼主张词须"自是一家",创作上"气格"颇高,他的许多词作,壮阔慷慨,充满豪壮之气,后世也将其列为豪放一脉开创者,他自言:"作得一阕,令东州壮士抵掌顿足而歌之,吹笛击鼓以为节,颇壮观也。"(《与鲜于子骏书》)。评家如王灼就说他"偶尔作歌,指出向上一路,新天下耳目,弄笔者始知自振",指出苏词的豪迈扩大特点,但这并不妨碍他那柔情可爱的一面。

他写闺怨如"帘外谁来推绣户,枉教人、梦断瑶台曲。又却是,风敲竹";他写伤春如"笑渐不闻声渐悄,多情却被无情恼";他写悲痛如"高情已逐晓云空。不与梨花同梦";他写离愁如"细看来,不是杨花,点点是离人泪";他写相思如"欲寄相思千点泪,流不到,楚江东";他写落寞如"又莫是东风逐君来,便吹散眉间一点春皱"。种种柔情他无不能写,甚至他的《蝶恋花·春景》借伤春写出的伤感、无奈与寂寞,乃至和"你我皆行人""人生各不同"的哲学感慨,让朝云每每歌之,皆悲戚不已。

值得一提的是,林语堂在《苏东坡传》中提到:"苏东坡是个秉性难改的乐天派,是悲天悯人的道德家,是黎民百姓的好朋友,是……"至少给苏轼冠名了 18 中名衔,而陈鹏在《苏东坡的下午茶》中又把苏子当作美食家、超级驴友、潮流教主、养生达人等共 21 种身份来写。可见苏轼不管是子瞻,还是东坡,我们可以从他的作品和人生中都能读出不一样的他。"他神通广大,无处不在。"(陈鹏《苏东坡的下午茶》)

《促织》和《祝福》的思辨性比较阅读

一、成名的困境与"不死结局"

(一)成名"该死"

1.成名的环境逼着他"死"

《促织》中,成名生存的社会环境是由贪官、猾吏和游侠儿共同织就的恶性大网:促织不是本地特产——县令媚上进献——抚军责令常供——县令让里正办理——稀少难抓,必须采购——游侠儿囤积居奇,哄抬物价——里胥猾黠,借此向百姓摊派——百姓倾家荡产。这里我们可以做一个推断:成名即使不被迫成为里正,从而被逼得"薄产累尽"后"忧闷欲死"以及县令"严限追比"下"惟思自尽",他也难逃"辄倾数家之产"的命运。成名的困境已成。但成名没有死。

2.成名的性格"决定"他会悲剧收场

我们见惯了西方文学"性格决定命运"的套路,不管是莎翁笔下因性格造成悲剧的哈姆莱特,还是海明威笔下性格强硬战胜自我的桑迪亚哥,抑或是莫泊桑《项链》中爱慕虚荣而劳苦十年的玛蒂尔德都是"性格决定命运"的典型。即使是中国文学也不鲜见。《促织》中成名的性格也颇符合悲剧命运的特点:懦弱无能、逆来顺受。看看他,因"为人迂讷"而被胥吏陷害,"无所赔偿"就"忧闷欲死",被县令杖责又"惟思自尽",失去蟋蟀,只会"僵卧长愁",怎么看都该是个悲剧人物。但成名没有死。

(二)成名"不死"

成名的不死,要归功于三个方面的外部助力。

助力1:贤妻。

成名的妻子在成名遭遇困境时不离不弃,而且在他两次想死的关头提供了关键性帮助:一次出口,一次出手。前者阻止了成名的"欲死",且帮他转换了思路——自己动手,丰衣足食! 这个思路的转换对于成名可谓是柳暗花明又一村,但是"出口"之助并没有让成名一次性脱困,这也是小说情节曲折艺术的体现。于是在成名第二次想死的时候,成妻"具资诣问"驼背巫,用实际行动为成名再次找到出路,他得到妻子带回来的"神谕",然后寻得满意的促织。

助力2:神巫。

神巫,就像是特意来帮他的,在恰当的时间出现在恰当的地点,为成名提供恰当的帮助,他用巧妙的提示帮他过关,从而让他通过努力找到良品促织。

助力3:上大。

就在成名一家因得到促织而"大喜""举家庆贺"时,情节斗转,成名的儿子由于好奇而使得促织得而复失。不管是教材选文的"魂化促织"还是蒲松龄手稿本的"幻由人生",总之是"成名的不幸感动上帝,不起眼的小促织蓦然变得神勇善斗甚至战败大公鸡,化解了成名的倒悬之苦",并且"以促织富,裘马扬扬"。

二、祥林嫂的千古厄运和"死亡突围"

（一）祥林嫂"该死"

1.成名的环境逼着他"死"

《祝福》中，祥林嫂生存的社会环境是：婆婆逼婚，两任丈夫和亲儿子早夭、大伯收屋赶人，四叔四婶抛弃，柳妈的"好意"放毒，"我"的无能为力，还有整个鲁镇甚至吝啬于驻足倾听、死后也要谩骂的冷漠，死后被阎王锯开的恐惧，以及"天地圣众歆享了牲醴和香烟，都醉醺醺地在空中蹒跚，预备给鲁镇的人们以无限的祝福"却全然忘记了还有一个孤独凄惨死去的祥林嫂的天地圣众。试问，古今人物还有比她的生存环境更悲惨的吗？所以，她死了。

2.祥林嫂性格中有"不死"因子

祥林嫂并不认命也不认输，她性格中有反抗的一面，有救她不死的"因子"。她不断地尝试自救：她出逃，通过做工自食其力，希望借此摆脱夫权、族权的控制；她打骂挣扎、撞头自杀，希望借此摆脱被买卖的命运；她再赴鲁镇，希望借新环境和体力劳作来减轻亡夫、丧子和被抢夺家产驱逐无着的痛苦；她捐门槛，数年积蓄一朝捐献，希望借此摆脱死后被锯的恐惧。但是，她依然死了。

（二）祥林嫂真的"死"了

她依然死了，死得身心俱灭！虽然在没有家庭、神巫和上天的帮助垂怜的前提下，她依然在突围的路上从未止步，依然称得上是位女斗士，但厄运的帮凶无处不在，从实体具象到无形无质，时时处处要扼住她的咽喉，祥林嫂无路可走。相比于成名想死是对命运的投降，祥林嫂的想死却是对命运的抗争，她曾经用主动死亡的方式让自己的生命壮烈一些，她实实在在地做了，而不只是"欲死"和"惟思"，但是命运给了她更大的嘲讽——壮烈的伤疤变成了耻辱的标记！最后祥林嫂被动地死于"无聊"，而成名却在外部助力帮助下脱离了死亡的境遇,我们不禁怀疑:难道是各自的作者有意偏向吗?

三、时代客观决人命运决人生死

两篇小说都显示了伟大的时代真实。尽管蒲松龄在《促织》中有"辄倾数家之产""官贪吏虐,民日贴妇卖儿"的文字,但是不能排除这里面有作者自己时代的影子。蒲松龄所处的清朝前期社会经济比之前有着严重的倒退,政治也不算稳定,他的家世也有走衰败的趋势。而小说人物成名生活在宣德年间,历史上真正可以说是大明王朝最鼎盛的时期。经过了太祖、成祖和仁宗皇帝的治理,加之宣德帝朱瞻基文武双全,率兵平叛、亲征蒙古、组织第七次下西洋以及确立并完善内阁制度和巡抚制度,这些都使得宣德年间吏治清明,百姓安居乐业,史称"仁宣之治"。但是,下西洋事件虽然对整个社会有益,却影响了南方特别是沿海士绅集团的利益,所以历史上组织下西洋的明成祖朱棣和明宣宗朱瞻基才会被代表士绅集团利益的读书人诟病,这可能也是朱瞻基文治武功都不弱却没能得到"武"这个比"宣"更高谥号的原因之一,也是他后世落了个"蛐蛐皇帝"绰号的原因之一。由此也就可以理解小说中成名两次得到优良"促织"并无人来巧取豪夺,因促织而得利的各级官吏没有忘了回头照顾成名这位"挖井人"等这些内容,这是当时社会的整体道德并未沦丧,人心人性没有泯灭的反映,但是这荒唐的故事依然被设定在宣德年间。

相比之下,祥林嫂生活的年代,虽然辛亥革命推倒了帝制,但是军阀混战,民不聊生,整个社会在走下坡路,人们的言行举止看似都在封建思想统治之下,但其实是混乱而没有秩序的。政权频繁更迭,社会动荡,思想混乱,夫权要守节,族权要改嫁,神权毫无怜悯,缺乏公正,更谈不上"惟尔有神,尚克相予以济兆民"。其社会状况早已不是"上下彼此相辅佐,赏善规过,形成一种精神、变成一种规矩,彼此相勖勿失,谨以相守"真正礼教社会。这种情况下的社会底层人民无疑就是命运最惨的,他们更会任人宰割,无处说理，因为很多事毫无道理可讲，看看祥林嫂的经历就明白了：作为女人她要守节，但是婆婆卖她改嫁却有理；作为遗孀要守寡，但是大伯收屋却有理；作为被强迫者，她拼死反抗，但是别人耻笑她头上的疤却有理；她是个受害者，但是阎王爷锯她却有理。诸如此类，抢人者、卖人者、害人者无是非，倒是一路的受害者落了一身的是非，这怎能不让人窒息绝望！所以，从时代背景看，成名还有生存空间，祥林嫂却是不死都难，死了更难；她一路出逃却最终逃不出礼教的大网，她一路抗争却挣不脱身心俱灭的下场，即使死亡也难以换得灵魂的安宁！这是蒲松龄偏心吗？是鲁迅心狠吗？不，他们只是遵从了时代的真实罢了，鲁迅"写死"了祥林嫂让读者从感性的作品中理性地认识到那个时代要不得，其笔力批判可谓深入骨髓，而蒲松龄放过了成名，也是出于对时代真实的尊重。所以，比较阅读这两篇小说，必然在时代客观上做思辨性阐释。

四、文体不同注定笔下色彩有异

二者虽然都算小说，但《祝福》是批判现实主义，注定笔力锋锐，鞭挞无情，是读者认知旧社会丑恶、无情与腐朽的"宝鉴"，是民众觉醒乃至觉悟的警钟，更是击溃封建伪善面具的战斧。相比之下，《促织》则是蒲松龄继承和发扬了六朝志怪和唐代传奇的艺术传统创作的短篇小说之一，不免有"志怪""传奇"的痕迹，小说在给人以现实主义的真实感的同时又有浓厚的浪漫主义色彩，所以其笔下有对当时社会腐败、黑暗的批判，也在一定程度上揭露了社会矛盾，表达了百姓的生活诉求，但是作品也有对成名的同情、对当时社会的希望，所以其批判明显暗含在同情赞赏与希望中。

如《祝福》没有"追求任何离奇的情节、浮饰的技巧"而是在时代客观的基础上塑造一位再普通不过的劳动女性，把她的生活遭遇和命运惨痛展示给读者。祥林嫂一步一步走向命运的深渊，在这个过程中也没有出现大奸大恶之辈的残害剥削，反而是她脸色变得红润，工钱也是结算明白，而四婶讲话也很和气温婉，就是鲁镇上的人也从没有人打骂过祥林嫂，就算四叔的

"谬种"是骂人,也是文绉绉的。但是无形的"社会精神酷刑造成的人的心灵创伤"却是"深入到人的灵魂深处"的。那么善良、能干的祥林嫂最后身体和心灵都死亡——形神俱灭,难道不应该反思那个她生存的旧制度、旧道德、旧观念和那"吃人"礼教的不合理以及整个旧社会吗? 所以"鲁迅写死亡的悲剧,最重要的成就不在于写死亡本身,而在于死亡的原因和死亡在人们心目中引起的感受""在于人物怎么'看',感觉如何'错位'",所谓"没有人感到的悲剧,才是最大的悲剧"。这就是批判现实主义的力量。

而《促织》一开头作者就交代成名的身份性格,"操童子业,久不售",这其中不能说没有作者自己终身科场不得意的影子。又写到成名每遇困境就"忧闷欲死"或者"惟思自尽",脱困过程的表现乏善可陈,我们仿佛听见了作者顿足击掌来表达他的叹其不争! 作者还大胆地把笔锋直指皇帝和整个官僚阶级——"故天子一跬步,皆关民命,不可忽也"和"媚上""猾黠""贪虐"以及百姓"贴妇卖儿"的悲惨遭遇,这是蒲松龄对孟子的"为民父母行政,不免于率兽而食人,恶在其为民父母也"赤裸裸批判词句的文学表达。这些都是现实主义的真实,也都有着批判的力量。但是,小说写成名的性格"为人迂讷",最后还因此得到好报,难说这里有作者对整个社会的劝善意图。因为这个性格特征虽有缺陷,但更符合儒家"仁人君子"的"敏于事而讷于言"的形象,要百倍强于"巧言令色"。至于作者后文写官僚阶级在自己得到政治利益的同时没有忘记报答成名,让成名在科举、经济等方面都得到了好处,在表现那个时代的官僚阶级在道德层面上没有泯灭良知的同时,更是蒲松龄对他们的一种希冀,为此就连称呼也从"华阴令"变成"宰"和"令尹"这种明显带有温度和亲切感的词语,让他们也得到上天的回报。这些都可以理解为一种浪漫主义色彩。

综上,鲁迅用祥林嫂的死持续震醒民族的灵魂,而蒲松龄用成名的不死在同情赞赏中暗含批判与希望,除文体差异以及作家时代经历的影响外,主要显现了两位伟大作家的时代真实感下的艺术真实,以及对作品整体建构和细微表现上的艺术功力,比读之下大有思辨意义。

第二节 "思辨性阅读与表达"任务群

《烛之武退秦师》两个追问引发的三重思辨

所谓"五论救弱国,妙语退秦师",历史上对烛之武在这次严重到可能会灭国的军事冲突中所起到作用的高度评价,事实上也确实如此。那学生一定会有一个疑问:烛之武为什么能退秦师?就凭他的三寸不烂之舌这个理由显然是不充分的,也是不理性、非辩证的。其实在回答这个问题之前,可以先思考"烛之武为什么不去退晋师",文中"以其无礼于晋,且贰于楚也"提到了"礼"与"利"两个方面的原因,但所谓春秋笔法、微言大义处理起来很容易高高举起轻轻放下。这就需要我们对文本做深入研读,并在辩证思维的引领下做深层文化探析。

一、"礼""利"之辨

(一)晋国的"礼""利"同向

虽说春秋时代有礼崩乐坏之势,但当时礼乐之教还是被各阶层接受的,如《左传·僖公廿七年》记载郤谷被推举为晋国三军统帅时的理由就是"说礼乐而敦《诗》《乐》"。这里的"礼"可以理解为人与人之间的对待关系,包含权利与义务关系,如果"把权利、义务弄错了,就是不懂礼、失礼、无礼,在道德上遂有了亏欠"。作为一国之君的郑文公在重耳(晋文公)流亡郑国期间未以礼相待这位同姓(二者都是姬姓)公子在先,在晋楚争霸时首鼠两端在后,可以说在两次外交事件中,他在"礼"的层面上处理得非常糟糕,也与

"施舍可爱,进退可度,作事可法,德行可象"的威仪君子相去甚远,晋国大可"鸣鼓而攻之"。

本次事件发生于僖公三十年,而在这之前,晋文公勤王尊周、攻曹伐卫、城濮败楚、践土会盟,霸主地位得到诸侯和周天子的承认。所以尽管孔子评价他"谲而不正",但他自继位开始,仅用四年时间就完成霸主之业,其雄才大略毋庸置疑。由此我们深思,此次攻郑,虽在"礼"的层面理由是成立的,但也绝不是晋文公小肚鸡肠,对于已经参加了践土之盟、表示臣服的郑国不依不饶,而是一位伟大政治家从国家利益层面的战略考量,为进一步巩固扩大晋国的雄图霸业做的军事努力。尽管顾颉刚先生讲"晋文公的主要功绩是城濮之役遏住了楚国,使他们不得向北发展……春秋时期的中原诸国才获得休养生息的机会,才渐渐孕育了后来诸子百家的灿烂文化。"但是,此次围郑虽未灭郑也不是与楚国决战,但却做到了"服郑"而进一步遏楚的目的——之后的几十年郑国都是晋国的坚定追随者,未再出现"贰于楚"的情况。

由此,在"礼"和"利"两个层面上考量晋国围攻郑国事件,我们可以得出结论:"礼"层面的雪耻与"利"层面的战略扩张——完全是同向一致的!烛之武不可能说服晋国退兵,所以他要尝试去退秦师而不是退晋师——烛之武洞悉事态,明辨形势。

(二)秦国的"礼""利"背向

烛之武为什么能退秦师呢? 当然,烛之武的外交辞令水平很是高明,较之纵横家如苏秦、张仪并不逊色,但所谓"动以利害、巧辞服人",秦师之所以退必有更深层的原因。要弄清楚这一点,还要先弄清楚他们为何而来。

1.秦师为何而来?

我们第一个看到的原因是秦国追随晋国而来。一是秦晋的盟友关系,鉴于此,于情于理"于礼",秦师都是要来的;二是继城濮之战后变为对秦有利的形势,在秦晋结盟的路上还要继续走下去。但这些都不是最主要的,最主要的就是秦伯乃至秦国自己的利益诉求:秦穆公也是一位有作为的君主,既然有扩张国家势力、争霸天下的机会当然要抓住,这符合秦伯、秦国的双层利益,而且过去(城濮之战)、现在这么做,将来(秦晋崤之战)还会这么做。由此看,出兵郑国,在秦穆公(秦伯)看来理由充分,至少在"礼""利"两个层面也是同步一致的。

2. 秦师为何而退?

以上看似合理,却有逻辑漏洞,而烛之武恰恰是抓住这个漏洞而大做文章,并以严密的逻辑层层攻讦晋侯、步步利导秦伯,揭示出秦晋之间从过去、现在到未来的不可调和的、多层面的矛盾。

第一层面的三重矛盾。

(1)在帮助秦君回顾往事中揭示出情感矛盾,即"礼"层面的矛盾。"尝为晋君赐",情感遭到欺骗,恩惠遭到无视,晋侯"无礼"在先。

(2)在帮助秦君分析现实中揭示出地缘矛盾,即"利"层面的矛盾。"越国以鄙远"会"陪邻",进而"君薄",秦国"亏利"在后。

(3)在帮助秦君预测未来中揭示战略矛盾,即"利"层面的矛盾。晋国会在"封郑"之后,进一步"西封""阙秦"。这不是烛之武的危言耸听,而是赤裸裸的现实例证和未来局面。以后战国时代的形势就说明了这一点,烛之武只是做了一个政治家该有的预见,并被同为政治家的秦穆公所认可。

这三重矛盾本就存在,在烛之武之前,或被有意遗忘,或被利益掩盖,或被时空割裂,而烛之武将之摆在台面上,并同时引爆在秦君面前的时候,秦君就要如芒在背了。而这也进一步揭示出秦晋之间第二层面的两重矛盾。

一是秦国的东扩战略在地缘政治上势必与他接壤的晋国发生军事冲突;二是晋国的霸业欲求也必然不能眼见近邻做大。那么,秦晋之间的"好"势必会加速贬值、变质。

所以,看似对秦国的"礼""利"同步,实则是背向的。而烛之武之所以能退秦师,是他的分析符合秦君基于本国利益以及对形势的判断。但是,退兵也不是我们想象那样化敌为友,而是基于对秦有利的城下之盟:有条件的结盟+驻防。总之,秦师来,是为"利"而来,退,也是为"利"而退。

二、"义""利"之辨与"名""利"之辨

弄清楚了"烛之武为什么能退秦师"这个问题之后,我们不仅要问,烛之武为什么要去退秦师? 他可以不去吗?

（一）他可以不去吗?

当然可以。虽然课文中郑文公讲"然郑亡,子亦有不利焉",而紧接着就是"许之"二字。给我们的感觉是烛之武迫于自身利益与郑国捆绑的无奈而接受这个险峻的任务。但这个理解大可商榷。

首先,从表面看,郑文公的话貌似把烛之武的个人利害与郑国安危进行了利益捆绑,又用了"子"这样的尊称,这简直就是一场有尊严的协议达成。但事实上,这种捆绑无效,这个尊称也不真诚。

从历史的视角看,春秋乃至以后很长的一段历史中,个人与外部世界的关系是有亲疏区别的,这种区别首先表现在顺序上,所谓"从己到家,由家到国,由国到天下",而"为自己可以牺牲家,为大家可以牺牲族……这是一个事实上的公式",而且"就是负有政治责任的君王,也得先完成他私人间的道德"。所以,我们回头看郑文公讲的"子亦有不利焉"的前提是"郑亡",把它放在形式逻辑中去看待的话,这符合充分条件假言推理的形式:如果p,那么q;p,所以q。也就是"郑亡"烛之武必然会不利,但实际上那个时代的"国"与"个人"的关系远没有那么亲密,个人对"国"的依附程度也没那么高,郑文公只是讲到了一种可能性而不是全部,所以这个推理不真。推理是假的,这个"捆绑""威胁"也就是不成立的。《三国演义》中鲁肃劝孙权抗曹时就讲"今肃可迎操耳"。鲁肃确实是一位实在君子,他的话就讲出了亡国对个人影响的有限性和可弥补性。相对于已然是高官的鲁肃,在郑文公手下不如意到只做"弼马温"的烛之武是不是更可以忽略这种亡国影响呢? 甚至,降晋之后从头再来,比现在的"年过七十,事郑国为圉正,三世不迁官"境遇很有可能会更好。所以,郑文公的话虚伪、无礼、冷冰冰,但威胁不到烛之武。何况在"士贵王不贵"的春秋时代,郑文公在亡国之际请来一位

能扶大厦之将倾的关键人物帮助,没有封官许愿,没有礼贤下士,一句不咸不淡的"是寡人之国也"能消解几十年怀才不遇的痛吗?一句"子亦有不利焉"赤裸裸地威胁能"打动"让对方为自己卖命吗?显然,都不能。所以,烛之武大可不必去冒险!

(二)他为什么要去?

他可以不去,那他为何又去了,而且是有充分准备而势在必得地去呢?是为谋私利、留芳名还是有其他隐情?

1. 为谋利?

很显然,由烛之武对当前形势异常清晰的判断(劝秦君时分析可见一斑)可见他是一位睿智而理性的人。那么,他此行是要谋利吗?是,也不是。

从烛之武临行前的"怨词"以及事件的过程和结果看,他既有追求功名利禄的资格,也确曾有过这样的理想,可见,烛之武并不是一位不食人间烟火的"道家人物"、终南隐士。他可以谋利、也曾经有谋利的动机理想。那他要从哪方谋利?

(1)从郑国?

几十年的相处,烛之武早就看清了郑文公:用人时千方百计,犒赏时吝啬至极。所以他心里明白,这次以身犯险是从郑文公那里得不到利的:既换不来高官厚禄,又换不来感恩戴德!年过七十的他可能已经佝偻,但心里早就随心所欲而不逾矩,郑文公说什么他已不甚在乎,但是这个利从哪里得到呢?

(2)从秦国?

在上文的分析中可知,此刻的秦国与晋国出现了双层裂痕,倒是与郑国出现了利益交叉——退兵对两国有利。所以,烛之武可以从秦君这里谋得国家层面的利,这一点是来秦营的初衷。个人私利呢?从课文内容和相关资料我们都不能找到证据表明烛之武在这个过程中有"降秦背郑"的想法和行动准备——尽管他对郑君充满不满——所以这一点可以完全排除。那么,我们可以得出结论,烛之武想从秦国获利的谋划,仅限于国家层面。

由此,他选择犯险实则是无关小我之利的,这比鲁肃坚持同孙权一起抗曹还值得钦佩,毕竟孙权还是知遇鲁肃的,所以"许之"两个字,尽管可能包含了烛之武满腔的愤懑、无奈以及自我劝慰,但他还是义无反顾地去了,成全了国家的利,同时,这种"利"与"义"是并行同向的,是大义! 身有大义在,这就颇值得赞佩! 那除了"谋利",烛之武的犯险还有没有其他目的?

2. 留芳名?

所谓"赢得生前身后名",这是千百年来士子的共同追求,即使大义如文天祥也想要"留取丹心照汗青"。这是我们传统文化的一部分,准确地说是儒家文化的一部分。"青史留名"应该是包含了儒家"三立"(立德、立功、立言),这就比"求利"要深刻广泛。当然,国家民族层面的"利"对于本国家本民族的人来说就是一种"德"和"功",作为者本身自然也会青史留名,所以"名"和"利"有交叉,但又不大不同。很多青史留名的人,不一定得到了利。悲情如苏武,慷慨如稼轩,沉郁如老杜,洒脱如东坡。付出十九年的岁月后得到了薄凉的封赏;蹉跎四十年的壮志豪情后落得抑郁而终;一生有致君尧舜梦却落得"吾庐独破""客死舟中";身怀宰相之才但只能吟啸长江放达岭南。但所谓"厚诛陵以不死,薄赏子以守节,欲使远听之臣望风驰命,此实难矣"。求或不求是个人层面的事,但恰切地给予与乃或厚遇却是肉食者的必备修养。孔子讲过"富而可求也,虽执鞭之士,吾亦为之,如不可求,从吾所好"。这是求而不得之后的悲情言志! 历史上,我们总把"义"和"利"过分地对立,不违背大义法度的"争名逐利"是允许的,甚至有利于形成社会前进良好的竞争氛围。劝退秦师,是烛之武人生最后的华彩;重大义而轻私利,则是他能史书留名的重要原因,更是老子讲的"死而不朽"。

通过深度阅读,以两个追问引领"礼"与"利"、"义"与"利"和"名"与"利"的三重思辨,以深度思维完成对传统文化的深度理解,从而深刻领悟人物的智慧,感佩人物的精神。

思辨性阅读下的重评子路及建构当代士子精神：从"有勇知方"说起

相比于道家的心理疗伤、保身全性的精神堡垒，儒家为我们的传统文化建构了"大雪满山鸦飞尽，独留老鹤守寒梅"的"士子精神"。无论是不屈不移的忠贞、勇猛精进的勇气，还是为国家和民族奉献一切的担当都是极为可贵的传承。如果我们为这种精神溯源，就不得不提子路和他提出的"有勇知方"的主张。

文化史上，子路虽位列孔门"四科十哲"，但显然地位比不上颜回、曾参，提到他，总是给人留下被孔子批评的样子。教学中，执教者对于选入教材《侍坐》中子路的表现，基本也是持批评的态度。理由似乎不用多考虑。一是子路率先发言，不够沉稳。如教材的编者就将"率尔"注释为"轻率急忙的样子"或者"急遽而不加考虑的样子"，杨伯峻先生更是将之翻译为"不假思索地"。二是子路发言内容先"勇"后"方"，有背孔子"礼在勇先"的主张。如《论语·颜渊》"子贡问政"中孔子的"去兵""去食""民无信不立"。三是受篇目中"夫子哂之"态度的影响。而相比较而言，冉有、公西华特别是曾皙的表现，无论是发言顺序、出场方式、发言内容以及"吾与点也"的夫子评价，似乎都高于子路。总之子路是做了陪衬的。很多人读了此文也将子路作为"出头的椽子先烂"的旧观念的注脚。显然，在传统的眼光里子路就是那块"抛砖引玉"的"砖"。但是，在面临世界百年未有之大变局的今天，在中国梦崛起的奋斗路上，我们必须摒弃不愿意做"第一个"的旧观念，甚至一味强调"方"而放弃或失去了代表着大毅力、大精神和大品质的"勇"。我们有必要重新认识子路和能让一个民族重新焕发青春的"率尔"。

一、从"有勇知方"见出大仁大义

(一)"勇"是"君子"的前提条件

"勇",在《论语》中出现了 16 次。《论语·宪问》的"仁者必有勇",《论语·为政》"见义不为无勇也","勇"是仁人君子的必备品质。《子罕》"知者不惑,仁者不忧,勇者不惧"。"勇者"可以和"智者""仁者"相提并论。可见,"勇"是儒家修身的要件之一,也是对修身效果的评价之一,《礼记·中庸》"知耻近乎勇"绝不能简单地理解为匹夫之勇。

(二)"勇"是为正义奋不顾身

墨子也讲:"勇,志之所以敢也。"《史记·仲尼弟子列传》中记录了子路最后的死,就是"勇"最完美的写照和诠释。"食其食者不避难",子路明知前路凶险,执意而往,知死而不避难,逆行中见出大义。"君焉用孔悝,请得而杀之",旗帜鲜明地反对参与叛乱的人,爱憎分明、立场坚定!"蒉聩弗听。于是子路欲燔台",明知自己单枪匹马仍深入虎穴却怡然不惧,真是凛然威风,视死如归!"君子死而冠不免。遂结缨而死!"其大勇中的大仁、大义和对"礼"的至高秉持,甚至是死不免冠的执拗般的不畏缩、不退让,将壮美演绎到了极致。

这与陈毅元帅的"取义成仁今日事,人间遍种自由花"以及曹植的"捐躯赴国难,视死忽如归"有异同之处,可在群文比读下做些思辨性研读。

首先是,子路的"勇"是在孔门的"求仁秉礼"理念支撑下的知死不避、虽死无憾。其次是陈毅元帅的"勇"是临死无惧,死而不弃,死而不息;曹植诗歌中"游侠儿"的"勇",更是单纯的一种疆场豪勇,是我杀敌不怕,敌杀我更不怕的武勇。再次是,知乱而直驱往救,救君而直面骂贼,贼子势重而怡然不惧,不惧不乱且死不失仪,死而从容,死而为仁、死而为义,更为壮怀激烈!

(三)"有勇知方"体现子路实干家本色

"知方",就是教化百姓使之明白并能遵循合乎礼义的行事准则,这其实就是在讲"为国以礼"了，那么曾评价子路"可谓具臣矣"的孔子，为什么这次对子路的发言不满意呢？教师可引领学生做深层次的思辨探究。

首先，关于子路的"抢答"以及为自己设置的较难的施政环境。这种表现可能在传统思维下被解读为不够谦逊、自视过高，有悖"礼"的内涵，好像不是谦谦君子该有的风范，这可能也是孔子的不满之一。但是缺少了睥睨天下气势的老气横秋，缺少了浪遏飞舟的老成持重，必定不能匹配一颗朝气蓬勃的雄心和蒸蒸日上的国势。所以换一种思维和视角，或可理解为：一是可以显示子路的磊落胸怀和为人直爽；二是他以实践为依托的自信表现。毕竟相比于曾皙，子路是有从政经验的。所谓"惟有爱者才蔑视"，很多做大事的人特别需要这种大胸怀和大勇力。

其次，关于子路颠倒"勇"和"方"的顺序。可能有人会认为他有背孔子"礼在勇先"的主张。但是，另一方面，所谓言为心声，可以认为这进一步体现子路的率真性情。再者是表现子路在特定环境下的独特认知。"千乘之国，摄乎大国之间，加之以师旅，因之以饥馑"，这样的国家处境在当今的国际社会并不陌生。子路强调"勇"，实在是抓住了关键要素。"没有一支强大的军队，就不可能有强大的祖国"。国家和民族的存在，首先取决于其是否能站直了腰杆。不主张侵略，但"明犯强汉者，虽远必诛"却是必须的原则，而君臣百姓是否有"勇"就成了关键要素。况且子路是特地加了一个"且"字的，并未刻意贬低"方"，某种程度上不能说子路有意违背孔子的教诲主张。

由此可见，特殊条件下，正是沧海横流、方显英雄本色的历史性机遇，子路的发言让人豪情万丈，大丈夫就该"处世兮立功名，立功名兮慰平生"！要挑就挑重担，要打就打硬仗。所谓"虽千万人吾往矣"，子路打开了我们心中的英雄情结，他是真正的大勇君子！

二、粗疏中的可爱、可敬、可畏，是真风骨君子

在《论语》中子路出现42次，次数最多。他性子急、脾气大，常常挨孔

子骂,但是子路的性格却是最接近《论语》"坦荡直率不虚伪"的特点。有时候显得鲁直,但却鲁直得可爱。比如《殷芸小说》中"子路杀虎"的故事,子路的恚恨来得快,但心服来得更快:遇猛虎而敢搏杀之,有恚恨而直陈之,知不如而心服之。"就像《三国》的张飞,《水浒》的李逵,比刘备、宋江写得好,给大家留下的印象深"。"衣敝缊袍,与衣狐貉者立而不耻者,其由也与?"看,这就是子路,简直憨直得可爱!

作为孔子最重要的弟子,子路在孔门的"四科十哲"中以"政事"著称。"德行"科无他的名号,在孝道这一德行重要品质上更没有闵子骞名气大,但子路确实是一位可敬的大孝子。他自己吃"藜藿之实,而为亲负米百里之外",而一句"愿食藜藿为亲负米之时,不可复得",又道出多少为人子女者"子欲养而亲不待"的内心复杂情绪。除孝敬父母外,子路对老师孔子更是忠诚无比,不离不弃。"门里的事高于门外的事,总是鞍前马后,替老师张罗",孔子也说:"吾自得子路而恶声不入于耳。"子路,让人肃然起敬。

子路对于原则的坚持,有时候让孔子也有点"怕他"。《论语》和《史记·孔子世家》都记载了子路坚决反对孔子接受叛臣扰邀请的事。一次是定公八年,孔子五十岁,鲁国公山弗扰反叛召孔子;一次是鲁哀公三年,孔子六十岁,晋国的叛臣佛肸召孔子。子路甚至对老师在这种事情上的动摇当面表示"不悦",并坚定表明态度的话:"末之也,已,何必公山氏之之也?"翻译过来就是,"没有地方去便算了,为什么一定要去公山氏那里呢?"正是因为子路的坚持,孔子最终没有将心动付诸行动从而保住了历史声誉。子路的坚持对孔子的生命轨迹的发展还不止于此。比如,孔子的"由大司寇行摄相事"以及周游无果后最终归鲁一心从事文教事业,从而让他成为中华文明史上真正的巨人。当然,子路的原则性表现还有很多,比如"子见南子"里,把老师逼得用"矢之"的发誓来证明自己的清白,可见孔子知道自己的这位大弟子实在是不好糊弄!

正如《左传·襄公十一年》中讲道:"故君子在位可畏,施舍可爱,进退可度,周旋可则,容止可观,作事可法,德行可象,声气可乐,动作有文,言语有章,以临其下,谓之有威仪也。"在我们的传统文化里,君子从来都不只有阶层义,更有德行义,那些让人有敬畏感的同时又让人觉得可爱,其做法可以成为世人的行事准则而其德行可为师表的人是我们文化意义里的风骨君子。

我们敬仰孔子,但在评价子路方面,大可从整体着眼,结合历史文化价值和当代社会价值意义,虽不至于翻案那么严重,但却大可以辩证的思想和思辨性的思维予以重新评价。

三、追寻士子精神,建构当代风骨

追寻士子风骨,先要为其正名。凡读书人的坚贞不屈、坚守不弃、坚定不移,于国忠贞、于民爱护、于信仰始终如一,都可谓之有士子风骨。可以说儒家为我们的传统文化建构了这种精神,但还可上溯源流、下延支脉。比干剖心是为扶大厦之将倾,黍离行吟是为悲故国之衰变,屈原投江是为明忠贞之情怀,宋瑞赴刑是为震疲弱之国风,佩弦饿死是为锻不移的傲骨。乃至崇祯帝贵为天子,山河破碎也要以身殉国、不可独活。可见,这种风骨基因向来在我们的传统文化中有传承,并在民族的性格里扎下了根。一个读书人可以身体羸弱、困守书斋,但不可无风骨气节;一位士大夫可以远离庙堂、醉酒江湖,但不可无士子精神;一众诗人作家,可以倚红偎翠、醉眠酒家,但不可无傲骨坚守。士子风骨关乎个人气节评判,更关乎国家尊严、民族性格的抒写,不可不有。

(一)士子精神的时代特征和考验危机

士子精神为中华文化特别是儒家文化一脉贯穿,但是在每个时代又具有鲜明的时代特征,也接受着时代的考验。太平岁月,士子精神的考验和危机主要是欲望的侵蚀,相对的士子精神特征更多地表现为自强自律下的自我精神坚守,特别是对自身欲望的克制。如"慎独"精神,就是典型的士大夫高度自律的精神,是典型的儒家文化下的自我克制、自我戒守,是士子精神的重要组成部分。而乱世年月,士子精神的考验和危机主要是家国的沦丧和生死抉择。相对的士子精神特征更多地表现为对国家民族的忧患,直

面贼寇的不屈和宁死不降的忠贞。如四面环敌、国势屡弱的南宋,陆游的
"男儿堕地至志四方,裹尸以革固其常""切勿轻书生,上马能击贼",辛弃疾
的"虏人凭陵中夏,臣子思酬国耻,普天率土,此心未尝一日忘",就是士子
精神的典型表述,所谓"忧时元是诗人职,莫怪吟中感慨多"。再如夏明翰
的诗句:"砍头不要紧,只要主义真。杀了夏明翰,还有后来人!"无论是哪
个时代,士子精神在实质上都贯穿了一个"勇"字,前者是敢于直面内心和
灵魂的勇,是敢于对自己说不;后者是敢于直面刀和血的勇,是敢于对敌人
说不,更是对"生"说不!经受得住时代的考验,必将青史留名,经受不住时
代考验,必将被万世唾弃。

(二)建构"三个文化"下的当代士子精神

以中华优秀传统文化、革命文化和社会主义先进文化为文化土壤的当
代士子精神建构,或可以"五心"的洗练为基点。一是洗练一颗赤诚的"爱
国心"。不要做道貌岸然的伪君子,不要做衣冠楚楚的精致利己主义者,不
要做民族败类。当代士子精神的建构前提是知识分子首先必须是一位朴实
无华的爱国者。二是锻造一颗自然的"平常心"。要利用好儒家的修身意
识和道家的出尘意识,建立淡然意识,能克制物欲的诱惑,坚守陋巷瓢饮而
不失风骨。三是锤炼为人民服务的"大众心"。体现忧民意识下的为百姓
说话,而不是受制于金钱和权利为某雇主摇旗,从而迷失自我本性,垮塌内
心的士子风骨。四是打造一颗公正的"是非心"。能经得起"上帝"的拷问,
让灵魂始终站在高处,如白莲纯洁,如松柏挺直。五是觉醒一颗硬派的"民
族心"。和合谦让以及温恭良善是好的文化传统,但不能成为软弱和屡弱
的代名词,士子脊梁必须坚挺直立,民族血性必须重新觉醒,中华头颅必须
高高昂起。

综上,思辨性重评子路和赋予"有勇知方"新的时代意义以及建构具有
时代特征的当代士子精神,用大勇力拯救被时代的洪流所吞噬的"知识分
子"的灵魂,以及纠偏屡弱的风骨,在当代中华民族伟大复兴战略全局和世
界未有之大变局背景下很有必要,且势在必行。

第三节 "中华传统文化研习"任务群

"大单元整体教学"解读与构想
——以选择性必修上册第二单元为例

《普通高中语文课程标准(2017年版)》(以下简称《课程标准》)提到的语文学科的"立德树人"等育人功能实际上是几十年来在分科教育、学科平行化,语文不再一力承担教化育人重任而越发成为单一地教授知识技能、争分抢分学科之后的一种众所期盼的回归,是我们语文人以新课标为指引、以新教材为抓手引领学生努力领略文本内外文学性背后更加深厚、广远意义的一力当之的重任,理解和弘扬中华优秀传统文化就是"立德树人"的一个重要的内涵。

学生在经历了高一阶段的自主学习、合作探究的师生教与学方式的重大转变之后,在高二阶段,教师将与学生一起在教与学方式的改革实践上继续向深层次推进。这种推进,特别表现在阅读与思考的广度和深度上再做进一步探索,在个性化、创造性和理性的阐述表达上做出更加语文化的尝试。根据《课程标准》的相关旨要以及高二选择性必修教材的特点,这种尝试与探索,不妨尝试借助"主题—专题"的模式为引领,集中化的同时又能多角度地对单篇或多文本进行内涵理解、意义探究和价值思辨,以做到有深度有广度地"研习"。这种"主题—专题"模式,要求设计者和教学者首先要从单元整体的高度上把握人文主题,从大的视角进行切入,对单元文本做核心宗旨的梳理与整合,再从一个文本中的某一个角度;或者多文本组合的某一个角度切入形成多个专题,同时要注意对篇内的专题之间、篇间的专题之间、课间的专题之间以及单元间的专题之间的联系,做必要的思考、解读与思辨。

一、课标回顾

本任务群旨在引导学生通过阅读中华传统文化经典作品,积累文言阅读经验,培养民族审美趣味,增进对中华优秀传统文化的理解,提升对中华民族文化的认同感、自豪感,增强文化自信,更好地继承和弘扬中华优秀传统文化。

(一)学习目标与内容

一是选择中国文化史上不同时期、不同类型的一些代表性作品进行精读,体会其精神内涵、审美追求和文化价值。

二是在特定的社会文化场景中考察传统文化经典作品,以客观、科学、礼敬的态度,认识作品对中国文化发展的贡献。

三是梳理所学作品中常见的文言实词、虚词、特殊句式和文化常识,注意古今语言的异同。

四是阅读作品应写出内容提要和阅读感受。选择一部(篇)作品,从一个或多个角度讨论分析,撰写评论。

五是学习传统文化经典作品的表达艺术,提高自己的写作水平。

(二)教学提示

本任务群为 2 学分,36 课时。

一是重视诵读在培养学生语感、增进文本理解中的作用,引导学生积累古代作品的阅读经验。

二是引导学生借助注释、工具书独立研读文本,并联系学习过的古代作品,梳理常用文言实词、虚词和特殊句式,提高阅读古代作品的能力。

三是多角度、多层面地组织主题学习单元,引导学生合理运用精读、略读的方式,由点到面地体会中华传统文化的精深和丰富,初步认识所读作品在中国文化史上的贡献。

四是组织学生在具有一定阅读量的基础上,展开交流和专题讨论,就传统文化的历史价值、时代意义和局限等问题,用历史和现代的观念进行审视,表达自己的看法。

五是引导学生坚持在研读的过程中勤查资料,勤做笔记;围绕所读作品,利用图书馆、互联网查阅相关注释、评点等资料,加深和拓展对作品的理解;学习运用评点方法,记录自己的感受和见解,不断提高独立阅读能力。

可以说,传统文化经典凝聚了中华民族的智慧与思想,是中华文化的宝藏,能使我们真切地触摸到中国的气质。对经典的解读、探究和研习有助于我们去探寻我们的民族心理、民族性格和民族精神,可以让我们更好地引领我们的学生理解和弘扬中华民族优秀文化。

需要注意的是本任务群的设计不是以文学史和知识点的罗列为旨归的,而是以增强学生对中华传统文化的理解,提高学生的文言文阅读能力为核心设计的。

二、总体建构

在教学理解和设计中,我们应该以《课程标准》作为课程设计的依据与方向,融合教材文本内容和研习任务等在教学中将课标精神予以"语文化"落实。

（一）把握阅读视角

首先是引领学生把几篇作品都当作"子书"读,不当圣人书读;当作修身书读,不当修炼书读。不过分拔高,也不肆意贬低,不把文本解读复杂化,也不能只是照本宣科浅层地讲解。这其中的度,需要设计者和授课者把握和引领,这一点很大程度上决定着课堂的走向。另外要注意的就是要在恰当的正确的社会文化场景中去解读相关内容。

比如,当时的社会是已然打破了"普天之下莫非王土"的传统,孔子时代鲁国就已经实行"初税亩",承认土地私有,那么一般的士大夫不仅不是

"王臣",而且各有其主,甚至不是我们现在的社会国家形态下理解的"忠臣"。像孔子、孟子、庄子不曾做过王臣,并且孔孟都到祖籍国、出生国之外的国家去做官。甚至鲁国的公山弗扰(一说就是公山不狃 niǔ)叛乱召孔子去,"佛肸 xī 召,子欲往"。这些历史场景大大增加了文本内容的思辨空间。

再者,虽然儒家为了理想信念一路奔走,并未说服当时的统治者使其方案成为官方的意识形态,但是他们从未放弃自己的坚守。比如孔子,他是殷商后裔,但是家世已然败落。基本算自学成才,独闯社会,从基层干起,重视个人修养,虽然某种程度上只算是位"民间学者和民办老师",但一生执着,对文献整理和文化传播贡献很大。孔子活着的时候,历经坎坷挫折,政治诉求基本未得到实现(除了在卫国、陈国短期任职外)。30 岁左右小有名气,60 多岁了还在坚持做事业。他死后被圣化。我们要礼敬这位文化伟人,但不必过度。

而道家就走了一条相反的路,可以说是换个角度看自己、看世界,充满了哲学、道学的大智慧。墨家,更是不一样,其宣教对象大不同。

(二)建构阅读任务

本单元的选文文学性不突出,而其文化的根性意义、哲理的思辨价值以及对教化修身的影响意义很重要,应该作为重点任务去做活动设计。在教学中,教师应该引领学生在广泛阅读、深入思考的基础上,以主题阅读为总领,以各个专题阅读为拓展深化,在历史场景和当代现实中进行理性审视探讨,并力争做创造性表达。

本单元选义出自春秋晚期到战国中后期,彼时的中国社会一直在变革动荡,已然不是"普天之下莫非王土"的时代了,一般的士大夫也不再是"王臣",每个人特别是知识分子都要重新思考自己与他人、外界的关系,如何立身处世、如何看待自己、对待自己以及他人和世界是知识分子需要重新思考的问题。大家的主张不一致,也就形成了不同的流派。这里面体现了各自的思考,蕴含了各自的大智慧,也都在后世的流传中对中华优秀传统文化产生了不可忽视的影响。在当代社会的语境下去溯源这些文化之根,思辨其中的哲理并以其中的大智慧教育我们的学子,以培养他们的民族审美趣味,增进对中华优秀传统文化的理解,提升对中华民族文化的认同感、自豪感,增强文化自信,更好地继承和弘扬中华优秀传统文化。

(三)设计课程结构

1. 基础阅读梳理课,1 课时

在教师的引领下,学生对课文先诵读、再默读,然后是根据理解去做基本批注和评点,思索研习任务的主题整合文案以及研读的专题切入角度。在此基础上,就文言知识、内容提要和阅读感受以及自己的观点认识做一定的小组研讨,并做初步的表达(书面或口头)。课前,教师可酌情做阅读指导(此前高一已经有《乡土中国》和《红楼梦》的基础)注意思维训练的浸润,如指导引领学生做批注评点时,可借助批判性思维黄金三问:这个说法能成立吗(停下来)? 有没有相反或例外的情况(找替代)? 如果成立,需要什么条件(合理化)?

引导学生记录下自己的疑惑、感悟、联想与所得。如,庄子提到"瓠hù",孔子也提到,但是二者的思维方式和认知明显不同,请试作比较。

2. 拓展深化阅读课,1 课时

这是教师引领下的学生自主阅读,是一种更深入的研读,是针对前一课时基础阅读梳理中的感悟、思索、疑惑、联想,做精准的延伸阅读,并用批注(即把读书时感想和疑问批写在书中的空白地方)、评点(点,圈点,即对文章精彩的地方加上圈点;评,评论,即对作品的内容写出自己的意见观点。)、研讨、小论文等方式予以语文式的深化。

安排一课时,可能远远不够,这个最好是提前布局,比如开学前,或者开学伊始,就布置阅读研习任务。当然,前提是教师自己有初步的解读与规划。

因为本单元或者说本册书的很大一部分内容都属于某种程度上的"节选",如果想超越照本宣科式地串讲了事,那就要在课内细读的基础上以更加广阔的文本资料为阅读根基和理解前提,并在此基础上由教师引领做出梳理整合,以做出多样化的专题选择。可以考虑师生制定单元整体自主阅

读规划:

本单元"诸子百家",选文涉及儒、道、墨三家,孔、孟、老、庄、墨 5 人以及"五经"之一的《礼记》的 6 篇内容,内容广,操作空间大。

(1)广义范围上

可以引领学生去阅读杨伯峻先生的《论语译注》,李零的《去圣乃得真孔子——〈论语〉纵横读》《老子天下第一》,傅佩荣的《解读庄子》等可读性强又不太深奥的专著。

也可以是做课内外的简要拓展阅读,联系初中阶段的《论语》十二章、《庄子》二则等课文和高一阶段的《侍坐》《齐桓晋文之事》《庖丁解牛》等内容,还有就是"学习强国"上一些音频、视频资料也是很有学习借鉴价值的。比如《五石之瓠》如果孤立阅读,可能很难读出其整体的哲学性和先秦诸子文章都具有的政治性("务为治者也")以及庄子文章特有的文学色彩。其实这一篇和初中阶段的《北冥有鱼》(老教材在高中必修五第二单元)同属于《庄子·内篇第一·逍遥游》,他们之间有着不可分割的内在联系,理解上决不能"断章取义"。教师可引导学生做整体阅读,如果条件允许,还可以把接下来的《齐物论》《养生主》(必修下册节选了《庖丁解牛》部分)以及有关当时历史背景的文献资料也读一读,如此应该可以更好地理解庄子思想,感知庄子文风。一如理解《愚公移山》,得出"中国古代劳动人民的具有大信心和大毅力,要克服困难就必须坚持不懈的道理"是正确的,在初中阶段也是合适的,但如果此文放在高中阶段的话,就应该在《列子》一书的整体认知下、鉴于作者列子的道家身份并整体阅读这个故事的全文——《列子·汤问》,从而有一个更整体、更深刻的有"道家"色彩的认识:大与小、长与短是相对的,并没有固定的界限。

(2)精准引领上

如,"为—无为"探究思辨专题,引领学生读《老子》四章的第 4 章——"其安易持"一段,对于"为"和"无为"的理解,可做如下引导:

请同学们思考,老子提到的"安""未兆""脆"和"微",包括后面的"未有""未乱"等是不是一种"为"先决条件呢？而"生于毫末""起于累土"和"始于足下"除了传统意义的解读是不是还在暗示另一个角度或者方向的"为"的最好的时机呢？而"合抱之木""九层之台"和"千里之行"也不仅仅代表他们自己，可以是一类所指，如已然接近完成的事情、已然接近成形是已然接近成功的事情等等，这时候再去反方向的"为"，基本是要"败之"或者"失之"的，因为这已然错失了"为"的最佳时机，很大程度上已然是"事不可为"，所以此时、此地、此条件下"圣人无为"，其实也就是不强求，不强为，所以要"辅万物之自然"，强调自然而然，不要强行逆势。所以，道家不是一味地无为，那岂不是静坐等死？

在此基础上，引领学生去阅读：

《道德经》第3章：

不尚贤，使民不争；不贵难得之货，使民不为盗；不见(xiàn)可欲，使民心不乱。是以圣人之治，虚其心，实其腹；弱其志，强其骨。常使民无知无欲，使夫智者不敢为也。为无为，则无不治。

《道德经》第37章：

道常无为而无不为。侯王若能守之，万物将自化。化而欲作，吾将镇之以无名之朴。镇之以无名之朴，夫将不欲。不欲以静，天下将自正。

《道德经》第63章：

为无为，事无事，味无味。大小多少，报怨以德。图难于其易，为大于其细；天下难事，必作于易；天下大事，必作于细。是以圣人终不为大，故能成其大。夫轻诺必寡信，多易必多难。是以圣人犹难之，故终无难矣。

这里所说的"无为"的含义与课内文段相呼应，是说在做任何事情的时候，都不要强加自己的主观意志，更不要试图用主观意志去改变事物的客观属性。当然，老子并不是让我们什么都不做，而是要顺其自然。由此可知，老子所谓的无为实际是一种自我修养的思想境界，也就是一种抛弃主观而顺从客观的思想境界。世间的所有事情的发展都是从小到大、从易到难、从细到巨发展起来的。圣人明白这一道理，因此在事情刚刚出现或者还在萌芽状态的时候就去"为"，把它化解掉了。所以，我们看圣人表面上做的都是小事、细事、易事，甚至什么也没有做，最后的结果却成了大事、难事。

大家是不是想起了扁鹊三兄弟的故事，之所以扁鹊推崇他的大哥，其实就是事前控制，所谓防微杜渐，防患未然就是了，拓展一下就是，"不治已病治未病，不治已乱治未乱"。这就是为和无为的辩证关系。

3. 单元主题研习课，1-2课时

广视域、大主题，注意主题下的融合思辨。本单元的人文主题是"诸子百家"，但是个人感觉这四个字还是略显大而空，不利于单元内容的核心凝聚。结合单元导语、学习提示和单元研习任务，我们发现本单元内容多涉及到如何处理自己与自己、自己与他人、自己与世界的关系这种哲学和文化问题，所以我们可以尝试从"立身处世"这个大专题出发，在整体阅读的基础上做深度探究。

从这个大主题的角度出发，便有高屋建瓴统领整个单元的效果，但要注意在整体研读的基础上做深度探究。既要挖掘出各派的不同主张甚至是同派别不同人物主张的差异性，更要去联系对比这些主张之间的同质性，以及它们对塑造我们民族性格，形成民族心理、建构民族文化等方面的根性作用以及在当代社会语境下的价值意义。同时也需要注意过程中的学生主体性和师生平等对话以及情境设置。

可以分为两步操作：

①梳理本单元各篇课文所讲的"立身处世"道理的文字（可用表格完成），并用不同视角做情景化下的深度解读：他们对于塑造我们民族性格，形成民族精神、建构民族文化的根性作用。如，我们民族处事特点一向以"谦退"为上，这种民族性格能否在选文中找到依据，属于哪家思想，其价值意义何在？

②思辨：这些思想在当代社会的价值意义。如，在现代百年未有之大变局的时代，孔子提到的仁恕之道是否还适用，为什么？

4. 多专题研习课，2-3课时

(1)广泛阅读、精确梳理是确定专题的前提和基础篇章内以及篇章间从不同角度出发可供确立的专题很多,如"君子"探究专题,"礼"探究专题,"义利"之辨专题,"仁"探究专题,"道"探究专题,"弘毅"的当代价值意义专题,"四心"思辨专题,"有无"思辨专题,"非我-忘我-无我"思辨专题,"对待"思辨专题,老子"对立统一"辩证探究专题,老子智慧的当代价值意义专题,"为—无为"探究思辨专题,"大小之辨"专题,庄子思想的当代价值意义探究专题,"兼爱"的当代价值意义探究专题,"仁爱""兼爱"与"天地无情"思辨探究专题,"仁爱""兼爱"和"差序格局""团体格局"与当代社会秩序关系探究专题,"诸子风格"探究专题等。

(2)多角度,小专题,注意专题间的互联互动

如《〈论语〉十二章》中的第十一章"颜渊问仁"一段,除可引导学生探究"仁"和"礼"的关系外,还可针对"非礼勿视"四句,请学生以"礼"的内涵与外延同时联系必修下《祝福》一文中"礼教"的问题做深入思考思辨:孔子谈到的"礼"和《祝福》中"致敬尽礼"有何不同? 我们还可以结合当代社会实际,对这四句内容做思辨性阐述:我们是否放纵了"礼"的崩塌——古礼的扬弃与当代社会主义精神文明建设的关系。同样的在第二章、第七章以及《人皆有不忍人之心》一章都涉及"仁"的话题,又可以请学生探究"仁"的内涵与外延,以及联系《人皆有不忍人之心》一篇探究其与"恻隐之心"的关系、与"保四海""王天下"的关系做思辨性阐述:前者是否能成为后者的充分推理条件。

孔子说"君子喻于义,小人喻于利"又说"不义富且贵于我如浮云"和"富而可求也,虽执鞭之士,吾亦为之",《增广贤文》也说"君子爱财取之有道",对此如何理解? 以及在此基础上的"君子"之德和修身养性的专题研讨以及当代价值意义。如此,几个专题间互动联系,学生的思维得到发散,其思维品质得以提升与发展。

注意过程中的学生主体性和师生平等对话以及情境设置,比如,考虑设置这样的问题:

当今市场经济社会,竞争激烈残酷,导致一些人认为"君子"之风早就过时,对此你怎么看? 请结合文本相关内容做出思考回答。

　　结合本单元内容,梳理"君子"的内涵与外延,并思考其对当代社会的启发借鉴意义。

　　网络社会资讯发达,各种"鸡汤文"、各种"事件案例"、各种"主张习俗"充斥我们的耳目,那么都有哪些称得上是值得一闻的"道"呢? 请你对此发表有理有据的看法。

　　当今世界将面临百年未有之大变局,面对纷繁复杂的世界形势社会状况,请思考:孟子提到的"以不忍人之心行不忍人之政,治天下可运于掌""苟能充之,足以保四海;苟不充之,不足以事父母"以及在必修上册《齐桓晋文之事》中提到的相关内容是否具有充分合理性?

"大单元整体教学"解读与构想
——以选择性必修下册第三单元为例

一、课标依据

（一）任务群设计宗旨

本任务群旨在引导学生通过阅读中华优秀传统文化经典作品，培养民族审美趣味，增进对中华优秀传统文化的理解，提升对中华民族文化的认同感、自豪感，增强文化自信，更好地继承和弘扬中华优秀传统文化。

注意：本段文字提到的审美和文化，都带有强烈的民族性；而培养的审美趣味一定是从文本出发的、带有中华民族特点的；增进的文化理解、文化认同和文化自信更是中华民族所独有的。这就要求教师有较高的以文本解读为基础的中华传统审美理解力和文化理解力，并且要在课程的设计和实施中凸显立德树人为引领的学科课程思政建设理念。

（二）学习目标与内容

一是选择中国文化史上不同时期、不同类型的一些代表性作品进行精读，体会其精神内涵、审美追求和文化价值。

二是在特定的社会文化场景中考察传统文化经典作品，以客观、科学、礼敬的态度，认识作品对中国文化发展的贡献。

三是梳理所学作品中常见的文言实词、虚词、特殊句式和文化常识，注意古今语言的异同。

四是阅读作品应写出内容提要和阅读感受。选择一部（篇）作品，从一个或多个角度讨论分析，撰写评论。

五是学习传统文化经典作品的表达艺术，提高自己的写作水平。

（三）教学提示

本任务群为 2 学分,36 课时。

一是重视诵读在培养学生语感、增进文本理解中的作用,引导学生积累古代作品的阅读经验。

二是引导学生借助注释、工具书独立研读文本,并联系学习过的古代作品,梳理常用文言实词、虚词和特殊句式,提高阅读古代作品的能力。

三是多角度、多层面地组织主题学习单元,引导学生合理运用精读、略读的方式,由点到面地体会中华传统文化的精深和丰富,初步认识所读作品在中国文化史上的贡献。

四是组织学生在具有一定阅读量的基础上,展开交流和专题讨论,就传统文化的历史价值、时代意义和局限等问题,用历史和现代的观念进行审视,表达自己的看法。

五是引导学生坚持在研读的过程中勤查资料,勤做笔记;围绕所读作品,利用图书馆、互联网查阅相关注释、评点等资料,加深和拓展对作品的理解;学习运用评点方法,记录自己的感受和见解,不断提高独立阅读能力。

注意:人教社朱玉国老师在做教材培训时,从中概括出七个关键词,即中华传统文化、中华传统文化经典、文化理解与传承、主题学习、特定的社会文化场景、客观科学礼敬、表达艺术。

以上七个关键词,对本单元解读和设计的启示是:关注文本中蕴含的中华传统文化,并有效设计和实施。要能正确解读出来,能科学客观地说清、说对,不神话拔高也不故意贬损,设计和组织学习时,结合课程思政建设,还原到特定的社会文化场景中去,有效梳理,结合文本理解,不生硬灌输,不僵化讲解。

除此之外,再添加三个:诵读、梳理、评点。

1. 诵读。反复诵读,多形式诵读,是学习文言文,培养语感、增进文本理解的不二法门。本单元的学习,必须将诵读贯穿始终,除了有设计专门的诵读任务外,还要在其他学习任务中以载体的形式体现。

2. 梳理。写内容提要、建构研习框架、画思维导图,整合语法知识、文学文化常识、作者心脉和文章文脉等，都十分重要，这是本单元文言文学习建构理性化认知的基础操作。也是把单元文本阅读任务化、结构化，体现"善读书"的基本操作。

3. 创见。无论是评点王羲之的生死认知，还是理解陶渊明的价值选择，抑或是讨论《种树郭橐驼传》中体现的树—官—人的理念，都需要学生"体会其精神内涵、审美追求和文化价值"，然后进行"多个角度讨论分析，撰写评论"，"就传统文化的历史价值、时代意义和局限等问题，用历史和现代的观念进行审视，表达自己的看法"，过程中要求学生运用独创性思维、辩证思维、批判思维等表达自己的见解和认知。

（四）高考相关趋势和启发

1. "价值"性题目的覆盖和凸显

如，2022 年天津卷，第一题阅读材料就包含壮美、柔美等审美价值因子，和诚信、坚韧、奉献、凝聚、自信、超越等文化价值因子，题目设置则表现在第 2 题和第 3 题。试卷第二题虽然是注重考查思维，但是本题的选材和设题都指向"绿色发展"，体现着我们的大国担当精神和对整个人类和世界未来的关怀以及有效行动。第三题，文言文部分，选文杜牧《投知己书》展现的面对世情冷暖"不怨天不尤人"、面对大人物要收录门下以后将或将委以重任、前途远大的功利诱惑，依然能够坚守本心，依然能"审己切"、反躬自省、但又不卑不亢的士子风范。第四题，诗歌鉴赏的［南宋］陆游《书喜》作品中表现出来的对社会现实的关注。第五题《天下黄河》表达的对母亲河的向往与礼赞，对中华民族的赞颂，对新时代、新高度的讴歌，以及行文中显露的"太行自古天下脊"和母亲河所代表的华夏民族的刚性、韧性精神等民族精神内核。第六题，命名背后的文化内涵。第七题，通过"烟火气"让学生在抒写阐述中感知生活的美与善，家国的静与好。

我们看，从第一题到第七题，"三个文化"基本是全覆盖的，而关于中华优秀传统文化又是特别凸显的，并且需要学生在理解的基础上做创见性表达的。

2.课堂教学启示:

第一要"讲得清",即课堂教学要有文化梳理的敏感性和基本能力,能有效组织引领学生参与活动,作为教师要对相关"价值点"讲得准确、清楚。

第二要"读写结合",即课堂教学中不仅要让学生说,还要组织学生写,这个写,一是写发言提纲,即发言的思维框架;二是写评价性语言,即引领学生运用历史和现实的双重视角,结合当下发表个人看法。

总之,要在我们的语文课堂教学中让我们的传统文化在学生那里落实落细、落地生根,真正传承我们的传统文化,建立文化自信。

(五)教材相关内容

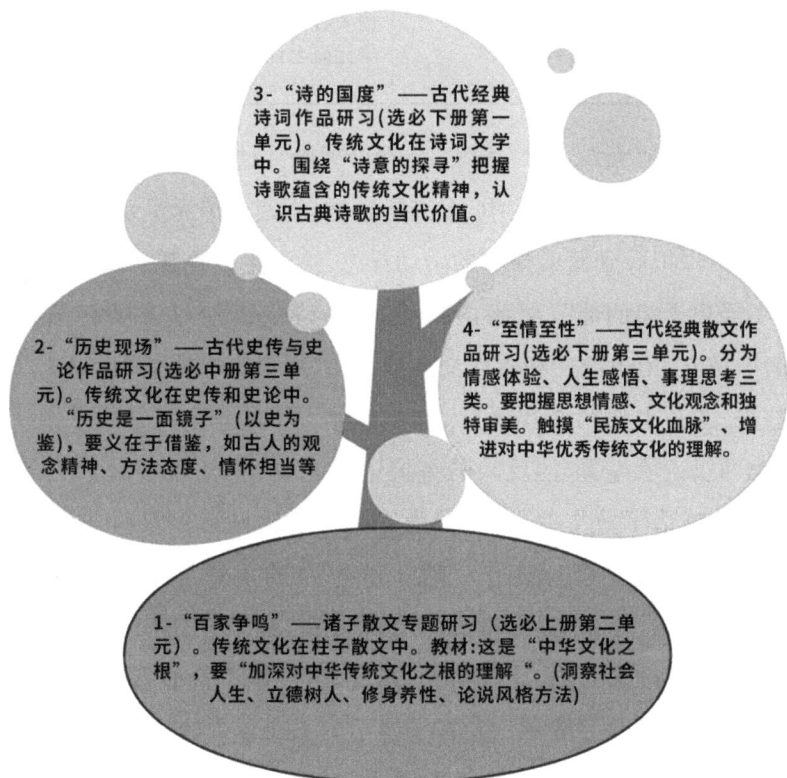

3-"诗的国度"——古代经典诗词作品研习(选必下册第一单元)。传统文化在诗词文学中。围绕"诗意的探寻"把握诗歌蕴含的传统文化精神,认识古典诗歌的当代价值。

4-"至情至性"——古代经典散文作品研习(选必下册第三单元)。分为情感体验、人生感悟、事理思考三类。要把握思想情感、文化观念和独特审美。触摸"民族文化血脉"、增进对中华优秀传统文化的理解。

2-"历史现场"——古代史传与史论作品研习(选必中册第三单元)。传统文化在史传和史论中。"历史是一面镜子"(以史为鉴),要义在于借鉴,如古人的观念精神、方法态度、情怀担当等

1-"百家争鸣"——诸子散文专题研习(选必上册第二单元)。传统文化在柱子散文中。教材:这是"中华文化之根",要"加深对中华传统文化之根的理解"。(洞察社会人生、立德树人、修身养性、论说风格方法)

图2-1　教材相关内容

第二单元	第三单元
5《论语》十二章 大学之道/《礼记》 ＊人皆有不忍人之孟子》 6《老子》四章 ＊五石之瓠/《庄子》 7＊兼爱/《墨子》 单元研习任务	9 屈原列传/司马迁 10＊苏武传/班固 11 过秦论/贾谊 ＊五代史伶官传序/欧阳修 单元研习任务
第一单元	第三单元
1 氓/《诗经 · 卫风》 离骚(节选)/屈原 2＊孔雀东南飞并序 3 蜀 道 难/李白 ＊ 蜀相/杜甫 4＊望海潮(东南形胜)/柳永 ＊扬州慢(淮左名都)/姜夔 单元研习任务	9 陈情表/李密 ＊项脊轩志/归有光 10 兰亭集序/王羲之 归去来兮辞并序/陶渊明 11＊种树郭橐驼传/柳宗元 12＊石钟山记/苏轼 单元研习任务

　　教材编者以"大单元、广视域"为设计理念,以"加深理解,比对总结"为设计宗旨,在选择性必修上、中、下三册教材,用四个单元呈现了中华优秀传统文化从广深根脉到繁盛果实的生动样态,给学生以直观认识和深层触动。"覆盖了经史子集四部"(教参语)。题材为诗歌和散文,前者包含宋词,后者有诸子散文、历史散文和古代文人散文,共四个文本类型。

　　首先,选必上册第 2 单元,人文主题是"百家争鸣",是诸子散文(《礼记》虽为西汉人所编纂,但反映的主要还是先秦礼制(教参语))专题研习。即传统文化在诸子散文中。"可视为必修下册教材第 1 课(《论语·侍坐》《孟子·齐桓晋文之事》《庄子·庖丁解牛》)的拓展与深化")(教参语)。教材的单元导语讲:这是"中华文化之根",要"加深对中华传统文化之根的理解"。如洞察社会人生、立德树人、修身养性、基本价值观和理念、论说风格方法等。教材"学习提示"就说"《老子》《庄子》中的思想常有突破俗见之处,可以说是见人所不能见,知人所不能知"。在这里编者试图用孔孟老庄墨等先秦诸子散文在学生头脑中建构中华传统文化的根脉架构,建立儒道价值认知和立德修身关键,如儒家的立身处世,道家的辩证认知,墨家的兼爱无别等等。

　　其次,选必中册第 3 单元,人文主题是"历史现场",是古代史传与史论作品研习。即传统文化在史传和史论中。"可视为必修下册教材第 2(《烛之武退秦师》)、第 3(《鸿门宴》)两课和第 16 课(《阿房宫赋》《六国论》)的整合与延伸。"(教参语)教材的单元导语讲:"历史是一面镜子"(以史为鉴),要义在于借鉴,如古人的观念精神、方法态度、情怀担当等。用马班史传和贾欧史论等历史散文让学生借鉴古人的观念精神、方法态度、情怀担当,树立正确的唯物史观。比如课后研习任务一中让学生在"课文涉及的主要历史人物中选择一位,谈谈你对他的认识和评价,以及从他身上汲取的精神力量或获得的经验教训",就是让学生从历史和当代的双重视角阐释自己的创建。教师执教时可让学生广泛驾驭素材的基础上做较深刻的阐释,如谈苏武,可让结合李陵《答苏武书》谈苏武的形象,这样理解起来更为深刻,还可以让学生结合自身和时代,谈这种精神的跨时空的价值意义。

　　再次,选必下册第 1 单元,人文主题是"诗的国度",是古代经典诗词作品研习。即传统文化在诗词文学中。"所选诗词从《诗经》直至两宋,与必修上册教材第三单元(生命的诗意)同样具有反映'古代诗歌史'的意味,但时间跨度更大"(教参语)。围绕"诗意的探寻"把握诗歌蕴含的传统文化精神,认识古典诗歌的当代价值。用诗骚乐府、唐诗宋词等古代经典诗歌,让学生理解诗歌蕴含的传统文化精神,认识古典诗歌的当代价值。其实从这个单元开始,编者已经把传统文化的体现更多地放在了个人层面了,更具有文学性了,是更具有文学色彩的传统文化,这个单元是诗词,下个单元是个人散文。

　　最后,选必下册第 3 单元,人文主题是"至情至性",是古代经典散文作品研习。即本单元承接上一个单元,传统文化在经典散文(古代文人散文)中,而且接续第一个单元的"诸子散文"是"民族文化之根",这两个单元都是民族文化的繁盛花果,编者要学生通过触摸"民族文化血脉"、增进对中华优秀传统文化的理解。本单元选文时间上自西晋到明中期,提示变化多样,也略有"古代散文史"模样(教参语)。同时,本单元是 5 册高中语文教材中专门设置的第一个文言文单元,同时也是统编初高中语文教材的最后一个文言文单元。作为一个归结性单元,单元选文诸体皆备,有表、志、序、辞、传、记六类,基本涵盖了除了议论性散文之外的古代散文体式。

本单元选文包含情感体验、人生感悟、事理思考三类,但同时也都是事情理三维一体的佳作。都属于非议论性的古代散文。虽然《陈情表》和《兰亭集序》有实用文特点,但两篇文章情感真挚,情动千古,与纯实用性文章有所不同。

如在《陈情表》中,李密字里行间渗透的祖孙相依的爱与敬,孝与养,以及在看似无法调和的忠孝矛盾中惶惑无助的困境体验以及尝试突围的决绝努力:向皇家剖白心迹降低皇帝心防的同时,强调祖母朝不保夕、自己不能远离,引发皇帝同为人子的同情心、同理心,孟子所谓人皆有恻隐之心。然后告诉皇帝自己是忠孝都要讲的,但在"以孝治国"的共同理念认知下,可以有一个两全的方案,就是皇帝是春秋鼎盛的,我也不老,所谓"臣尽节于陛下之日长",祈请皇帝允许自己先孝后忠,在时间上给忠孝排个序,化解二者的矛盾,在空间上,给自己争取了余地。读来情动山河,泪湿青衫。苏轼所谓"读陈情表不下泪者,其人必不孝",但也从中读出李密的智慧。

而同一课的《项脊轩志》,是一篇借记物抒情的名篇,借写项脊轩的兴废,写与之有关的日常生活,家庭琐事,表达物在人亡,三世变迁的感慨,以及对祖母、母亲和妻子的深切怀念。其中归有光面对曾经庞大而辉煌家族的分崩现状,深感悲哀落寞,同时母亲的关怀教诲对他重修项脊轩、刻苦读书的影响,以及祖母对他读书振兴家族的期望,而归有光"认同并且接受了这种期望"(张天韵)所体现的儒家积极用世的思想和背负的压力。同时,孔子曾经表扬颜回:居陋巷,人不堪其忧,回也不改其乐。是安贫乐道的典型。而归有光的项脊轩,"室仅方丈,可容一人居。百年老屋,尘泥渗漏,雨泽下注……又北向,不能得日",可谓是"陋巷"了,虽然经过休憩,屋漏、采光等问题得到解决,又有兰桂竹木等雅物相伴,但狭小局促,陶渊明叫"容膝",而且环境嘈杂,所谓"轩东故尝为厨""客逾庖而宴""从轩前过"是改变不了的,最多是从陋巷到了陋室。但归有光怡然自得,甚至"偃仰啸歌、冥然兀坐",觉得"珊珊可爱"。而且文章以项脊轩为载体回忆亲人往事,那项脊轩就不仅仅是一个南阁子了,那是"娘以指(过)扣门扉"表达母性关怀的地方,那是祖母传达问候和期望的地方,那是妻子"凭几学书"夫妻絮语的地方,所以"项脊轩",就不单是儒家陋巷陋室、安贫乐道精神的再现,而且是作者极重要的精神寄托,所以读至文末"然自后余多在外,不长居",并且妻子去世时候自己种的枇杷树,如今已经"亭亭如盖矣",怎能不见出作者对项脊轩的无限眷恋,对亲人的无限怀念,怎不令人厌倦伤感!

这两篇文章,虽然一在西晋,一在明代,但其中的孝老爱亲的传统价值观,以及情真事实、凄切动人等,都有相同、可比较阅读之处。

总之,这几个单元特别是选必下册第三单元的教学,都适用于大单元教学意识下的整体架构,但过程中的单篇文本的细读深读和以单篇为基础的群文关涉性比较阅读是不可缺少的,还要注意将单元导语作为整体引领,将学习提示作为备课指导,将单元研习任务作为融合性资源。

二、基于"双新"的大单元教学设计和反思

(一)基于学段整体的学情分析:

同为教育部组织编写的义务教育 7 至 9 年级语文教材和高中语文教材,在教学备课阶段可作为整体进行研读和设计。

本单元在高中 5 本教材的最后一本的第三单元,学习对象的高二学生。单元人文主题是"全情至性",所选文章或者以情见长,感人肺腑,或者以理取胜,发人深思,又文以载道,承载了中华传统文化观念。

回顾初中语文 6 本教材和高中的前 4 本教材,这样类型的文章,学生是不陌生的。

如,七年级上册第一单元第一课朱自清《春》,是篇特别像诗的散文,在作者清新、优美的文笔下展现一幅幅美丽的图画,同时,文章中两次引用,如果说第一次引用南宋志南和尚的《绝句》"吹面不寒杨柳风",恰到好处地与文章后面一句,春天的风像"母亲的手抚摸你"相得益彰,其功在语言艺术

的话,后面一句引用民谚"一年之计在于春",结合后面作者说"刚起头儿,有的是功夫,有的是希望",就很好地将我们中华民族那种勤劳、智慧的文化理念通俗易懂,充满诗意和童趣的传递给每个学生。联想到这是初中语文教材第一课,也是初中学子的语文第一课,那么,教师顺势引导学生要在自己人生的春天做好自己的人生之计的规划安排,则是语文学科育人于无形的体现。

学习这篇课文,作者的对春的深情让我们感动,对于美好的希望赞美让我们感动,而编者的良苦用心也是让人感动的。

其他如《昆明的雨》《阿长与山海经》《说和做》《谁是最可爱的人》《老王》《世说新语》二则、《湖心亭看雪》等等,或抒情,或说理,或者情理交融,都算得是进一步学习更深刻文本的积淀性学习。

进入高中阶段,在这个中华传统文化经典研习任务群之前的如文学阅读与写作任务群、思辨性阅读与表达任务群,包括实用性阅读与交流、当代文化参与和整本书阅读与研讨等任务群,都有经典的抒情和说理文本,或者是含有情感表达和哲理阐述因素。即使是柳宗元的《种树郭橐驼传》这种兼具寓言和政论色彩的传记散文,因为学过《穿井得一人》等寓言四则和《庄子与惠子游于濠梁之上》《庄子二则》等也不陌生。

应该说,学生学习这个单元是有基础的。

但也不是说没有难度。其中本单元的第 10 课学习应该是相对来说难度最大的。

第 10 课的《兰亭集序》和《归园田居》两篇文章都为名家名作,骈散结合,诵读感极强,同时,东床坦腹、采菊东篱的"知人"也会增加作品亲切感,并且初中阶段《饮酒》《桃花源记》和高中阶段的《归园田居》,包括《兰亭集序》本身因书法艺术自带的熟悉感都会让学生减少畏难情绪。当然,《庄子两则》、《湖心亭看雪》和《春江花月夜》《赤壁赋》《我与地坛》等篇目还会为本课的学习奠定一定的哲理理解基础,对于深入解读两篇文章都涉及的生命沉思等较为深沉的思考,这有积淀性助益。

但想进一步地进行能体现深度的研习则有一定难度。学生必须在教师设置的具体言语实践活动情境中,引领学生运用历史的和当代的双重视角,在审美、文化和思维层面做出深度建构。通过整体思维架构的建设和细节重难点的解读以及深层的审美和文化审视才能更深入地理解王羲之的心乐在哪里,又痛哪里,陶渊明的文章中隐含的内心矛盾是什么,二者的真又体现在哪里等。进而在整合比较中理解王陶二人各自的心脉变化和矛盾变化,在感性阅读中建立理性的认知。

单元学习目标:

1.诵读,把握文意,过程性体会和把握古代文人的思想情感、思考体悟以及文章承载的文化观念,增进对中华优秀传统文化的理解,增强文化自信。

2.研读,涵咏品味,在对比中体会,在联系中思考,领会不同作者在审美上的独特追求,理解作者如何通过特有的语言形式抒发情志,领会章法和细节。

3.梳理,以表格或脑图的形式梳理总结本单元的词类活用等文言现象,积累文言知识,交流分享,建档留存。

4.评点与写作,细读文章,概括提升,自选视角赏析评点所学文章;感受文本中的"真",结合自己的生活体验与感悟,写一封书信,体现情感真实、性格真实、逻辑真实、细节真实等。

实施路径:

1.沉浸式诵读,学生以读者身份深度体验作者的视听感受和心绪变化,以读促想,以读促思,在感性体验中尝试建构理性的初步认知。

2.梳理整合,借助思维导图,厘清文章的脉络和相关要点。

3.文本细读+群文对比阅读,对课文中作者的人生感悟、事理思考和情感体验等进行深入探究。

4.读写一体,读写结合,在写作中进一步体验传统文化的魅力和价值以及个性化的思考与创见。

(二)核心素养和学科思政指向

主要指向"文化传承与理解"这一学科核心素养,以及由此触及的学科思政教学。但是其他的关于语言、思维和审美也都有所涉及。

具体：

1.因为美文自需百遍读！要在诵读中提升对祖国语言文字美的直觉感受,增强文化自信。所以语言+审美+文化三者在诵读过程中融合性体现。

2.因为要借助梳理整合,整理语法、文常和文化知识信息,建构文言文知识脉络,提升理性认知和文化认同,以更好地弘扬中华优秀传统文化。那么语言+思维+文化就在思维导图等梳理过程中有融合性体现。

3.因为要对文本进行探究性研读,梳理意脉,感受情思,深度触摸民族文化血脉,增进文化理解,并通过关涉对比、评点反思、矛盾还原,领会其转折中的深层情志,培养学生"爱读书"并且"善读书"(发现矛盾并解决矛盾),在研读分享过程中,进一步增强对中华优秀传统文化的理解。那么语言+思维+文化在研读、探究过程中有融合性体现。

课时安排

四个阶段,10课时(差不多两周时间)

教学过程

第一阶段　基础诵读

规划课时:2课时

单元指向:反复诵读,涵咏品味把握文意

内容规划:

1.无范式,自由自主(查证)朗读

即没有规定,只管出声,尽情地朗读课文,用最原始、最本真的直觉感知文本。要的就是一个真实。

朗读过程中,感受骈散文章的不同,标画出骈文中的韵脚。

示例:《归去来兮辞》韵脚

归、悲、追、非、微。奔、门、存、樽;颜、安、关、观、还、桓。游、求、忧、畴、舟、丘、流、休。时、之、期、耔、诗、疑。

舟遥遥以轻飏,风飘飘而吹衣。

(典型骈体,对仗工整,抑扬顿挫。表现在解决了思想矛盾和去除了内心包袱后，想象归家途中的愉悦畅快，极具画面感，真切动人。联系：李白"轻舟已过万重山"，孟郊"春风得意马蹄疾"。）

2. 有对象，倾听诵读（展示）

这是要同桌或者前后桌同学相互结对，一读一听，相互交换，在"听众"效应下，加深对朗读的投入，更有效地把自己置身于情境任务中。

3. 去标点，通读默读

这个设计是让学生在一定的朗读基础上，对比原始无标点文本和有标点，体会断句的妙处，从而加深对文本语句的理解和文义情感的掌握与领会。

4. 加配乐，加赏析，美读评读

音乐的加持，往往可以让朗读者可以更加地身临其境，更有利于将读者变成作者，形成作者效应下的个性再创作。

另外就是，在美读之余，学生可以加注一定的旁白赏读文字，一者是加深理解，二者是形成一定的个人看法，为后面的深度研读做一些基础性积累准备。

5. 做延展，群文比较阅读

这个设计是为了增加学生的理解厚度和解读视野，为后面的关涉阅读和文本深读做准备。材料可由教师提前印发，也可以是建议后学生自己搜索，并可自主增加一些篇目。比如读石崇《金谷诗序》、孙绰《三月三日兰亭诗序》，对比《兰亭集序》可以知道王羲之的"乐"不在场面的奢华，也不在丝竹管弦的繁盛，从而更深入理解王羲之文章中自然山色和聚会描写的清雅之风。而读《家谱记》《先妣事略》《请敕命事略》等，更能了解归有光的家世，理解他身上背负的振兴家族的责任和压力，更有利于理解《项脊轩志》的情感，等等。

建议篇目：《家谱记》《先妣事略》《请敕命事略》；石崇《金谷诗序》、孙绰《三月三日兰亭诗序》、李白《春夜宴从弟桃花园序》和宋祁《玉楼春·春景》，并关涉守璋《晚春》、钱起《暮春归故山草堂》；陶渊明的诗文，如《与子俨等疏》《移居》《命子》《杂诗·其二》《癸卯岁始春怀古田舍二首》庄子《逍遥游》《德符充》《养生主》,王安石《游褒禅山记》等。

学习任务

设置一个大情境:校园广播站举办"古文古读,美文赏读"朗诵展示活动,请你以"书生"身份自主准备并选择一篇文章(可自主配乐)参加展示活动。

然后分成"准备"和"展示"两个子任务来完成。

任务一(第1课时)

自主选择,多维准备。

以规划任务为引领,从自读、默读、听读、配乐读,重在过程性增进文本了解、熟悉、演练和协作,在自主和协作中充分酝酿。

任务二(第2课时)

自主报名,多层级展示。

从个人到小组,再到班级。把舞台和组织交给学生。不但是展示主角,还可以是组织主角。

第二阶段 梳理整合

规划课时:2课时

单元指向:做些梳理和评点……梳理语法现象(词类活用)

内容规划:

1.梳理并整合作者信息,知人论世。(按年代时期汇成树状导图)

2.梳理并整合文言知识,积累积淀。(按类别汇成思维导图)

3.梳理并整合内容要点,画出脑图

(1)梳理《陈情表》作者面临的困境以及作者给出的解决之道,画出脑图。梳理《项脊轩志》的人事物,他们与项脊轩有何关联?作者的情感走向。画出脑图。

(2)梳理《兰亭集序》兰亭景物特点以及其和情理的关系,《归去来兮辞》陶渊明为什么去做官,又为什么辞官,以及他自己关于辞官后会怎样的畅想,等等。

(3)梳理《种树郭橐驼传》郭橐驼这个人,从养树之道到养人之道,厘清文章指向。

(4)梳理《石钟山记》苏轼从质疑到质疑,然后以行动求证,以及启发意义等。

学习任务

设置一个大情境:才须学也! 学校图书馆正在举办"语文知识、理性建构"案例评选活动,请你以本单元知识为案例做成思维导图参加评选活动。

1. 梳理并整合作者信息,知人论世（按年代时期汇成树状导图）

树状导图略,参考内容如下:

(1)西晋 李密

(224-287),公元267年写此文,时年44岁。李密出身大族,父亲早逝,母亲改嫁,祖母亲力抚养长大。至孝。《晋书孝友传》列为第一。有才华,长于《左传》,受到当时名士皇甫(fu)谧赏识。曾任蜀汉尚书郎、太子冼马等职,亡国遗臣。口才好,多次出使吴国,赞誉颇多。《陈情表》为其唯一留存作品。

(2)东晋 王羲之

(约303年—361年,一说321年—379年),出身魏晋名门琅琊王氏。"书圣"。永和九年(353年)做《兰亭集序》,时年50岁。两年后(355年)称病辞官,隐遁优游,"遍 xiān 游东中诸郡,穷诸名山,泛沧海"。但仍关心朝政。据《晋书》《道经》等记载,王氏家族信奉道教,所谓"世事张氏五斗米道,又精通书道""世喜养性、神仙之术"。王羲之自己好服食养性,常与诸名士游宴。典故:坦腹东床、入木三分、竹扇题字。

(3)东晋末 刘宋初,陶渊明

(约365—427年)中国第一位田园诗人,被称为古今隐逸之祖。曾祖为陶侃,东晋名将,为陶渊明建功立业的榜样。陶渊明自幼修习儒家经典,有"猛志逸四海"的志向。二十岁出仕,历任祭酒、主簿、参军等职。外祖孟嘉,东晋名士,为陶渊明风流潇洒的偶像。陶渊明自己"少学琴书,偶爱娴静",深受时代风气和老庄思想影响,"自谓羲皇上人"。在他八岁时,父亲去世,家境衰落,二十岁时尤其困顿,所谓"弱年逢家乏"。公元405年11月在彭泽令上辞官,自此隐逸田园直至427年去世。死后,友人私谥"靖节",后世称靖节先生。萧统第一个发现并推崇他,到宋代苏轼、朱熹的弘扬,确立他的地位。陶是中国士大夫精神上的一个归宿,失意后想到他,从他身上寻找到人生价值,于是"菊"与"酒"(陶渊明式文学史上第一个大量写饮酒诗的人),特别是"菊"成为了文学史上有特别内涵的意象。海德格尔说:人的本质,就应该诗意地栖居在大地上。

(4)中唐　柳宗元

(773年—819年),字子厚,河东望族(河东柳氏与薛氏、裴氏并称"河东三著姓"),母亲卢氏属范阳卢氏,是五宗七姓之一。世称"柳河东"。与韩愈共同倡导唐代古文运动,并称为"韩柳",刘禹锡并称"刘柳"。少年成才,21岁中进士。永贞革新重要人物,805年革新失败后,永州10年,柳州5年的贬谪生活,写下了大量脍炙人口的山水游记。虽享年47岁,但留下了大量诗文作品,其中寓言,继承并发展了《庄子》《韩非子》《吕氏春秋》等传统,多用来讽刺、抨击当时社会的丑恶现象。代表作有《三戒》。传记,继承了《史记》《汉书》传统,又有所创新,代表作有《段太尉逸事状》《捕蛇者说》等,有些作品在真人真事基础上有夸张虚构,似寓言又似小说如《种树郭橐驼传》。山水游记,均写于被贬后,以永州之作更胜,代表作《永州八记》。

(5)北宋　苏轼

(1037—1101年),精通诗文书画,爱好美食饮茶。少年天才,20岁中进士,得欧阳修赞誉,受仁宗皇帝赏识,名动京师。元丰三年(1080年),因"乌台诗案",被贬为黄州团练副使。到元丰七年(1084年),苏轼离开黄州,在此居住4年,创作了大量脍炙人口的文章。本文即作于居于黄州的最后一年(1084年)。苏轼一生不仅文学书画成就颇高,如诗歌与黄庭坚并称"苏黄";宋词与辛弃疾并称"苏辛";散文与欧阳修并称"欧苏",且名列唐宋八大家;书法上,苏黄米蔡称宋四家,而且是一位实干家,徐州筑堤、杭州筑堤、密州缉盗、湖州救灾等等,2019年12月,水利部公布第一批"历史治水名人",苏轼名列榜中。

(6)明中期 归有光

(1506-1571),昆山人。世称震川先生。写作此文前三段时约 18 岁,写后两段月 30 岁。"志",记的意思,古代继续事物、抒发感情的一种"杂记类"文体。可有继续、描写、抒情、议论等多种表达方式来记人叙事、描摹对象、抒发怀抱。有书斋记如本文,有书画杂物如《核舟记》,有亭台名胜如《喜雨亭记》等。

2. 梳理并整合文言知识,积累积淀(按类别汇成表格或思维导图)

这一任务是对课程标准中"梳理所学作品中常见文言实词、虚词、特殊句式和文化常识,注意古今语言的异同"要求的落实。教材单元研习任务的梳理词类活用是必做题,除此之外,老师还可以引领学生做些其他梳理,如,《归》中的疑问代词梳理:

谁、孰、胡、何、曷、焉、奚、安。《归》中的特殊句式:问征夫以前路,状语后置。《归》中的求之靡途:注意这个"求"和后文"无心"的联系。

靡(mí,多与颓废浪费有关,如靡靡之音、靡费等;mǐ,没有,倒下。文中为没有之意。)

陶志向可简单分为两面,一是他曾祖陶侃一样建功立业,一是他外祖那样分流潇洒。这里指后者。《与子俨等疏》:"常言五六月中,北窗下卧,遇凉风暂至,自谓是羲皇上人"的句子,可做注脚。

词类活用:

常见的此类活动类型有名词、动词、形容词的活用,但数词的活用本单元也出现了,不可忽略。按照三种词性再细分的话,一般有以下 9 类。名词做动词,名词做状语,名词作形容词,形容词作名词,形容词作动词,动词作名词,动词作状语,动词、名词、形容词使动,形容词、名词意动等 9 类。关于词类活用等语法现象,教材采用列表法。

教师适度关注古汉语学界的研究,不断反思更新自己关于古汉语的知识体系,逐步改变过于细碎、敏感的做法,力避繁琐主义,不过度追根究底,以"达意"为主要目标,紧抓典型词、典型现象,不搞扩大化,减轻学生负担,保护学生学习文言文的兴趣。

在做具体任务时,我们可以分为三个阶段来完成。

第一,启动阶段。我们老师啊可以设置成课上任务,带着学生在课上做一部分,算是活动的启动阶段,一是示范怎么做,哪些要做;二是激发兴趣,引领促进。老师要出示一定的范例,当然如果老师能把范例全部做出来是最好的。

第二,布置督促阶段。我们老师把这个任务设计成课下任务,如有专门的表格样式,要单独的任务要求,有过程性的指导和检查,有上交的时限。表格样式可参考教材样式,也可以鼓励学生自创样式,比如鼓励学生做成思维导图则最好。

做的时候,要求学生做两个版本,一是以课为单位的总结,二是以类型为单位的总结。这是一个由梳理上升到整合的过程,是一个体系化的工程。更有利于学生全面系统掌握。

第三,验收任务反馈展示阶段。如果说第二阶段主要是考查学生的话,这个阶段主要是考验老师,因为学生交上来的任务作业可能各有差异,甚至有科学性错误,就需要老师一一指出来,反馈给学生,然后有一个二次甚至三次上交检查反馈的过程,然后是从中筛选优秀的样例在班级内展示交流,学生们借鉴完善,然后是老师引领下的总结提升。即任务—反馈—提升。

示例:表格梳理

名词的活用

	例句	活用词语
名词作状语	外无期功强近之亲,内无应门五尺之僮	外,在外;内,在内
	则刘病日笃	日,一天天地
	臣不胜犬马怖惧之情	犬马,像犬马一样
	雨泽下注	向下
	使不上漏	从上面
	前辟四窗	在前面
	内外多置小门墙	"内",在里面;"外",在外面
	吾妻死之年所手植也	亲手
	园日涉以成趣	每天
	旦视而暮抚	在早上,在晚上
	而木之性日以离矣	一天天地
	余自齐安舟行适临汝	坐船
	事不目见耳闻	用眼睛,用耳朵
	夜泊绝壁之下	在夜里
	大石侧立千尺	倾斜地

	例句	活用词语
名词作动词	垣墙周庭	砌上垣墙
	客逾庖而宴	吃饭
	妪,先大母婢也,乳二世	喂奶、哺育
	此吾祖太常公宣德间执此以朝	上朝
	一觞一咏	喝酒
	策扶老以流憩	挂着
	或棹孤舟	用桨划
	乐琴书以消忧	弹琴、读书
	名我固当	称呼
	早实以蕃	结果实
	爪其肤以验其生枯	用指甲抠、掐
	微风鼓浪	激荡,掀动
	而此独以钟名	命名
名词的意动用法	驼业种树	以……为业

动词的活用

	例句	活用词语
动词的使动用法	臣具以表闻	使上闻、报告
	引以为流觞曲水	使……流
	所以游目骋怀	使……放纵,使……舒展
	虽大风浪不能鸣也	使……发出声响
	鸣鼓而聚之	鸣,使……发出声音;聚,使……聚集
动词用作名词	足以极视听之娱	视觉,听觉

形容词的活用

	例句	活用词语
形容词用作名词	猥以微贱	卑微低贱的身份
	凡在故老	元老,旧臣
	群贤毕至	贤士
	少长咸集	年少者和年长者
	虽无丝竹管弦之盛	盛大场面
	死生亦大矣	大事
	倚南窗以寄傲	傲世的情怀
形容词用作动词	是以区区不能废远	远离
	则其天者全而其性得矣	保全
形容词的意动用法	齐彭殇为妄作	把……看作相等
	悦亲戚之情话	以……为喜悦
	乐琴书以消忧	以……为快乐
形容词的使动用法	眄庭柯以怡颜	使愉快
	非有能硕茂之也	使……高大茂盛
	非有能早而蕃之也	使……多结果
	又何以蕃吾生而安吾性耶	蕃,使……繁盛;安,使……安定

数词的活用

	例句	活用词语
数词的意动用法	固知一死生为虚诞	把……看作一样

3.梳理并整合内容要点,画出脑图

(1)梳理《陈情表》作者面临的困境和作者给出的解决之道,画出脑图。梳理《项脊轩志》归有光文中出现了几个人物,他们与项脊轩有何关联?作者的情感走向。画出脑图。

我们可以以思维导图的形式,将《陈情表》以"忠"与"孝"为核心概念理解为四个维度,即"自己的幸与不幸""祖母的现状与我的关系""矛盾与困境""突围"。

示例:《陈情表》

首先,作者陈述自己的三个不幸:

1. 孤儿身份:父死母嫁人(生孩六月,慈父见背;行年四岁,舅夺母志),《礼记》曰:"少而无父者谓之孤。"

2. 身体羸弱:体弱多病,九岁不能走路。(少多疾病,九岁不行)

3. 无人现状:上一辈,没有;同辈,没有;下一辈,太小(既无伯叔,终鲜兄弟,晚有儿息)除了他自己,无人相帮,也无人能代替他照顾祖母。

然后作者讲到自己人生大幸——就是由祖母亲自抚养教导成人(躬亲抚养),得到了隔辈血亲的温暖与照料。

接下来,作者在祖母现状和与我的关系部分,陈述了祖母的三大现状:

1. 年纪老迈:祖母已经是耄耋老人,将近期颐之年(祖母今年九十有六)。

2. 疾病缠身,需人照料:祖母身体不好,且不能自理,需要人照料伺候(素婴疾病,常在床褥)。

3. 健康恶化,不能久长:写祖母像迫近西山的太阳一样,生命即将走到终点(刘病日笃,日薄西山,气息奄奄,人命危浅,朝不虑夕)。

这些都指向一条:身边离不开人.而作为祖母的唯一在世的能抚养的血亲(李密的子嗣尚小,晚有儿息)所以,李密提到这和自己的关系:

1. 我要侍奉汤药,常在身边(臣侍汤药,未曾废离);

2. 家里没有别人,我是唯一选择(供养无主);

3. 祖孙相依,离不开(更相为命,不能废远);

那么结论很显然:抚养之恩不可不报,人伦之情不可不顾——现在不能离开祖母赴任,否则枉为人子。

那么,这就出现了矛盾与困境:

1. 祖母不可不奉养,这是孝;

2. 君主不可不侍奉,这是忠;

3. 忠孝难两全吗？抛弃祖母,不是人子,失去了最基本的道德价值;不顾皇命,恐有性命之忧,又何谈陪伴祖母进而养老送终呢？似乎面临绝境。

那就要尝试突围。

1. 思维上突围:将忠孝的并立排列,变通为先后排列。以时间上的变通,赢得空间上的生存。思维上,从线性对立的逻辑思维,走向发展联系的辩证思维。

2. 理念上的依据:祭起"孝治天下"的治国理念,上至皇帝下至庶民,都是为人子女,何况这是朝堂大政方针,谁都没话说。这是李密整个奏折的"理论依据"或者说的"法理依据"。找到这个依据、祭起这个依据,而且由此推理——凡在故老,尤蒙矜育,况臣孤苦,特为尤甚,这样,"方案"被通过,就有了可能,否则虽然其情可悯,但还是很危险。

3. 方案上的可行不是不应召,只是稍作延缓:祖母已然 96 岁高龄,且身体很不好,而皇帝春秋鼎盛(晋武帝时年 30 岁),我也还属于青壮(时年 44 岁),君臣机遇还长着呢。毛主席:"风物长宜放眼量"。思维先行、理念支撑。

4. 态度上谦卑且明确

(1)我很悲惨,值得可怜:伶仃孤苦,形影相吊 家庭 家族。幼时的孤苦、相依的窘境、难离的孝心。

(2)我很"官迷",值得等待绝非倨傲,绝非清高:年轻时就追求仕途,绝非隐士一流,也绝非清高自诩(少事伪朝,历职郎署,本图宦达,吧不矜名节)排除被认为心念旧国、拒绝合作的危险动机(此前已经两次拒绝,具以表闻,辞不就职)

(3)我很忠诚,值得信任。

①尊奉当朝:逮奉圣朝,沐浴清化。

②感恩当朝:察臣孝廉,举臣秀才,拜臣郎中,除臣洗马。简直超过自己的能力和预期,绝没有更高的奢求了(过蒙拔擢,宠命优渥,岂敢盘桓,有所希冀)——都一一铭记。

③报答皇恩:要陨首上报,要结草衔环。

(4)我很重情,值得批准(特许)

①实事求是:大家都了解,天地神明也照察得清楚明白。(蜀之人士及二州牧伯所见明知,皇天后土实所共鉴)

②特此报批:让祖母在我的陪伴下安享晚年,让我以生命报答皇恩。(保足余年　结草衔环)

自贬自污、自我澄清。这样就在大家都认同的理念支撑下,找到一个大家都能接受的办法——李密既保持了现状,又解决了难题,突破了困局。

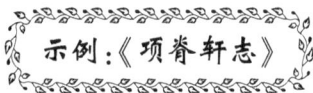

示例:《项脊轩志》

全文以项脊轩为核心对象进行记述抒情,紧扣悲喜二字行文组织,在琐事和细节性回忆中表现人间至情至性。

项脊轩是归有光学习生活的地方,是家庭变故和身世遭遇的见证,那里记录他的希望和梦想,也留下了他的喜悦和悲哀。

4个维度。

1.项脊轩的今昔变化

往昔:狭小:室仅方丈,可容一人居;破漏:尘泥渗漏,雨泽下注;昏暗:北向,不能得日,日过午已昏,

今日:明亮:前辟四窗……日影反照,室始洞然;幽美:/庭阶寂寂/明月半墙,桂影斑驳风移影动,珊珊可爱;雅致:杂植兰桂竹木、借书满架。

百年老屋　心仪书斋

2.项脊轩见证家族衰败

往昔:大家庭;完整祖屋;兴旺家族。所谓庭中通南北为一。

今日:分家另过,家族崩散;祖屋被分割:诸父异爨,内外多置小门墙;景象纷乱,败相已露:东犬西吠、逾庖而宴、鸡栖于庭;愈加疏离:始为篱,终为墙。

3.那些与项脊轩有关的至亲人物

母亲(小屋带着的是亲情和思念的养育之所):善待下人,心地善良(先妣抚之甚厚);曾经到此小屋,小屋有母亲痕迹;怜爱子女,追思伤感,

祖母(小屋带着的是理想和期望奋斗地方):到小屋关怀问候;拿象笏寄予厚望,隐含令人失望的现状+怀才不遇的郁闷。

妻子(小屋是带着甜蜜和温馨的爱情小筑):经常来,夫妻小谈,红袖添香,温馨宁静;说给别人听,表面谈阁子,实则是以夫为傲;妻死屋坏,人病人离:物非人非。

那棵枇杷树:亭亭如盖+手植:时光流逝(桓温:树犹如此,人何以堪),思念如织(史铁生:合欢树,寄物抒情)。

4.回到项脊轩的名称:一是怀祖追远:远祖曾居住的地名;二是陋室遗风:颜回"陋巷",陶潜"容膝",刘禹锡"陋室"。文化+志向(终身践行:八次公车经历不排除耿介不屈性格因素)

(2)梳理《兰亭集序》《归去来兮辞》(梳理《兰亭集序》兰亭景物特点以及其和情理的关系,《归去来兮辞》陶渊明为什么去做官,又为什么辞官,以及他自己关于辞官后会怎样的畅想,等等)

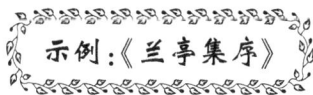

示例:《兰亭集序》

一、整体架构

整体架构,可分为四个部分:视听"外物"神游"天地"联想"人生"贯通"千古"。

第一阶段,视听"外物"部分。交代了时间、地点、事件。三者之间,又以时间为关联核心,引发的地点和人事活动。其中"修禊",可算作是目的1,而"列坐觞咏""畅叙幽情"可算作是目的2,后者显然更重要。在这个部分,作者和同行者观照的是周边的、感官的、凡俗水准的景物,感到的是赏心悦目。

第二阶段,神游"天地"部分。作者感到的是"气""候"适意,时空"广大"而万物繁盛。所谓天气晴朗,空气清新;春风和煦,心胸舒畅。仰观宇宙之大,俯察品类之盛。在这个阶段,作者观照的是超范围的、超感官的、超越凡俗的景物,感到信可乐。

从第一阶段到第二阶段,作者观照范围从周边扩展到万物宇宙,范围变大;从一般性外物到超越性的万物和时空,突破了一般感官的直接观照,上升到精神体悟,层次变高。

这两个阶段,都属于叙事写景——具体外物。

第三阶段,联想"人生"。作者首先想到的是生死困惑,千古通感,终极无解,留待后人。要借助山水纵情。继而想到两种有限,快乐有限和生命有限。前者,首先是快乐的事情会变陈旧,也就快乐会流逝,它不保鲜,不长久。再者就是关于快乐的感觉,会"倦",会"迁",也就是主观情绪会流逝,也不保鲜。这是事实,我们都能体会——当然不能一件高兴的事高兴一辈子,也不能高兴的情绪一直持续。事情是这个事情,但这种哲理层面的总结上升却不是谁都能做到的,特别是魏晋时期,这是人的意识觉醒的表现。

关于生命有限。王羲之提到三个特点:很"快",有"修短",终期"尽"。就是生命不过刹那芳华,有长寿短命的区分,但不管怎样,终会走到尽头,就是没人能长生久视。

这时,作者感到痛哉!

这时候,观照超越了具象,也从体察到了体悟,进一步超越凡俗的喜怒哀乐,进入生命的沉思。

从第二阶段到第三阶段,观照从自然天地到生命人生,高度上升;从具象到抽象,思维方式变化(直觉思维到抽象思维)。心脉也发生第一次大转折。快乐有时,生命有限,美好难留,终将死亡。生命意识的觉醒。

第四阶段,贯通"千古"。这个话题或者说谜题,是千古"难解"的。首先是兴感一契,但不能"喻怀",就是大家会有一样的感受,同时也都说不清楚。然后,王羲之明确表达不同意"齐一",就是不认同把生死看做等同。后人也会有这种感受,他们看我,就和我看古人是一样的。这实在是很可悲。

这时候,作者的观照打通时空历史,从一已感受上升到普遍性问题,也是人类根性问题。同时谈到生死困惑,千古通感,终极无解,留待后人。

第三和第四阶段,抒情议论-抽象生命。

情绪从信可乐,到最后很可悲,是一个大跳水。

二、景情理的关系

我们可以把兰亭景象分三个部分看待。

一是暮春之景,二是人事活动,三是天地万物。

首先在暮春之景,作者写了茂林修竹相伴,它们是绿荫浓密的;然后写了清流急湍环绕,水小流清。这让人感到,清幽美好,心情愉悦,它们的特点是不浓艳、不喧闹。这也是给我们的感受。同时,联系相关诗句,如杜甫《曲江》钱起《暮春归故山草堂》欧阳修《浪淘沙把酒祝东风》刘勰《文心雕龙·物色》《文心雕龙·神思》等,得出结论,一是暮春景象特点:红花落尽,绿意还浓。人物情感特点:伤感难留,感慨易逝。那么也就理解了王羲之写道的人的内心受到外物影响,从而"情随物迁",自然会感伤春景易逝。宋祁所谓"浮生长恨欢娱少"。基本能梳理出这部分的三个小要点:暮春之景+简雅场面+写意笔法。这种外物景象触发内部情感,并与人格相互映射。而且是正相映射。于是这是一种幽情,近乎司马迁"可为智者道,难为俗人言"之情,也不是不能讲,而是要有合适的对象,但也不一定能讲清楚。它不是王维大漠孤烟的壮烈之情,谭嗣同肝胆昆仑的慷慨之情,更不是易安寻觅戚戚的凄冷之情,甚或马致远古道瘦马的萧索之情。

然后,作者写的人事活动是,有贤达列坐,强调下本次活动没有丝竹管弦的场面,只有知己间觞咏流转。表明一种不躁动、不豪奢的境界,这是一场雅会欢集,不禁畅人襟怀。但是如此的欢愉能持久吗? 它同其他欢乐的事情一样,也会易"倦"易"陈",于是感慨乐事、快感难留。

这两个部分,很顺势就做了顺向联想:易逝难留到易逝难留。于是上升到人生哲学思考就是:快乐易逝、美好易逝、生命也易逝。

第三个部分,天地万物。作者看到了崇山峻岭,感到了天地广大、万物生机,也感到了天气清朗、春风和煦,这是一种既包含崇峻广大的壮美和清朗舒畅柔美在内的融合性美感。不禁让人胸襟开阔。到这里,作者的思维有一个跳转,如果说上面是顺向思维,现在就是逆向思维:即作者做了一个反向联想,他由大及小、由长到短。于是思考人生:生命短暂、生死无常、终会消亡。坠入沉痛悲哀!

注意,这种观照思考都是在大兰亭内完成的,上面说,我们把兰亭景象整个看做一个世界,一个精神世界。在这个独立时空里,作者完成了生命的思考,体验到感伤而沉重、淡然又宏阔。没有一味地沉沦。

(3)梳理《种树郭橐驼传》(梳理《种树郭橐驼传》郭橐驼这个人,从养树之道到养人之道,厘清文章指向。)

示例:《归去来兮辞》

整篇文章的结构,以"归"为贯穿,大体可以分为三大部分,即为什么去做官,为什么辞官,以及辞官以后会怎么样,包括现实怎么样和精神怎么样。

通过研读我们从陶渊明整个人生轨迹以及序文中看得出,陶渊明大概有5次出仕经历,也就不止一次归家。所以把上一次的归家作为梳理的开始,其内心是痛苦无奈的。

那么,为什么又要去做官呢? ——现实的困境。

他自己在小序中将原因很实在地归结为两个字:家贫。具体说,三方面,一是务农不够,二是多子缺粮,三是生计乏术。所以,当有机会做官而养家的时候,注意这个动机是很单纯的,他不免心动,然后就是行动。首先是时机合适(两次为官)诸侯见爱+家叔推荐(彭泽令)。然后是距离合适(彭泽令)去家百里。再者是收入合适(彭泽令),公田之利足以为酒(诗意写法——足以养家)。现在的话说,家近、活少、赚得多。

那么,再次有了做官养家的机会,怎么又出现辞官现象呢?因为诗人解决了现实困境,但陷入了灵魂痛苦。这也就是他在小序中提到两点原因,一是因为自己质性自然,也就是本性与环境的冲突,所以出仕做官呢就会违己交病,内心就会怅然愧悔。二是妹丧武昌,情在骏奔,也就是丧妹的亲情驱动。诗人决定要舍身随心。这是小序部分。

接下来,陶渊明将自己的本次也是最后一次"归去"。可以梳理成五个部分。归程:写出将归之愿,欲归之因,望归之情。归舍:注意一些过程性的细节追问,以达到课堂生成的目的。如:

(1)瞻、奔、迎、候四字。前两个的动作发出对象是诗人自己,瞻,是远望、远眺,表示归家的急迫心情;奔,则是急跑、快跑,除了表示自己归家急迫,也暗示家人是欢迎他的,家对于他来说是温馨的、真的想归的。后两个动词的发出对象是"家人",他们在印证诗人的前两个动作,这里除了有礼仪(晚辈对长辈归家的必要礼仪,表示尊重)成分外,还有就是诗人内心的温柔一面的流露,他特意提到他的小儿子,父爱流露,真情流露:诗人的归隐并不是归于大荒,去做一个独居怪人或枯坐的隐式。联系"悦亲戚之情话"。

(2)三径、松菊、酒的象征意义和情绪蕴含以及结构上的作用。松柏后凋、菊意淡然。品性高洁的隐喻、久违田园生活的向往、恨不早归的感叹和简单朴素的物质满足感,这也是陶氏隐逸的特点之一:物质追求简单,精神富足,联系后文"容膝",又"方宅十余亩,草屋八九间",着意强调的是自己非物质的追求,是即使居处狭小也心满意足,呼应有酒盈樽。更与"引壶觞""眄庭柯""倚南窗""园日涉""策杖流憩""矫首遐观"等一体,在外人、俗人看来狭小空间内,即使是十余亩的空间天天走也会无趣–的无聊枯燥的活动,陶却是想象得颇为有趣,自得其乐。

归园:陶渊明描绘了三幅图景,独自游园画面、云鸟象征画面、夕阳孤松徘徊图。第一幅画面,表现自己爱自由 得欢愉、游玩不尽和独游得趣、孤傲决绝。第二幅画面,则写回顾仕隐,反思人生。第三幅画面,是一种自我形象塑造和内心彷徨写照。

归田:四个关键词,息交绝游、亲戚琴书、有事西畴、寄意山林。息交绝游,是一种宣告。亲戚琴书,则是一种寄托。也表明陶渊明的隐居并非枯木孤僻一般,而是充满烟火气息。但同时也侧面反映他心中忧患仍在,不然又何必如此呢。有事西畴,则写出陶渊明与农人的和谐相处场面,农人相告田事,然后他去真的躬耕田园。寄意山林,则写出独游之乐,这是士大夫本色,我们可以从苏轼、张岱等人那里找到同样的兴趣爱好。

总体上,这部分写出诗人自主选择下的诗意地栖居。

归尽:陶渊明用连续反问,表达体悟生命本意,并在否定中肯定,宣告理想人生终极追求。表示要顺遂自然,乐天安命,融入自然、顺应大道。

从屋舍到庭院到田间再到山林自然(西畴-丘壑-东皋-清流),作者的活动空间或者叫消解空间一步步在扩大拓展,乃至最后从观照一己的田园到观照林泉乃至万物自然,而其精神世界也大大拓展,心灵认知更是大大提升——乘化归尽、乐天安命。

(3)梳理《种树郭橐驼传》(梳理《种树郭橐驼传》郭橐驼这个人,从养树之道到养人之道,厘清文章指向。)

作者从郭橐驼这个人谈起。首先对立性地交代他身残的外在和豁达的内心。身体驼背,要弯腰走路(病偻,隆然伏行),这是残疾,也就是身体不健全。别人因此给他起外号,他不生气,反而是欣然接受,内心很豁达(名我固当)(老子宠辱不惊,对外辱不当回事,一笑置之)。接着讲他的职业是种树,而且是行家高手(内秀,人不可貌相)。种树,也就是花木养殖,这在当时肯定是贱业,别看达官贵人争相迎娶,那也改变不了他的职业性质和社会地位。注意,这几点很重要,后面那些颇具大智慧的话,都是出自这位普通得不能再普通的底层百姓之口,而不是高级知识分子,或者高官显贵。这也是作者有意为之的。

用对比的手法写他高手的表现。郭橐驼,成活率高,不怕移植,枝繁叶茂,硕果累累;其人广受欢,很有市场(迎争相迎取)。前者是正面描写,后者是侧面烘托。而他人则达不到,而且不能效仿(窥伺效慕,莫能如也)。身体残疾,身份卑微(手工业者为贱业),内心强大,身怀异术。

接下来,作者谈郭橐驼的"养树"之道。还是用对比,写郭橐驼,顺木之天,本欲舒,培欲平,土欲故,筑欲密,勿动勿虑不复顾。很高深吗?也没有。主要在于心态上,不要老去惦记它,老想去干预它。就像郭橐驼讲,照顾时像对待孩子,但放置时要像抛弃一样忘记(该管则管,该放则放)——不妨碍就是关键(不害其长而已。吾又何能为哉!)一再强调不在外界或人工干预(为后文铺垫)。结果就算能做到天者全而其性得矣(生长规律得到遵守并执行,天性得到保全),想到庄子庖丁解牛中的"养生",这是传统文化中的道家文化的体现:尊重规律,依照本性,顺势而为,不要强求硬来。而他人则是,违背"生长"天性规律,爱之太恩,忧之太勤。虽曰爱之,其实害之。根拳土易,不过不及,抓其肤,摇其本,且视暮抚,其结果是木之性日以离。

接下来,作者谈郭橐驼的"养人"之道。这里批判了当政者长人者好烦其令的为政特点,什么旦暮来呼,催促耕种,勉励种植,督促收获,早早煮茧抽丝,早早织布,养育孩子,喂养鸡豚,击鼓聚集,击木召集,就算没有管不到的,频繁折腾,事事干预,结果就算若甚怜,卒以祸,百姓呢,不得暇,病且怠。

首先是,作者看似在写一个奇异的人谈"养树",其实是为了写政府"养人"的问题,也就是从"养树"到"养人",种树到做官治民。从顺木之天到顺人之天,顺民之性以养民,这就是关心政治,看到了弊病问题,提出方法见解,这和作者的身份有关,他是文学家+改革家的身份。我们回过头看这位郭橐驼,就发现其实他不仅是身怀异术,而且是身怀"道术"。当然这个道术不是神异的法术,而是说他言行举止近乎"道",就像那位杀牛的庖丁。我们也可以想到《聊斋志异　画皮》中的脏乞丐,《红楼梦》中的坡脚道人和赖皮和尚,《庄子德充符》中的王骀(音 tai)等。我们不仅要追问,道在哪里?最后得出本文的性质,是寓言性质、说理特点的规劝讽谏。

（4）梳理《石钟山记》（梳理《石钟山记》苏轼从质疑到质疑，然后以行动求证，以及启发意义等。）

作者开篇就体现了从质疑到质疑的精神，也是从内心质疑到行动求证的开端。首先，作者讲清楚问题的来源，这不是无中生有，然后交代清地理位置，鄱阳湖口（响穷彭蠡之滨）这也是为后文铺垫。接着，交代郦道元的观点：下临深潭，水石相搏，声如洪钟。这个说法呢，是被后人质疑的。然后提一个人，也是后世的质疑者，李渤的做法，得双石，扣之有声。这简直形同玩笑。所以苏轼再质疑：一是对郦道元的说法，提出具体疑问，钟磬置水中，不能鸣。这里更多是可疑。二是对李渤的做法，提出一个更大的疑问，石之铿然有声者，所在皆是也，就是说这么有特点的一个名称，怎么会来源于"都如此"的现象呢？所以更多是觉得可笑！

接下来，作者写道实地考察（行动求证）。首先，交代：时间、同行人、到访缘由（非刻意）、寺僧等重演李渤做法（固笑不信）。这样更加显得可信。然后写道月夜考察。

第一是绝壁奇景。作者从视觉和听觉两部分来写，同时有动有静，有远有近，有高有低，虽然本文不是以写景为主，但点滴间的描写，还是让人身临其境，尽显高手的风范。作者所见所听月夜之景，指向一个共同特点，就是恐怖！这可不是前赤壁赋的大江之景，那么美好宁谧，而是让人"心动欲还"，就是怕到想马上回去。苏轼一点也不虚伪，特别的"真"，他没把自己包装成一位无所畏惧的科考专家，在侧立千尺，猛兽奇鬼，森然欲搏人，栖鹘惊飞磔叫，鹳鹤山谷怪叫的恐怖景象之下，他也害怕。其实，作者这样写，除了细节真实之外，也是想说环境恐怖，实地考察是不易做到。这让人联想到王安石在《游褒禅山记》中讲的："夫夷以近，则游者众；险以远，则至者少。而世之奇伟、瑰怪，非常之观，常在于险远，而人之所罕至焉，故非有志者不能至也。"其实，比较之下，两位大家，都蛮可爱的，王安石呢，是真的退出洞穴，然后感慨自己和队友的行为，得出一番"志、力、物"的道理，给人启迪。苏轼呢，想走，还没走的时候，有意外发现，不免让人会心一笑。那么这位东坡先生有什么发现呢？

首先,他听到大声发于水上,声如钟鼓不绝。这时候,舟人大恐。但老苏似乎缓过劲儿来了,他(我)徐而察之,结果就找到了他本次考察的第一个答案:山下石穴罅,微波激荡,发出"类钟声"!(得到答案1)然后,又发现,有一大石当中流(位置),中空多窍(条件),与风水相吞吐(发生)发出"类钟声"(得到答案2)最后,发出感叹:古之人不余欺也!这个古人,指的是郦道元!这也是苏轼"真"的又一个表现,就是前面怀疑,现在求证了,马上肯定,不掩饰错误,不找借口。

最后,作者写启发批判。就是实践出真知:事不目见耳闻,而臆断其有无,可乎?当然是不可以。(实践是检验真理的唯一标准)

对郦道元。是还原+肯定。见闻相同,肯定也是经过了实地考察了的。但也指出了他的"言之不详"。

对李渤。批判士大夫之流,不肯实地考察而"妄言"的陋习(没有调查就没有发言权)。讥笑李渤的浅陋。

为什么对两个人的态度有本质的区别?那是因为郦道元是一位让人敬佩的走遍华夏千山万水进行实地科考然后写出专著的真正专家,而李渤的,典型的士大夫做派,对待和处置事情,太过随意,不严谨,不实事求是,贻误后人。那位随同的僧人和小童的举动就能说明一二。

第三阶段　探究研读

1. 单元指向,确定主题:"至情至性"这一人文主题在各课各篇的体现。

2. 文本指向,确定三个专题。

专题一:"情真意切"

研读探究《陈情表》和《项脊轩志》中展现的中华民族传统文化因子:孝悌与家国的情思辗转,个人家庭家园家族家国。

专题二:"情真意深"

研读探究《兰亭集序》和《归去来兮辞》并序中展现的古代文人的生命哲思:个体生命觉醒下的价值追求与生命体验(矛盾中的求解)

专题三:"情真理至"

①探究《种树郭橐驼传》中儒家诗教讽谏精神和道家"才全德不形"下

的"树理""官理""人理"

②探究《石钟山记》中儒家格物致知下的不盲从、敢质疑、勇探寻的精神(在实践中求真知)

具体操作:

专题一:"情真意切"

核心任务:研读探究《陈情表》和《项脊轩志》中展现的中华民族传统文化因子:孝悌与家国的情思辗转,个人家庭家园家族家国。

课时安排:2 课时

设置情境(一):互换身份

1.假如你是李密

你的内心世界是怎样的?把你的同桌当作挚友 A 君或恩师皇甫谧,用一封简短信件向他倾诉一番。同桌间讨论一下,该如何倾诉,并在全部展示。

2.假如你是李密的挚友 A 君或恩师皇甫谧

听了李密的倾诉,看了李密的奏表,你内心作何感想?请写一封简短的信件给李密,表达一下你的想法和感受。同桌间讨论一下,该如何倾诉,并在全部展示。

提示:

1.注意个性表达。不可与课文雷同,情境之下,身份带入,思维要打开。

2.注意真情表达。敞开心扉,吐露心声。前者重在倾诉苦衷、表达焦灼和惶惑;后者重在对李密因"至孝"而三抗皇命(前两次已经发生,后一次正准备发生)由衷地感慨和赞赏。但注意,二者都要体现真诚的情感和态度。

3.根据通信对象的不同,注意措辞和写信内容等。如老师称呼学生或者挚友间相互称呼,要称字。可酌情出现一些典故诗词,增加文学含量,也增加倾诉或者赞赏的深度。

如汉文帝刘恒,"亲尝汤药"典故,服侍母亲,目不交睫,衣不解带。

如子路,"百里负米"典故,侍奉父母。孔子赞他"由也事亲,可谓生事尽力,死事尽思者也"。"

如《孝经·五刑》:"五刑之属三千,而罪莫大于不孝。要君者无上,非圣人者无法,非孝者无亲,此大乱之道也。"

4.注意原始信件和回信之间的关联性。

令伯吾徒:

这个设计融合了教材单元研习任务的第一题,第二题和第四题,同时也是在回应课标本任务群的"学习目标与内容"的第四条,"撰写评论",不过是融合了书信的形式。显然,情境带入,更能揣摩理解人物的内心世界,特别是能写一写心中那些在奏表中不能说、不敢说或者不可明说的话,或者是通过"对立面"的观感评价,让李密啊在真诚的倾诉中生动起来。同时,加深对文本的理解,也就能为小组讨论探究课文中文化观念在当今社会的价值,奠定"理解性"的基础。

比如,那封著名的司马迁给仁安的回信。

司马迁给仁安的回信中就讲出了自己平时与李陵没有私交,所谓"素非能相善也。趣舍异路,未尝衔杯酒,接殷勤之余欢",那么为什么要在如此危险的时刻帮李陵说话呢? 一是平日观察李陵"以为有国士之风",二是"李陵提步卒不满五千,深践戎马之地,足历王庭,垂饵虎口,横挑强胡",简直是一人战一国,战功赫赫;三是看不惯李陵一有败绩,那些苟且小人们群起攻讦,感到"诚私心痛之"。不仅如此,司马迁更是讲了自己遭受侮辱性的刑罚后的真实内心感受:所谓"肠一日而九回,居则忽忽若有所亡"。同时,也以文王拘而演《周易》、仲尼厄而作《春秋》来振奋自己。通过这些剖白倾诉,让读者认识了一个更全面更真实生动的司马迁。

设置情境(二):我回来了

归有光晚年仕途顺达,隆庆四年受大学士高拱、赵贞吉推荐,升为南京太仆寺寺丞,后来又被首辅李春芳留在内阁,掌内阁制敕房,纂修《世宗实录》,身列文学侍从之位。假如你是晚年的归有光,此刻荣归故里,见到旧日南阁,手抚如盖枇杷,心中作何感想? 将内心感想以"自述""日记"或者《项脊轩志再续》的形式与同学们分享。

这个设计带有时空回溯色彩。一是归有光一生抑郁不得志，八次赴考都未中，年近六十才如愿以偿，但高中之后的仕途也不是一帆风顺的，去世的前一年才被调进南京，进而到北京这个朝廷中心任职，但也没机会"衣锦还乡"，重振家族。如果他当时还乡了，会是什么表现呢？会像高祖原乡那样，"社长排门告示""王乡老执定瓦台盘，赵忙郎抱着酒胡芦"似的，虽不至于"红漆了叉，银铮了斧，甜瓜苦瓜黄金镀"那样天子仪仗，但也是扰动乡邻，鸡飞狗跳？还是会静默地来，悄悄地走，不带走一片云彩？更有意思的是，网络上有好事者，后续了《项脊轩志》，写归有光砍掉了枇杷树，然后做成他人出嫁的家具，祝他们如自己和妻子王氏一样恩爱？他会这么做吗？谈一谈。

注意，这个也是需要紧密结合历史情境和带入人物性格特点去谈，不能无框架地乱弹。不能像某些影视剧那样架空历史、无原则地改变。

提示几个重点方向：

（1）在对家族变化的感喟中，抒发多年抑郁一扫而空、亲人寄托得以实现的襟怀，进而重振门楣的畅想。

（2）在对老屋老物的拂拭、触摸和聆听中，思念旧人，感伤变迁。

（3）没能与至亲之人、深爱之人分享成功的遗憾和寂寥。

设置情境（三）：不同的声音

《孔子家语》中有言"家贫亲老，不择禄而仕"，李密孤苦伶仃，家无余丁，正好出仕为官，为奉养祖母创造更好的条件。而且新朝甫立，机会多多，作为蜀中才俊，正好大展宏图，至于奉养祖母，可以暂时雇佣丫鬟仆人来代替，或者携祖母赴任也未尝不可。李密的做法不可取，特别是在当今时代，这种价值观与新时代的发展是矛盾的，必须舍弃。

另外，也有人认为，在"小家庭"的时代，归有光的家族分崩的哀叹已然过时，大家过好自己的日子就可以了，何必无病呻吟呢？对此，你怎么看？请思考后，发表自己的看法。

这个设计，紧承上两个设计而来，将一个看似政治正确，实则是割裂文化、割裂时代的"易混易错"观点抛出来，让学生去思辨。

　　提示：1. 必须以历史和当代的双重视角思考问题，给出见解，不可想当然地妄言。也可进一步结合自身经历发表观点。2. 观点要科学，要符合我们的传统文化理念和中华民族道德价值。3. 可结合一定的延展性阅读来思考回答，如归有光《家谱记》等。

　　比如，关于"李密选择"，可分为三个阶段的讨论。

　　1. 在历史性的认知中，明确问题中的两个主张——携祖母做官可不可行，为祖母雇丫鬟仆人代替自己可不可行？当然是不可行的，前者是年龄问题，试想 96 岁高龄的老人怎么经得起路途的颠簸，何况还是从蜀地出发到当时的都城洛阳，一个是路途难行，李白都说蜀道难嘛，二是路途遥远，三是交通工具不比现在的快捷舒适，四是，很可能路途染病而亡（如苏轼染病就死在了赦免回程途中）。所以，第一个主张看似两全，实则是要陷李密于不仁不义境地，李密真这么做了，必定身败名裂，当然，稍微有点理智的人，不是为了仕途丧心病狂的人不会这么做。第二个主张也是不可行的。李密在文章中讲自己孤苦无助，可没说困顿到雇不起佣人，一个是李氏在当地是大族，而是李密也是曾经的蜀汉官员。再者，假设他想不到这个主意，其他上上下下这么多人就没人想到这个主意？不可能。唯一的可能就是这个主张不可行。没别的原因，孝亲不可替代啊。何况是唯一抚养自己长大的人，而自己又是那个人在世的唯一亲孙。于情于理，李密都不可能把奉养祖母这个事交给别人。就连晋武帝都不会这样提要求。后来赏赐丫鬟仆人，让州县给与米粮，那也是李密没离开的情况下。

　　2. 在当代性的深刻讨论中，进一步认识理解"孝"这个文化观念，不是封建残余（当然那些扭曲人性的所谓孝的行为要批判的），也不是文化糟粕，而是我们传统文化的瑰宝，是我们民族价值体系的重要的、基础性的纽带和架构，时代变了，但我们依旧是炎黄子孙，依旧是中华传人。当然，我们的时代进步了，有了更为完善的社会服务体系，如社区机构、养老机构、妇女组织、工会组织以及各级党组织和群众组织等，作为强大的后盾保障，完全可以让为国为民奉献的人放心地去上岗、去奔赴。特别是当代社会，家庭更为深入地融入到了国家集体当中，家国一体化比古代家族和国家的关系更为紧密融合,如果李密活在当代,同样的情况下,首先李密不会受到这样的逼迫;其次的话,如果国家真有特殊需要,李密要去的话,可能去得更为安心放心。

3.进一步深刻性讨论:由孝到敬和其他。在当代这个多元文化大交融,甚至是有文化侵蚀危机的时代,青少年特别容易受到不良游戏、影视、小说等负面影响,而人性变得扭曲冷漠,人伦关系变得不伦不类,我们的好多文化传统、习俗渐趋崩坏,比如由孝悌进一步延伸到尊敬,现在不管是乡村还是社区,不但不再有"长老"话事的场面,"德高望重"这个词的存在空间越来越小,"仗义执言"的场面,更是越来越少。由此,提倡传统文化,理解认同传统文化,是必须的,它们在当代社会发展和建设中的价值意义更是不容否定和忽视的。

设置情境(四):深入比较

《陈情表》因为其特定的功用性,语言是"雕而不饰",却也真实感人,没有陷入华而不实,同时构思也是极巧妙的;《项脊轩志》因为是自我抒发,语言则是"不事雕饰",同时也构思巧妙、细节满满。二者语言不同,情感表达也有很大差别。请结合具体文本,细加体会。

示例:《陈情表》

语言方面。一是言辞整饬、凄婉动人。晋武帝:士之有名,不虚然哉!苏轼:"读《出师表》不下泪者,其人必不忠;读《陈情表》不下泪者,其人必不孝;读《祭十二郎文》不下泪者,其人必不友。

说明:1.得到当时最高统治着者赞赏。2.得到后世文坛领袖的认可。3.能与《出师表》并列。

特别是对比《项脊轩志》会更明显,尤其是《陈情表》善用骈句,说明情况,增强说服力。如写自己孤苦无助,用"外无期功强近之亲,内无应门五尺之僮",语言整饬,内外都讲到,大小都讲到,把门丁稀薄,缺少人力,自己孤苦无助的惨状,很文采地表达清楚而生动,很具有场面感,很有说服力。再比如,说自己和祖母决不能相离的情况,"臣无祖母无以至今日,祖母无臣无以终余年",连用四个"无",把不行、不能、不可以表达的斩钉截铁,把自己的态度交代得很明白,就是其他可以商量,这个不行。结合前面的"凡在故老,尤蒙矜育,况臣孤苦,特为尤甚"的孝治天下的前置性法理依据,这个"区区不能废远"的态度表达效果就非常到位了。这语言绝对即使是一挥而就,那也是经过深思熟虑,不是随性而写的,所以,"雕"肯定得有的。但是读后又不会给人刻意对仗、刻意如此的感觉,所以不能说他"饰"。

构思方面。层层推进,尽显智慧。悲惨遭遇打底——祖孙深情加码——孝治天下共情——感恩戴德加压——自贬自黑释疑——发誓保证结尾。确实可怜+没有异心+共同认知+没有绝对拒绝(给出复出的大概时间表)

因为是写给皇帝的奏表,所以一是要简要,不可能琐碎记述;二是要讲究个构思,话怎么说才能达到最佳效果。以情感人,是别人读的感受,也是李密追求的效果,要用这个打动皇帝,但这绝不是简单的抒情文章。心思巧妙是必须的。

比如,他文章核心动人的是"孝",但不能给皇帝满篇讲祖母如何抚养自己不容易,小时候怎么抚养我,怎么教导我,我如何一步步成长,我如何感激她,要报答她,等等。这不是奏表,更不是有指向性目的的才子李密的奏表。

你看他,先营造一个凄惨的氛围,就是写自己自小孤苦。这个前提下,写祖母是世界上唯一管自己的人。这养育恩情大如天,能不感恩报答? 后面笔锋一转,开始写家族没人,祖母身体很差,常年卧床,很正常地指向主题:我离不开。

接下来,笔锋一大转,开始写圣朝对自己好,对自己重视,自己没去求官,反而朝廷几次主动找自己,而且还是太子近臣。你说感动不? 但是我拒绝了,没去,不是不想,是不能,为啥? 再次回到主题:祖母身体很差,离不开。这就把矛盾引出来了——忠孝在对立!

怎么办?

接下来还是从圣朝切入,一顿猛夸,先讲他的国策是:孝治天下。这是在肯晋王朝治国理念符合中华民族的道德标准,《论语·学而第一》,有子曰:"其为人也孝悌而好犯上者,鲜矣。不好犯上而好作乱者,未之有也。君子务本,本立而道生。孝悌也者,其为仁之本与?"看,孝悌是根本。这是我们几千年来都认可的文化观念。然后讲自己是惨中之惨,更应该得到怜惜养育。

讲到这,笔锋又转了,没有一路夸下去,或者是自己应该得到什么具体照顾。而是开始自黑模式,说自己啊在以前就不是什么高洁之士,就是个想通过做官来追求功名利禄的凡俗之辈。何况圣朝如此给机会呢,言外之意,那是主观意志上是很想出仕的,这一点皇帝不必怀疑。这显然把自己不愿出仕的另一层原因——有心念旧朝成分,有犹疑当朝成分,给很好地掩盖了。

后面继续写,问题是自己除了是个官迷,还是个孝子。前者,是后天追求,无可厚非,但后者确实为人之本。中国历史上,有很多人在很多方面很差,甚至可以贴上坏人或者罪人的标签,但是在"孝"的问题上不敢含糊。因为赚不到钱,或者活不下去,顶多就是死了,但是不孝这个事情,就是死了也要被人踏上一万只脚,家族就容不下。当然极品个例也有,不是我们今天要探讨的。所以,接着李密的笔锋又转回去,写祖母不但病得很重,而且可能命不久矣,那叫"日薄西山,气息奄奄,人命危浅,朝不虑夕",所以顺势写道并强调二者谁也离不开谁,离开祖母,我就活不到今天,祖母离开我,将得不到善终!这就严重了。看到这,皇帝再强行征调,也是没意思,也没必要了,而且也不值得了,冒天下之大不韪啊。

但这还不够,不能把问题抛给皇帝就不管了,得有个出口。

李密接着写祖母情况:年纪高迈。这是什么意思,意思就是不管是自然寿命还是前面的身体状况,可能祖母都会不久于人世。这是有点残酷的,相信作为孝子的李密,真是不得已要写出这些。因为这里近乎残酷的分析,真的很残酷。换位思考下,为了一个什么目的,我们去分析自己的至亲,因为什么情况可能活不长了,真是难以下笔。何况,后面还有一句,我陪着祖母时间短,陪着您时间长的话。有点不当人子的感觉。为什么我们不觉得怪,历史上也没人因此指摘李密呢?原因就在于,大家更多感受到的是李密确实被逼迫的压力和现实,实在是不得不如此,而且这个做的目的是更好地陪伴孝敬祖母! 所以,后面就是表明态度:一是"愿乞终养",二是"结草衔环"。这就齐了,有悲惨身世,有困难现状,有解决方案,有忠诚态度。

在情感的抒发上。

我们感佩于他文章的真情,但也要明白,这是给皇帝上奏章,有的话决不能说,有的情感也必须否认隐瞒,那就不能绝对追求畅快抒情。文章以情动人,但绝不是单纯的抒情文章。

我们看,李密在文章里为了以情动人,确实是讲了很多实话、真话的,特别是祖孙情况和祖孙真情,这个不能讲假话,也讲不了假话骗不了人,毕竟在口耳相传的时代,太容易露馅;而在那个生产力较为落后的时代,讲假话的代价就是失去他人的信任,那就意味着孤立无援;再者这种事对皇帝讲假话代价太大! 而且这真话背后是绝对的真情——对祖母的感恩和孝亲,还有就是由此带来的与皇家命令的冲突的尴尬为难。

但是李密也没有完全讲真话,就是他自己绝对不是像自己说的那样,对新王朝如此尊奉——又是圣朝、又是沐浴清化,又是死当结草。实则是李密从心里确实不太乐意去做这个官的。我们感佩于他的至情至孝,但也要理性看待这封奏疏的不能明说的另一点——作为蜀汉旧臣,特别是一位知道感恩的臣子和有才干的臣子面对新主的征召,内心的挣扎和犹疑,挣扎在于旧主难忘,李密就曾评价后主是"可次齐桓",这是很高的评价,而且是出自一位才子和干吏之口,前面我们讲过李密出使吴国,得到吴国君臣的交口称赞,说明李密绝非无能之辈。同样的,作为少有才名且为官干练的人,也绝不是他自己自黑的那样一心官迷,他还是能看清楚,新建的大晋,面临诸多矛盾,政治斗争绝非儿戏,他作为一个亡国遗臣,面对这种就职环境能不犹疑吗!

所以在情感方面,他追求以情动人,但又没有把自己的心扉完全敞开,这个跟《出师表》就不一样,跟完全自我表达的《项脊轩志》就更不一样了。

专题二:"情真意深"

核心任务:研读探究《兰亭集序》和《归去来兮辞》并序中展现的古代文

人的生命哲思:个体生命觉醒下的价值追求与生命体验(矛盾中的求解)

　　课时安排:3 课时

兰亭非兰亭　幽情实难畅

　　研习任务:羲之的幽情,既含有情又包含理,他从天地广大联想到人生快乐有时,生命有限,这是在说理,而由此感到痛苦就是在抒情,情理融合不可分割。那么怎么看待羲之对生死的体悟和流露的情感呢? 请结合文句"死生亦大矣"和"不能喻之于怀"予以阐述。

　　设计意图:抓住文章的关键语句,进行"文理"解剖,过程中做主线式的深度探知。

　　(一)结合文本和相关材料,请从为什么"亦大"、认识"亦大"、评价"亦大"三个视角进行理解性阐述。

　　1. 为什么王羲之说"死生亦大",还是后世也会"有感"?

　　提示:可从自然规律的必然性、万物(人)的普遍性(横向)和历史的贯通性(纵向)三个视角思考。即人人如此,自然人同此感。

　　(1)生死结局的必然性。这是"天道自然"的运行规律。(2)普遍性。万物如此,人不可免,谁都如此。(3)贯通性。万里长城今犹在(万里长城也坍塌消灭在时光里),不见当年秦始皇。

　　2. 重新认识"死生亦大矣"。

　　提示:可从出处着手进行原文阅读,了解庄子《德充符》关于"齐物""辩证""顺随"的观点及其价值意义,拓展"贵生"传统观念,进一步认识羲之的"忧"的指向,并做辩证性评点。

（1）庄子观点。

①"齐物"：忘形、忘情。万物同源,死生同一,不要存在宠辱、贵贱、好恶、是非等分别。②辩证：主张从"异"和"同"两方面看待事物。"自其异者视之,肝胆楚越也;自其同者视之,万物皆一也"。③顺随自然。不要被外物和欲望左右而伤身、伤神。

（2）关于"齐物"。

①批判。绝对齐物不可以。

②借鉴。辩证看待事物和问题,增加多元视角,开阔思维眼界心胸。

③需要。看点事物或问题的"一"的一面,有利于人类进步和平。如一视同仁,有教无类,种族平等,性别平等。

（3）关于"贵生"

中国传统文化的一个极重要的观念就是贵生、此岸、现世,以生为乐,即极乐世界就在当下人间,不认为人生是苦,也不主张往生极乐,而是"魂兮归来"（《楚辞·招魂》）。

（4）评点王羲之的"忧"及其他

肯定：

①真性表达。没有回避自己的困惑和内心的忧惧以及对生的潜在渴望,算得率性、真情之人。

②人格觉醒。解脱了汉代儒教统治下的礼法束缚后人格个性主义的一个典范。

③符合文化。重生,重现世,体现活在当下,反映一定的积极入世意义。

批判：

①心念没有高度也没有深度。王羲之的忧,一不忧家国,二不忧黎庶,忧的是生死,而看似忧死,实则忧生——寿命,忧是生命的长度,而且局限一己范围。

②认知未得精髓。王没有像苏轼等吸收到庄子"齐物"思想的辩证精华（《赤壁赋》语句）,以及庄子顺随自然而保身全神的思想。

③失之偏执。王之博学,肯定遍读典藏,但执着于"服散"求生,失之于

偏执。看得不通透,而且途径错误——服散不但未让他健康,反而搞坏身体,加剧他的忧患。

教学支架:

借助《晋书·王羲之传》"羲之雅好服食养性",《干呕帖》"胸中淡闷,干呕转剧,食不可强,疾高难下治,乃甚忧之"等,能更深地理解王羲之的"死生亦大矣"的"痛"和不同意甚至斥责"齐""一"为虚诞和妄作,因为这实在是和他追求长生之愿相悖。进一步通过联系史铁生的思索过程和所得,和奥斯托洛夫斯基等名人关于生命的哲理性话语来明白:活在当下,活出质量才是人生重大命题,而不是沦陷于生死迷茫。

(二)如何理解王羲之的"不可喻之于怀"与后世也能通感。

提示:联系庄子《轮扁斫轮》"契合""幽情"等谈不可说、不必说。思考建构第三种人生可能性,谈说得清,千古谜题可解。

示例:

1. 不可说,不必说。(略)

2. 说不清?说得清。

(1)可不可以有第三种人生?(建构正确理念主张)

提示:从批判羲之提到的两种人生(或……或……)入手,认知其认识的阶级局限性和狭隘的人生状态,并结合历史与当下,阐述第三种人生的可能性

①批判王羲之认识上的局限性。

"所之既倦""已为陈迹"等是一种限于阶级局限性的快感疲惫(审美疲劳),进而是一种狭隘的人生状态。

②阐述第三种人生以及由此产生的积极昂扬的人生状态,解决其提出的千古谜题,。

实干+动态的人生及其意义。生命重在过程和质量。

其实,人生最重要的命题不是死不死的问题,而是怎样活的问题。生命有到不了的长度,也有到不了的高度,但是重在过程的求索。

提示:辩证认知。主观能动性+时代因素制约。能结合例证阐述。

(2)除此之外,还有没有途径?

提示:由上面庄子的"顺随"切入,提及陶渊明式的"乘化""乐天安命"(引入下一课)。

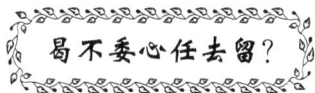

曷不委心任去留?

研习任务(一)是先心动还是先行动?

通过梳理,我们初步了解了陶渊明为什么去做官,又为什么辞官,以及他自己关于辞官后会怎样的畅想:遥遥飘飘,观游随心,琴书躬耕,快意超脱。辞作部分也是按照这样的顺序从"归程"到"归尽"的顺序写的,那么,请大家进一步细读文章并思考:陶渊明是先行动而后心动的还是先心动而后行动的? 即他究竟是先辞官归隐的呢,还是先认识到人要"乘化归尽""乐夫天命"的呢? 请大家从解读"天道""自然"观念(是什么,有什么启示)入手,梳理整合文本(序言+辞作),厘清"乐天""乘化"和"委心任去留"以及归隐躬耕的逻辑关系。以发言稿+构图的形式做整体建构并做具体阐释。

设计意图:

进一步引导学生认知陶的心理脉络和他行为的关系,深入整合并探寻"乘化""乐天""委心任去留"和归隐躬耕并感到快意超脱的逻辑关系,从而对文本内容和陶的内心有更细致和深刻的认知与理解。

发言稿参考模板:

1.关于"天道"观念(是什么,什么特征)

2.得出的启示

3.怎么理解"吾生行休"?

4.关系构图

操作示例：

1. 理解传统文化中的"天道"观

"道"不是高高在上的原则,而是宇宙自身的运动过程。

①强调过程自然而然,自发产生,无需任何外在原则或媒介(上帝或造物主等)。

②强调过程和运动(动能),而非静止和永恒。

③强调变化和不确定性,而非线性目标最后达到既定设计。

④在天道运行之下,四时行,百物生,整个世界,由万物组成。

⑤形容天道运行变化的词有"势""几""机"等。要顺"势"而为、见"机"行事、君子知"几",才能得大自在,大喜悦。

2. 启示

①要明白:四时行,万物生,轮换运转、生灭收藏是天道规律法则,一切都在"动"和"变",万物遵循,人既然是这个世界的一分子,自然不可能"独自"不老(静止)和永恒。

②要做到:既然世界是变化和不确定的,就要善于察"势"、知"几",行事要遵循天道、顺合天道,做出最符合天道的判断、选择。所以能"乘化""乐天"是明悟天道的表现,而"归返是自觉、应然的选择",反之则是执迷不悟。

3. 追问矛盾:既已乐天安命,为何还会感到"吾生行休"?

辩证看待。这也是一种由"得时"而来的体悟:顺应自然规律,生长收藏;个体生命有限、短暂,顺应融入自然是归宿(一滴水如何不消失? 融入大海。);"鸟倦飞而知还",也是依循自然的节律动静行止的表现。这是"春天"的作用,也是诗人"乐天""乘化"的前奏——体察万物而感悟天地。

因为能"归于造物的大自在与大解脱之境",内心顺合自然,所以自然能得到"乐",即感到顺心。

4. 建构关系框架

天道"自然而然",进而人要知几顺势,所以能"委心任去",然后顺心自在,进一步地会更深刻地体悟天道,遵循天道,进而得到大自在大解脱。如此循环。

教学支架:

教师补充出示相关材料,如《易经 系辞传》"乐天知命,故不忧",孔颖达注解为"顺天道之常数,知性命之始终,任自然之理,故不忧也"等,帮助学生加深理解。

研习任务(二)

"知几""顺势",乘化乐天,陶明白应该求取随心,去留任性。他也在文中很坦率地表露了自己内心向往追求的生活,喜欢什么、乐于亲近谁人:他的"所求"。但这种肯定性的宣告,似乎还不够,于是,陶再在否定性的场域中表态:自己的"不求"!请大家细读文章,梳理概括陶的"所求"与"不求"并进一步思考:关于诗人的"所求"和"不求"我们该如何认识(评点价值意义和心理指向)?他"所求"为指向的归隐是否彻底,为什么?请独立思考,形成发言稿和思维导图,交流分享。

发言稿参考模板:

1. 梳理并概括陶的"所求"和"不求"。

梳理文句

概括表述

2. 评点认识。(体现思维深度和比较联系)

3. 追问 陶的以"所求"为指向的归隐是否彻底,为什么?

操作示例:

1. 梳理并概括陶的"所求"和"不求"。

(1)梳理陶关于内心追求(喜欢的、乐于亲近的)即"所求"以及内心否定(并非理想、亦非夙愿的)即"不求"的文句。

①"所求":文章2、3、4段相关文句,如"携幼入室""悦亲戚之情话"等等。(不一一列举)

②"不求":"富贵非吾愿"+"帝乡不可期"。

161

（2）进行整合并用自己的话概括。

①"所求"：

$$\begin{cases} 亲近自然 \\ 耕读琴书 \\ 亲情友情 \end{cases}$$

②"不求"：

$$\begin{cases} 不汲汲于富贵 \\ 也不幻望于成仙 \end{cases}$$

2. 评点认识。（体现思维深度和比较联系）

（1）肯定—"所求"：可望可及、可敬可爱，超越一己生死却深于人间挚爱。

①人间烟火，不冷漠不怪癖。

陶的隐居，既不是到险峰穴处，也不是到孤岛独居，而是回到家庭人伦、回归村落邻舍，既不做孤僻的怪人，也不做冷漠的高人，他就是那么平平淡淡，泰然坦然，稼穑耕种、琴书松菊，相伴人间烟火，亲近自然田园。

②目的纯净，不沽名不飞升。

陶的隐居，不是要做终南隐士，为自我搭建仕宦捷径；不是要做佛道修士，为长生不朽远避人间。他就是单纯的归隐，而且不是一般性自我夸饰的隐居高士，而是一位"有事西畴""植杖耘耔"+"登高舒啸""清流赋诗"的"农夫诗人"。隐居彻底而单纯却又清雅而风流。

（2）否定—"不求"。

①安于现实而又安于"现世"。陶明确宣告自己既不汲汲于富贵，也不幻望于成仙。他从未要立志做一位富家翁，在任时如此，卸任了也这样，他面对"环堵萧然，不蔽风日"的环境，自己"短褐穿结，箪瓢屡空"的生活状况，能够做到"晏如也"。而好友颜延之留钱二万被他全送去换酒，与"万里长城"檀道济、江州刺史王弘等"权贵"交往也都是秉持本心从不攀附，只是"忽与一觞酒，日夕欢相持"而已。而从他的"寒暑有代谢，人道每如兹。达人解其会，逝将不复疑"（《饮酒》其一），和"陶子将辞逆旅之馆，永归于本

宅"等诗文可见出,陶对生死是自然规律这一点看得很通透,从未寄望于修仙长生。他自言"衔觞赋诗,以乐其志,无怀氏之民欤?葛天氏之民欤?"还是实事求是的。同时,摒弃富贵,不托仙道,这也是他明悟"天道"的一种表现。

②"富贵非吾愿",否定富贵,是否等于否定做官?

不。富贵≠做官,这是两个交叉概念,但不是重合更不是同一概念。因做官而富贵者有之,而显然陶在讲他的人生态度:不求富贵,安于贫困,否定追求富贵并不代表他否定出仕做官,更没说放弃儒道志向(联系他的两个理想、两个梦想:儒家济世"猛志"和外祖"风流潇洒")。所谓"世与我相违",是这个世界有悖"我"的理想、愿景和理念,时代的做官生态不合自己的想法,但并不等于他不想出仕。

③"帝乡不可期",否定帝乡,在境界上是否高于王羲之?

是。王的忧患在寿命(生命长度),陶参透天道,"乘化归尽",已超越这一层。陶的"忧"是什么?更高境界的德业功业的担当。看得更加通透,因"通透"而心境平和,高于王的"嗟悼""痛""悲"。

3.追问:陶的以"所求"为指向的归隐是否彻底,为什么?

(1)行为上彻底。"门虽设而常关",自此以后,他确实在现实中关上了通向官场的门——陶从此再未出仕,或者有过求官干谒的举动,而是躬耕诗书,二十年而初心不改。

(2)心理上不彻底。①文本证据:如载欣载奔之后,他会独饮独游,还会抚松盘桓,甚至要借助亲戚情话、琴书诗啸来消忧,甚至于"乘化归尽"也是姑且的(聊)的,琴书、亲戚、嗜酒、采菊等不过都是寄托也是消解手段,时有不甘情绪流露。

②文本外证据:学生展示从他的诗文中寻找带有心理波澜的诗句。如《杂诗·其二》"日月掷人去,有志不获骋。念此怀悲凄,终晓不能静。"其他如《述酒》《命子》《移居》《拟挽歌辞》等。

教学支架：

1.两座丰碑，两种思想。

（1）他的先祖陶侃，功业卓著，他的外祖孟嘉，名士风流。二人都对他影响深刻。

（2）他"自幼修习儒家经典"，所谓"总角闻道"，"游好在六经"；但同时"他少学琴书，偶爱闲静"又认为"人生似幻化，终当归空无"。他深受儒道两家思想影响。

2.两个梦想，两种理想。

（1）像先祖那样建功立业，一展儒家经世济国理想，所谓"猛志逸四海"。

（2）向往他外祖的人格魅力和潇洒风度，所谓"少有高趣""超然绝俗"，希望能做潇洒闲散的"羲皇上人"。

研习任务（三）

既然陶的内心是不平静的，那就请同学们梳理并串联文中（序+辞，并联系相关素材）涉及动作的词语，捕捉诗人的动作细节，线性构图，厘清其内心矛盾和心脉波动变化，并交流展示。

设计理念：通过文本细读，捕捉诗人的细节动作，梳理心脉波动变化，并以思维导图的形式呈现，辅以言语阐述，培养学生的细节分析和逻辑推导等高阶思维模式以及言语实践能力。

1.序文部分

三层小矛盾指向一个大矛盾，心脉上4次小转，1次大转。为辞作部分铺垫。

示例

后文的矛盾转移或者说升级：进一步凸显两个志向、梦想之间的矛盾。

2.辞作部分：（如下图示例）

7次心脉变化，3次大转，凸显诗人的内心波澜，具体见相关课件。

示例

教学支架:

1.联系《与子俨等疏》加深理解。不但痛苦,而且有隐忧:"性刚才拙,与物多忤""自量为己,必贻俗患"。

2.荷尔德林"燕语低回,蔚蓝萦怀……诗意地,人栖居在大地上"。后海德格尔转引:人的本质是诗意的,人应该诗意地栖居在大地上。

3.参考《隐逸列传》等关于陶弹无弦琴的典故,了解他的洒脱性情。又《诗·召南·江有氾》范成大"聊为东坡载酒游"、陶《癸卯岁始春怀古田舍二首》和刘子翚"聊为溪上游,一步一回顾",了解啸和聊,进一步理解文意。

小结:

陶的归隐,从功利层面讲,现实问题被搁置,心理上也不是一味快乐。虽然他最后乘化归尽,但他内心的波澜,依然需要春天的消解、琴书的慰藉。

研习任务(四)

既然心有波澜,必有冲突矛盾,请同学们思考并交流:他内心有什么矛盾? 如何理解和认识?

发言稿参考模板:

1.浅层矛盾(现实与理想层面)
 (1)从陶几度仕隐的经历看。
 追问:陶是因为"不为五斗米折腰"而辞官吗?
 (2)从时代背景和个人出身看。(官场生态环境+为官风险,改朝换代+个人心理冲突)
 追问:陶是否可以有其他折中选择?(大中小隐?)
2.深层矛盾(审美和功利层面)
辨:"身""心"认知。

操作示例

1.归不归(隐不隐)

(1)从他个人几度仕隐的经历看,他很想出仕做官,并为之努力,但可能面临不得不归隐的矛盾。

结合 5 次仕隐材料分析。时运不好(为官的生态环境和服务的上司等),另外推断①为官能力一般(没有他突出表现的记录),②欠缺长期奋斗的毅力、耐力和决心(彭泽八十余日,对比曹操洛阳北部尉。)

追问:陶是因为"不为五斗米折腰"而辞官吗?

很可能不是①刚直不等于清高。("潜以此去职,则史家张大之词"朱自清语)

②与序文为解决家境困难而求官与他自嘲的"犹望一稔"尴尬处境矛盾的叙述矛盾。

(2)从时代背景看,官场生态环境很差,为官风险太高,同时在心理上难接受继续在刘宋为官特别是一直做小官。

①政治生态不好,可能有自保避祸的被动一面。②时代风气影响。③王朝正统和出身观念影响。

教学支架:

结合晋末乱世背景,魏晋名人悲剧命运,陶家族出身以及沈约《宋书·隐逸传》对他作品年号等的记录等材料展开分析。

追问:陶是否可以有其他折中选择?

(1)大隐,他做不到,也不想做。

①他身世条件不够。他不是世家子弟,想如谢安、羲之等高官与名士同有,显爵与潇洒兼备不可能。

②他不屑为之。可以先隐居后高官,如"终南"模式,沽名钓誉。

(2)中隐,不符合他淡雅平和的性格。

(3)只得小隐? 宁可小隐。

高官与风流,在陶这里是分裂难以统一的。他只能去求后者,去践行甚至是纯化升格(干脆不做官,不受人约束)外公的人生。所以,他"质性自然"是他特点的一方面,而深愧的也不是平生的全部志向,更重要的他不是身居高位而功成身退的绝对主动辞官。

但值得注意的是,他也可以像我们世俗大众一样"勉强"选择前者——做小官,毕竟理想在远方,肚子就在眼前。但陶渊明为自由的理想而放弃了咕咕叫的肚子,是非常值得我们钦佩的。

2. 诗与米

(1)诗性审美

诗性心灵。诗人的"无理"。内心觉醒。

情感的强烈,爱的绝对,逻辑的极端(非逻辑、非辩证)造成情感的痴迷。"诗语有入痴境,方令人颐解而心醉"。"云在青天水在瓶",归于最该去的地方。

(2)功利审美

大众心理。理性眼光和标尺。物质的标准去判断。

辨:"身心"。

身心分主从,不是放弃舍离。身心不对立、不割裂。

教学支架:

引领学生从传统文化的"身心"观出发,认识陶渊明的归隐不是身心决裂,而是发生身心的主从变化,是达到了另外一种身心合一。

小结:

陶的归隐,从审美层面讲,是诗性的心灵救赎最终战胜了理性的现实困境的困扰。这在世俗大众来讲很难理解,但是这可能就是文学的"无理"或者叫诗人的无理,它可以看起来矛盾,因为这通常是情感强烈的效果,是爱的绝对造成这种逻辑的极端,有了逻辑的极端才能表达情感的痴迷。"诗语有入痴境,方令人颐解而心醉"。

研习任务(五)

陶不是历史上归隐的第一人,更不是隐逸的第一人,但是在文学史上却获得了别人难以企及的声誉,在文化史上也留下了浓墨重彩的一笔,是否对他评价过高呢?请自主思考并小组交流归隐和隐逸的区别,以及从历史和当代双维视角评价陶归隐的价值意义,形成发言稿(发言框架-思维导图)在班级分享。

设计意图:进一步认知陶氏"归隐"的内涵和特点,并从双维视角评价其价值和意义,提升逻辑思维、辩证思维以及审美评价和文化认知能力,建构正确的价值观。

提示:从概念的辨析入手,建立正确的逻辑基点,在对比中梳理整合陶氏归隐的特点,并建立自主评价认知。

操作示例:

1.概念思辨:

归隐和隐逸

(1)概念层面予以区分。

(2)隐逸典故:许由洗耳、不食周粟、楚狂接舆、泛舟西湖……

2.关于隐逸价值意义

(1)历史视角

人间名士。精神堡垒。耕读文化。人格范式。诗性审美。

(2)当代视角

辩证看待,审慎选择。批判认知,理性区分。精神安顿,心灵家园。

教学支架:

引领学生联系中国文化必修课、苏轼诗文、《颜氏家训》以及其他相关内容(钱起"林端忽见南山色,马上还吟陶令诗",楹联"耕罢田园换笔墨,读来岁月话桑麻"),丰富认知,提升层次。

整体比较 创建认知

研习任务一:

王、陶二人虽然都在自然之境中思考天地生命的终极答案,但是有人说,山水、田园有别,文体、动机不同,审美观念和处置也不一样,所以二人得到的体悟亦会有大不同。对此你怎么看,请结合文本和相关素材,以发言稿形式阐述自己的看法。要求有理有据。

设计意图:

通过比较阅读,在辩证的、多元化的视角下探讨二者的异同,通过语言阐述,得到思维审美和文化上的体验与提升。

发言稿参考模板框架：

思维导图示例

维度一："本来不同"

1.体认山水田园

（1）山水田园有异

①特点不同，感触不同。山水峻秀，田园怡人；山水阔人心胸，田园宁人心绪；登高望远，山水让人神思万里，凝目远眺，田园让人安然自得。

②作用不同，感觉处置不同。山水是游赏，田园是安住。前者可游、可攀、可梦、可探，游尽即走，它依然是它，等着下一位游者，不是家乡归处，更像驿站逆旅；后者可耕、可植、可稼、可穑，须亲身参与、尽心侍弄，有改变它、收获它的成就感，是心灵顿悟、终身伙伴。士人宦海一生，乞骸骨而归者，基本是田园而非山水。

（2）山水田园可同

①效果趋同，齐一看待。二者都可划分为自然境，都有自然意义，都可让人"情随物迁"，让精神纾解，让心灵放松。

②相互包含，难以割裂。游览山水，难免看到田园，而安居田园，也大多伴随山水。陶不就西畴之外，舟车丘壑吗？进一步讲，山水田园世界都是一近乎"孤独的场域"，为他们思考天地终极问题提供一种逍遥自在、清静无扰的"洞天"。

结论：辩证看待二者在触发、承载精神心脉变化中的作用等。

教学支架：

借助媒体视频、图片，学生讲述等手段，加深认知理解。还可联系李白、王安石、孟浩然等人诗歌。

2.细辨文体、动机

（1）序文，记事抒怀，山水不是重点。王羲之的《兰亭集序》，是诗文集的序言，目的在于记事抒怀。山水描写虽有，但是和人事交代等都出于概述简写地位，文字不多，更谈不到贯穿全文，是目的前的必要存在，但不是主体。

(2)辞赋,抒写宣告,田园是核心。陶渊明的《归去来兮辞》,是诗人归去田园的感性宣告以及自我塑造,而这一切的核心所在就是田园,而相应的情感心绪的波动变化也是随着田园地点的变化而变化,虽然最后一段看似和田园无关,但那也是由具象的田园上升到对宇宙天道的体悟,所以也与田园有关,故而,田园在陶的文中一直在贯。

教学支架:

通过文本细读和梳理,加深理解,建立认知。

3. 审美观念和处置

(1)寄情、观照。基于山水本身特点,王羲之对于山水是选择、旁观和审视,王羲之于山水,确实做到了"观山则情满于山",但他既置身其中,又游离于外,而且很快就跳到山水之外——由山水而天地,由天地而人生,由人生而生命,由生命而千古悲痛——集中表达山水之外的更为形而上的哲理思考,并自然流露心绪波动变化。山水之于王羲之只是一种有效工具,二者相互作用,但并未相互融入。进一步讲,王是怡情山水(触发承载,见前课),用玄理观照山水(选择,笔下山水特点,见前课),它是一个新的审美世界,但王却不会久留永驻。

(2)怡情、安顿。基于山水本身特点和陶的归隐态度,他一直置身其中并不曾跳脱,更不曾舍弃,它外显了陶的全部审美趣味和人格特征,所以可以说,田园是一个新的审美世界,而且是陶的安顿心灵的所在,他寄情田园,依赖田园,融入田园,二者时刻在进行精神对话(眄庭柯、倚南窗、园日涉……),而且一刻不可分割,分割了就会归心似箭(眷然归欤、问征夫、恨晨光……)。陶与田园已然融合为一。

维度二:"同中不同"——思考对象相同,但触发点、体悟深度和最终指向不同

二人都思考天地生命,也都认识到生命有时——王"终期于尽",陶"感行休""复几时"。

(1)触发点不同:

①王感慨生命有时、短暂的触发点是快乐易逝,美好难留,有阶级空虚

和生命状态的局限的因素。

②陶的感慨来自于"万物得时"的体察思考,是融入自然之后的自然体悟。

(2)程度不同:

①王忧患生死,汲汲仕途,还处在"得之若惊,失之若惊"的较低境界,体悟也只停留在"看到问题"层面,没有找到出路,痛苦依旧。

而且其"若惊"的指向可能也不完全是老子讲的"贵以身为天下""爱以身为天下"

②陶辞官归隐,虽也有一时的负面情绪,但很快进入到体悟的下一阶段:人是万物之一,也应遵循天道,顺应自然,融入自然。

(3)指向不同:

①王的痛苦来自于对寿命也就是生的忧虑,指向也是如何更长生,并为此"服散",未免有执念且途径有误,未得道家的"养生"之精髓。

②陶的感慨来自自然,其指向是平复心境,用行动实践去把"逍遥"生活化,在归尽乘化中忘掉另一个志向梦想。

教学支架:

细读文本,联系"贵生"的传统观念和庄子《逍遥游》《养生主》等篇目以及钱钟书、鲁迅相关评价。如鲁迅说陶"乱也看惯了,篡也看惯了,文章便和平,他随便饮酒乞食,高兴的时候就谈论做文章,无忧无怨,是个非常和平的田园诗人"。

维度三:"终极大同"——都未能忘情,也都是真心袒露、真性表达

(1)忘情

①王未忘生死之别(服散、倾诉),不能忘我;未忘仕途之念(以右将军身份任会稽内史),不能忘他。

②陶未忘政治、未忘生死,更未忘人间烟火。诗歌中时有提及。

如教学支架:

结合王的《十七帖》、陶《述酒》《杂诗·其二》《命子》《移居》《拟挽歌辞》,以及鲁迅相关评价,如"完全超越政治,甚至人间的山林诗人、田园诗

人是没有的,毕竟不能真正太上忘情。既然超出于世,则当然连诗文也没有。诗文也是人事,既有诗,就可以知道于世事未能忘情"。

（2）本真

①王痛苦是真情,流露痛苦是真性情。正视死亡,品尝痛苦,袒露襟怀,正确表达自己不掩饰不做作,是"勇",是"率",也是一种真。

②陶直承小众选择的压力,且真归隐、真耕作、真平和、真快乐,一直到死,初心不改。他心迹的真、他性情的真、他行动的真(言行合一)在文字的真(质朴不夸饰)中达到和谐统一。可谓"天际真人"。

他们二人的真,都出发于自然的本真,而到达于个人本真以及民族性格的本真。

研习任务二:

古今看待生死有四种观点:向死而生,及时行乐;看破生死,随性自然;披肝沥胆,纵情生死;舍生忘死,家国大义。对此你有什么看法,请以发言稿的形式阐述自己的见解。要求:逻辑清晰,辩证分析,体现表达的真情真性,切勿空话套话假话。

设计意图:通过评点四种生死观,让学生在辩证性认知和批判性认知中创建独创性认知和真性表达,建构正确的人生观、价值观,加深对传统文化的理解和弘扬。

发言稿参考模板框架:

阐述思维导图示例:

重难点解说

不能改变向死而生的人生必然,能把握的只是面对悲欣交集的生命态度。

首先要在观念上认清(正确观念)

（1）要看到死亡的必然性

从历史、自然规律上和客观事实上看,死亡都是必然的。比如西汉汉扬雄"有生必有死,有始必有终,自然之道也"。王充"物无不死,人安能仙"。当代作家史铁生也提出死是一件不必着急的事。

(2)要看到生死之间的区分

①生死的价值意义

可不朽,就看为谁死,死而不朽也是一种生。

当然,有的生是苟且偷生,有的死轻如鸿毛,那这样的生死就接近于没有意义。

在有意义的层面,也有轻重之分。

重的一面:

如为国为民,为信仰和革命事业忍辱负重地活着,死社稷,死黎庶等。

如为共同的伟大的事业,像毛主席就为刘胡兰题词:生的伟大,死的光荣。称赞白求恩同志是一个高尚的人,一个纯粹的人。而当代我们的县委书记好榜样焦裕禄同志更是为党的事业、人民的事业而死得其所,等等。

还有为他人牺牲自我,如舍己救人,舍己为人为家人父母为儿女,儿女为父母,兄为弟,弟为兄,等等。诸如此类还有很多。

再有就是②面对生死的态度、风骨、气度。

比如怕死贪生,笑对生死(生亦何欢,死亦何惧,庄子思想),认真地活(积极、充实……)

我们要如何看待呢?要批判认知,反对及时行乐,消极沉沦,空虚无聊,要珍惜生命(生)未知生,焉知死。尊重生命,珍爱生命,不虚度,不浪费。庄子,未尝死,未尝生。

(3)可选择

具有主动、被动性。比如,史铁生作品中告诫我们要好好活,而《百合花》中的小通讯员又主动赴死。

那么,这就要考虑生死抉择的目的性,为了谁,为了什么。《尚书》有云:"生以载义,可贵生,义以立生,生可舍"。也就是考虑生死抉择的境况。如果是生而有所待,那就忍辱负重而生,为的是"将以有为也"。如果是死而有义,那就无怨无悔。孟子的舍生取义,屈子的殉国投江,文天祥的宁死不降,苏武忍辱偷生,无不如此。

(4)可期待

如科学、医学上的成就,让更长寿成为可期待的事情。但是要在生活上选择正确途径,如良好心态,良好习惯等等。同时,要尊重死亡,承认他的必然,但不畏惧。有价值有意义的死。

2. 关于行动上

我们传统文化里有三不朽的说法:德、功、文(曹丕,与吴质书,成一家之言,词义典雅,足传后世,此子为不朽矣)。

要有良好的生活状态。首先是建立正确"三观",还要学习正确的方法论,学习古今中外优秀事迹,建立自身积极乐观人生态度,有丰富充实的生活内容。

再者就是能做出正确的人生选择。面对家国、民族与个人的利益,面对生死考验等。

教学支架:

(1)联系史铁生,死是一件;天道规律;汉扬雄"有生必有死,有始必有终,自然之道也";王充"物无不死,人安能仙";《尚书》"生以载义,可贵生,义以立生,生可舍";南霁云"将以有为也";庄子,未尝死,未尝生等丰富认知。

(2)拓展对生死观点的诗歌,如《古诗十九首》"生年不满百"曹植《箜篌引》"先民谁不死",文天祥《过零丁洋》林则徐《赴戍登程口占示家人二首》等扩展认知。

专题三:"情真理至"

①探究《种树郭橐驼传》中儒家诗教讽谏精神和道家"才全德不形"下的"树理""官理""人理"。

1. 郭橐驼与柳宗元与儒道两家。

(1)联系前面"梳理"课中的郭橐驼特点。并在拓展阅读中比较他与王骀、脏乞丐、破足道人等的相似点。

(2)联系前面"梳理"课中柳宗元的身世经历。了解他锐意进取、积极参与改革朝政的背景经历。

(3)回顾儒道两家特点。

2. 与不一样的道法自然——中唐儒道合流背景下的儒家积极济世思想。

(1)拓展阅读《柳子厚墓志铭》,加深对柳宗元的了解,特别是他虽然多次遭遇贬谪,但是依旧爱民、养民,经世济民的特点。

(2)回顾《老子》四章、《庖丁解牛》等老庄文章,比较阅读主体"无为",顺应自然规律的道法自然和主体顺应自然规律然后让客体得到保全的不同。也就是前者行为本身就是目的,而后者行为是一种策略手段,最后百姓得到休养才是目的,也就是目的指向是为了改革献计献策。同时,这种"顺木之天"也不是什么都不管了,联系郭橐驼种树来看,也要有一些动作措施,只不过,不能过度干预,甚至是干扰,这其实不是西汉初年的"黄老"治国,是提倡简政,很像我们现在提倡的"放管服"。当然,目的是不一样的。柳宗元针对的是中唐的苛政、乱税,民不聊生。

这也就涉及下一个探究问题:"婉而多讽"的艺术特点。

②探究《种树郭橐驼传》的"寓言"和"人物传记"两重属性以及"婉而多讽"的艺术特点。

教师提示两种文体的特点。然后以拓展阅读的形式,在比较中得出结论。

寓言特点:

简短的结构、鲜明的形象、夸张与想象的艺术手法。

如《庄子》中的涸辙之鲋、望洋兴叹、朝三暮四,《韩非子》的滥竽充数、守株待兔、买椟还珠、自相矛盾,《吕氏春秋》刻舟求剑、掩耳盗铃,《战国策》画蛇添足、狐假虎威,等等。其中很多都出现在了小学、初中的教材或者读本中。

鲁迅在《中国小说史略》中说本文是"幻设为文""以寓言为本"。本文从内容上来看,借郭橐驼之口讽喻时弊,是一篇寓言。

柳宗元类似的寓言体散文还有《三戒》《蝜蝂传》。

人物传记:

传记是记述人物生平事迹的文体,我国古代传记一般可分为历史传记,即史传,文学传记,也称史外传。

本文在写作时借鉴了一些人物传记的写法,从形式上看是一篇人物传记。柳宗元类似以写奇人奇事讽喻时事的还有《童区寄传》《梓人传》《宋清传》。

两重属性,让本文具有鲜明的写作特色:婉而多讽。

婉:文章在结构上,在种树环节,写到了郭橐驼的正面表现和他植者的反面表现。而在养人环节,只写了为政者的反面表现,没写应该怎么做的正面表现。两个部分并未完全对应。

这其实就是一种"婉"的表现,就是应该怎么做,让真正的为政者们去郭橐驼养树之术中去体会,寓言的特点就在于类比中的隐喻。

另外,就是为政者的负面表现,写得还是很委婉含蓄的,甚至不了解中唐时的大背景,会误认为这些官吏还是很好心的,很勤快的,只不过来得多了些,烦人了些。其实完全不是这样。现实是各种征税告示、催税的税丁、缴税的条目——过路要缴税,卖菜要缴税,就是死了也要缴税。民不聊生。所以,文中的所谓"勤快"行为,指向的都是"绢粟"赋税,也就是你快耕作、早生产,然后好多交早交税。这些都未说透。但是"休养生息"的宗旨还是讲明白了的。讽谏的性质也就明确了。但是过程手段确实是很委婉的。

第四节 "整本书阅读与研讨"任务群

思辨性阅读教学和《乡土中国》深度研读

一、"批注"和"导图"助力原生态阅读的"真"与"实"

《乡土中国》是一本学术著作,其中的领域概念和专业术语往往让学生摸不着头脑,这也是读这本经典的第一个障碍,跨过去,海阔天空。跨不过去,置之案头,半途而废。批注法和思维导图法是跨过这个学习障碍的有效法门,在学生原生态阅读的基础上,教师可指导学生用这两种方法对文本做进一步的处理。批注法,可以让学生记录下自己在阅读过程中的理解、感悟、质疑甚至是批判;而批注法,则是在学生对文本进行勾画圈点的基础上,对14章内容做更明晰的梳理,这既有助于理解一章一节的内容,又有助于对全书内容的把握。两种方法的有效运用,为进一步深度阅读做好了准备。

在教学中,教师可组织两种阅读方法的师生课堂展示活动以助推原生态的阅读,老师要参与进来,与学生在课堂上,就义本进行平等的对话,也更加凸显课堂的真与实。"真"是"相"对于"假"讲的,就是真阅读的基础上真批注、真自己动手(或借助电脑画图工具)画思维导图、真展示(学生上台说、老师上台说、其他人评议);而"实"是相对于"虚"说的,就是不表演、不作秀、实实在在地搞语文活动,以提升学生语言表达力、思维深刻性、审美高度和文化理解程度为旨归的语文活动。虽然,这可以算作新课标中提到的"启示性、陶冶性的语文学习活动",但是某种程度上,还停留在浅阅读的层次。因为,这只是对文本有了初步的阅读感悟积累,做了基本的梳理。无论是概念的理解还是文字的内涵、意义以及其时代价值和当代价值的探究都少有涉及，所以这时候已经到了孔子讲的"不愤不启，不悱不发"的阶段，需要老师引领学生走向更深层次的研读。

二、"批判性思维"引领深度研读

这里的研读，既有研究，又有研究基础上的研讨。而深度的达成则靠老师引领下的学生的原生态阅读"真"与"实"基础上的深度思悟，以及在批判性思维支撑下的思辨课堂的升华。

（一）批判之批判

费孝通先生写作《乡土中国》是带着批判思想的，就像鲁迅的写作是想着用文学为旧中国找一条出路，亲眼见证旧中国农民悲惨生活的费孝通带着"安得广厦千万间，大庇天下寒士俱欢颜"的情怀深入乡村腹地，广泛搜集资料，借鉴外国乡村的成功经验，"希望为苦不堪言的农民找一条出路"，所以他在书中写了很多关于旧中国的弊端和旧中国乡下人的"毛病"，目的在于"揭出病苦，引起疗救的注意"甚至就是找到疗救的方子。但是，就像费先生自己在后记里所讲的那样"但也是因为他们限期限日地催稿，使我不能等很多概念成熟之后才发表，其中有很多地方还值得推考。这算不得是定稿，也不能说是完稿，只是一段尝试的记录罢了。"就像余党绪先生讲："没有原生态阅读，整本书阅读就是假的，那么，没有批判性的理解，整本书阅读就是虚的。"我们在教学的过程中大可以引领学生用批判的思维，进行批判上的批判，而其目的是更深入地理解费孝通先生的观点，学习他的学术精神和赤子之心以及更好地理解中华优秀传统文化。我想这也是费先生想看到的，因为他自己的集子里就收录了很多跟他持反对意见的人的稿子。

比如，在《维系着私人的道德》里，费先生讲到"差序格局中并没有一个超乎私人关系的道德观念，这种超己的观念必须在团体格局中才能发生。"这个论断固然包含着先生对当时的社会以及古代社会中"私"以及"自我"的批判，但是这样的论断如何解释"捐躯赴国难，视死忽如归"还有岳家军的"冻死不拆屋,饿死不打扰"？更难以解释那些古往今来为了民族大义,为了国家荣誉牺牲小我利益甚至牺牲自己生命的英雄事迹了。至于书中讲到的"为自己可以牺牲家,为大家可以牺牲族",绝不是"事实上的公式"！一如《中国传统文化十五讲》中评价孟德斯鸠的推断是"时有河汉其谈的毛病"以及"荒腔走板"时引述孟的《论法的精神》中的文字"'在亚洲,自由没有增加过;而在欧洲,自由则随着情况或增或减''中国人生活的不稳定,使他们具有一种不可想象的活动力和异乎寻常的贪得欲'"一样,我们是否可以猜测费孝通写作《乡土中国》那个时代,西方对中国的偏见不少,甚至也是"哈哈镜"式的,费孝通接受西方的教育难免受这观念的影响。

2.回归文本,从细节处挖掘

在《再论文字下乡》一章中,费孝通先生讲:"在定型生活中长大的有着深入生理基础的习惯帮着我们'日出而起,日入而息'的工作节奏。记忆都是多余的……乡土社会中不怕忘,而且忘得舒服。只有轶出于生活常规的事,当我怕忘记时,方在指头上打一个结。"这个结论恐怕会让人想起老子讲的"小国寡民"的境况,现实中更多见于费先生调查的瑶民等少数民族聚居生活的地区,甚至可能是唯美化了的乡村生活。再有在同一章费孝通先生提到"在这种社会里,语言是足够传递世代间的经验了。……口口相传,不会有遗漏。哪里用得着文字？时间里没有阻隔,拉得十分紧,全部文化可以在亲子之间传授无缺。""没有用字来帮助他们在社会中生活的需要。"我想这个论断也大可商榷。比如,就拿家族的谱系传承来说,有文字记载的传承就明确无误,而因为各种原因没有文字记载的,几代之后,后人就说不清楚了,有的能讲一些家族来历、事迹,也多有遗漏,再续家谱甚至要靠验证DNA 的手段来帮忙。还有就是技艺的传承,没有文字的凭借,只凭口传心授,这确实保证了传承的保密性,但是师傅的记忆难免有遗漏或者师傅的师傅在传授时候就有口误又或者受者的耳误而导致再传承的误差,这和费先生讲的"口口相传,不会有遗漏"就不太相合了。另外如庄子在《庄子·天道》中讲的"轮扁斫轮"的故事:"得之于手而应于心,口不能言。"又说:"臣不能以喻臣之子,臣之子亦不能受之于臣",这是对费先生的观点最好反驳了。当然，庄子后面的"古之人与其不可传也死矣。"就不足取了。

先生在论证《维系着私人的道德》一章时多用《论语》为例，这本身就存在偏颇，如讲到"忠"只是做"忠恕"的注解，是"对人之诚"并断言"忠"字并不包含对于团体的"矢忠"。这恐怕并不准确，因为如此的话"屈子投江"算什么呢？而《国殇》一篇"矢交坠兮士争先""首身离兮心不惩"以及《秦风·无衣》"与子同仇"又是在赞美什么精神呢？至于这一章的后文中提到的《孟子·尽心上》的舜处理瞽叟杀人的"窃负而逃，遵海滨而处"的例子来证明就算是"负有政治责任的君王，也得先完成他私人间的道德"。而《再论文字下乡》中提到的"一个依本能而活动的动物不会发生时间上的阻隔的问题，它的寿命是一连串的当前"而"人的'当前'是整个靠记忆所保留下来的'过去'的累积"以及后文中的小白老鼠"并不能互相传递经验，互相学习"，这里费先生恐怕忽略了狼等动物在捕食时团队合作所表现的一些战术技巧，还有动物幼崽向动物母亲学习猎食技巧，甚至食草动物也要向幼崽传授诸如去吃红土、舔舐崖壁等行为。诸如此类，教师要引领学生用批判性思维挖掘这些细节，并且组织学生在课堂上做思辨性表达，正确与否，全面与否不是重要的考量，重在过程中的逻辑性、批判性的锻炼和思维敏感性的培养。

（三）扣住时空，从背景考虑

两个时空，一个是旧中国的中国大地，一个是当代的中国大地。在教学中引导学生在两者与西方社会的对比下，思辨性地阅读费孝通先生的《乡土中国》。譬如，在《团体格局》一章中，费孝通先生论证那个时代的西方是团体格局，而中国是差序格局，就可以引导学生思考这样的论断是否有些绝对。首先是不管西方还是中国，不是严格只有一种格局。比如，商鞅变法后的秦国，非常符合费孝通先生讲的团体格局社会。我们仔细审视西方社会也有差序格局的影子，其封建统治自不必说，就是费先生那个时代甚至是现代的西方社会也不完全像费先生讲的那样。难道西方社会就没有"妻不以为夫，嫂不以为叔"的现象吗？似乎更明显！中国的传统结构中的差序格局固然具有这种伸缩能力，西方呢？如果说"中国人特别对世态炎凉有感触"的论断成立的话,那么在西方似乎也不比我们感触少?所以,费孝通先生所论的中国社会的差序格局的特点"富于伸缩的社会圈子会因中心势力的变化而大小"是不仅仅在中国独有的。

又譬如,在"维系着私人的道德"中费孝通先生提到"部落形态在游牧经济中很显著的是'团体格局',生活相依赖的一群人不能单独地、零散地在山林里求生"。在教学上引导学生联想旅游、探险的经历或者影视节目中的镜头来思考这个论断是否存在漏洞。似乎,我们多可以见到草原上一户人家的情况,也见过森林独居或者山林独居的情况。而在中国这个差序格局的社会,这种情况反而少一些,至少在中原地区是这样。那么,引导学生推断,费孝通先生得出这个结论很可能与他当年考证的广西瑶族分布区域是少数民族聚居地有关,其居住和生活环境与中国大多数汉族聚居地情况是有差异的。此时教师又可以引导学生认识调查取样的广泛、多样以及论证过程的严谨的重要性。

(四)登高望远,从当代价值考虑

费孝通先生写文章的初衷不管有几个,但是一腔家国情怀肯定是有的。我们今天读《乡土中国》这本书更应该附有传统文化及其当代价值的思考。

譬如先生在"维系着私人的道德"中讲的"团体格局"下的两个派生观念:"一是每个人在神前平等;一是神对每个个人的公道。"我们在探讨其合理性的同时,是否该更多地引导学生思考其对我们当代的借鉴意义。比如中国的禅宗也讲"众生平等",《大方广佛华严经》卷第五十一云:"奇哉!奇哉!大地众生,皆具如来智慧德相。"如果说法律是"笼罩万有的神","是个有赏罚的裁判者,是个公正的维持者,是个全能的保护者"的话,那么我们现在建设的法治社会,不就是达成了先生所讲的"平等"与"公道"了吗?而"超己"的观念,在现代的中国社会是一个公众认可的普遍观念,不唯要去英雄群体中去寻找,即使普通大众也是时有存在。

在"无讼"一章里,费孝通先生提到"刑罚的用意已经不复'以儆效尤',而是在保护个人的权利和社会的安全"。那么,这个论断在今天的中国还准确吗?应该是不准确的,因为我国法律与道德之间的关系大概有三种,其中一种就是道德的法律化，即通过立法把国家中大多数的政治道德、经济道德、社会道德和家庭伦理道德的普遍要求法律化，使之转变为国家意志，成为国家强制力保证实施的具有普遍约束力的社会行为规范。例如，我国法律规定诚实守信、赡养父母、抚养子女、尊重和保障人权、民族团结、社会稳定，等等，总体上都反映或者体现了社会主义道德的价值取向和基本要求。"而法律作为一种成文性的规范，其具有明确性、规范性以及强制性等特点，可以给人与人之间以及人与社会之间的行为提供明确的指引，使人们明白什么行为为法律所提倡，什么行为是法律所禁止的。因此，法律规范对于社会主义核心价值观的培养，在全社会构建良好的道德氛围有着不可或缺的作用"。"修改后的《中华人民共和国老年人权益保障法》以法律条文的方式明确要求子女多陪伴和关心父母，引导和敦促家庭成员不仅是在金钱上，更要在精神上对老年人履行赡养义务。这一规定将原本属于道德规范的内容以法律条文的形式明确下来，并要求全社会成员共同遵守……以法律规范推动全社会履行"孝"道，将道德规范赋予国家法律意志，可以保障道德规范的实施，提高全社会的文明程度。"这虽然反驳了费先生当年的论断，但是在当今的中国社会也不应抛弃道德和"礼制"的作用，在"破坏了原有的礼治秩序，但并不能有效地建立起法治秩序"方面，我们还应继续深刻反思，用更有效的办法弥合道德和法治的缝隙。

三、在有理有据地表达中浸润文化认同和理解

"能有理有据地表达自己的观点和阐述自己的发现"是 2017 版课标中对学生的要求，也是新课标视域下教师应该引导学生的成长，在这方面思辨性阅读教学能够助力较多。课下思悟、课堂分析，最后都要指向表达，而无论是口头表达还是书面表达，都要强调用词的准确、逻辑的严谨、表达过程应有理有据以及表达内容要深刻为旨归，其中体现的批判思维就会从根本上杜绝信口雌黄、哗众取宠，以及为了质疑而质疑，甚至是看似质疑实则闹剧。思辨教学口头乃至文字表达的成功，一定是在批判性思维的基础上达

成的,反过来又能建构思维的敏感性和学习内容的深刻性,即以批判性思维为指引,以逻辑思维为依托,以语言的建构为载体,最后指向深度的文化理解和传承,同时展现一定的审美高度。这离不开教师的正确示范与适时引导纠正。比如,学生在理解"私"的内涵时,如果举例交通事故的"私了"就是不准确的。而讲现代的农村需要文字,但是没有讲出为什么就是不深刻的。同样,学生理解"男女有别"这个概念时,没有举例诸如"兄弟如手足,妻子如衣服"的语句与古代典籍中多有提及的谁与谁相谈甚欢或者久不相见,今晚同榻而睡、今宵抵足而眠,等等,也算不得有理有据,至少在深度上有差距。再有"自我主义"与"个人主义"两个概念应该有实例为证。同时,在"私"与"公"的思辨中,用大禹治水三过家门而不入为证,或者《礼记》:"大道之行,天下为公。"以及《聊斋志异·王六郎》的许姓渔夫带酒捕鱼,但不肯独饮"饮则酹地,祝云:'河中溺鬼得饮。'"而溺死鬼王六郎的表现更让人赞叹,他宁可放弃十分不易的转世投胎机会也不愿意伤害母子两人性命,"女子已相代矣;仆怜其抱中儿,代弟一人,遂残二命,故舍之。"这些是不是"公"姑且不论,至少可以证明凡夫俗子甚至鬼怪妖狐也不是像费先生讲的尽是私心,一味地为了自己牺牲别人甚至"为自己可以牺牲家,为大家可以牺牲族"等去证明。在寻找证明以及证明的过程中,更可以体现对中华文化的深刻理解。

综上,思辨性阅读教学能够给语文课堂带来"真"与"实",不会回转"花式课堂"的老路,让观者如看小品,一望即知,让听者索然无味,摇头叹息。在"真"与"实"的基础上,由教师引领学生走向对内容的深度认知,对文化的深刻理解,我认为这才是整本书教学的应由之路。

《论语》专题式整本书阅读教学课程设计

关于整本书阅读,不是一个新概念。1949 年《中学语文课课程标准》中提到"整本的书"这样一个概念。1990 年《全日制中学语文教学大纲》,确立

"名著阅读"的概念。2011年《语文课程标准（实验稿）》提到"读整本的书"。2017《普通高中语文课程标准（2017年版）》提出了十八个学习任务群,其中,第一个学习任务群就是"整本书阅读与研讨"。

整本书阅读新课标在表述上只是用词的不同,它强调了不但要"读"还要"研讨"。谁读？学生。谁研讨？还是学生。但是怎样让学生读下去,读进去,然后有思考,能提出问题,讨论起来,发表看法,却是个难点。我们都知道现在的学生从小学开始就是"三无"学生了,到了高中更甚,"无时间""无精力""无兴趣",尤其是语文学科。

兴趣是第一要素。有了兴趣就有了后续阅读、思考和参与的重要动力,可以说兴趣就意味着好奇心和无限的可能性,它很可能导向最后的深度认知。然后就是"有讲究"的阅读,这个"有讲究"指的是有目的、带任务、能思考、会合作、可探究、善交流、有总结,读出传统文化的精髓并且是"述而有作",当然,这中间离不开老师的兴趣激发、宏观构架、精确引领和诱导启发。为此,笔者对《论语》的整本书阅读教学进行积极探索,经过精密构思和反复论证,提出"专题式"教学法。

一、总体构想

（一）设计理念

以新课标关于提升语文学科四个素养和达成十二个课程目标为导向,按照学习任务群（1）即"整本书阅读与研讨"的内容指示,将其学习目标和教学提示内化到本课程的设计思路中。

（二）具体思路和内容安排

一是课外提倡学生自由读、逐章读、计日程功地读,自主勾画做笔记,并相互交流讨论。

二是老师重新编排《论语》章节内容,即将整本《论语》重新分成若干有内在逻辑联系的、成一定系统的专题,然后对学生进行整体宏观的而又深入地阅读指导,并且引入一定的辅助材料,以趣味盎然、角度新颖、开放包容和辩证认知为原则。

三是课堂上以学生的展示、交流讨论为主,老师适时地引导、答疑。

四是课后老师还要布置一定的思考和写作任务。

按照以上想法,笔者尝试将之分为十个专题,安排 10 到 11 个课时。这十个专题分别是:

1. 圣人也曾是凡人	《论语》成书有考证	（1 课时）
2. 孝悌乃是人之初	家国天下赖为基	（1 课时）
3. 不知为智不耻问	有教无类善诱人	（1 课时）
4. 谦谦君子有风范	儒门忧道不忧贫	（1 课时）
5. 胸怀天下才堪用	孔门弟子志高远	（1 课时）
6. 为政以德民归厚	言行谨慎禄在中	（1 课时）
7. 仁乃总成不轻许	天地境界方称圣	（1 课时）
8. 误读孔子须纠正	还原儒家真面目	（1 课时）
9.《论语》意义不可量	正本清源有信仰	（1 课时）
10. 读完《论语》有思考	课堂展示畅欲言	（1 至 2 课时）

至于具体的课时安排,根据学校的实际情况,可以是每周一个专题,相应的就是每周一个任务,这样和我们的教学实际可能更贴合一些。具体操作还可商榷。

为什么这样安排专题内容呢? 首先,这个安排没有也不可能涵盖《论语》的所有知识点,它只是起到主线引导作用,真正的目的是引导学生课下阅读思考。

其次,整体上是一个圆融结构。第一个专题,是一个兴趣型专题,预备性专题,读《论语》也要有一个好开头嘛,这算是一个总起部分。中间的八个专题是具体内容的安排。最后是一个呼应和总结性专题,也是一个留有悬念的结尾。

"孝悌"思想是一切的起点和基础,所以安排在整体的第二部分。在基本的做人合格之后就可以拜师学艺了,这就是第三部分。为什么呢? 古代学生称弟子,那就是老师把学生看做自己的儿子,师生犹父子。古人讲,一日从师终身若父。老师对学生也负一辈子责任。学生即使将来高官得做骏马得骑,回到家乡见到既无功名又无钱财的老师也要跪拜,就像当年拜师一样。再比如,明代方孝孺,被诛十族,九族之外的另一族,就是老师一族。没有孝悌,就没有尊师重道。所以,先讲"孝悌"后讲"教育"。第四部分紧承上一部分,把学生教育成什么样的人呢?重义轻利,谦谦君子。个人修身到了满分,还要志存高远,胸怀天下,要为国家做事。于是便有了第五个专题——胸怀天下才堪用,孔门弟子志高远。入仕途、治国家、辅君王一直是儒门弟子的最高理想,所谓"学而优则仕"(《论语·子张》),杜甫就念念不忘"致君尧舜上,再使风俗淳"的政治理想,所以之后的第六个专题就是"为政以德民归厚,言行谨慎禄在中",体现了儒门德治天下的理念。《论语》的核心是"仁",而能被孔子评价为"仁"的人物都是为家国天下做出巨大贡献的人,在人生境界上已然到达了天地境界,所以这就是第七个专题——"仁乃总成不轻许,天地境界方称圣"。《论语》已经传承了两千余年,但是我们可能对孔子的某些认知存在偏差,甚至是错误,这些不当的认识要予以纠正,这就是第八个专题的任务了。《论语》对我们各方面的影响都很深远,其价值意义不可估量,时至今日,能有一本经典让我们阅读并成为我们文化的信仰也是实现"文化自信"必不可少的途径。

最后一个部分呼应了第一部分,作为整本书专题式阅读研讨活动的收尾部分,要把时间和发言权完全交给学生,利用一到两节课,让学生在课堂上展示交流自己的阅读研究成果。这也扣住新课标中的"研讨"两个字,就是读不白读,总有个收获。另外,我们的文学创作讲究"言有尽而意无穷",在诗文的末尾常常要留下想象的空间,采取开放式的方式,课程学完了,但是"阅读与研讨"可以一直继续下去,教师把有兴趣的同学结成一个组,单独一人也可以,继续做关于《论语》的研究。

1. 圣人也曾是凡人 《论语》成书有考证

由于这是整个课程的开端,所以关于这个专题的预习任务,即搜集整理有关孔子和《论语》的有关资料,准备好自己的认识理解等,要提前布置下去。本专题设计的内容就是孔子和《论语》。

这一个部分就是这个课程的开始了,怎么样开篇更好呢?我想势必要讲一个学生们觉得有意思的话题,这样不但会让大家觉得有意思,而且表明一个方向,就是这个课程充满了趣味性,还有探究性,而并不是一出老师一个人把大家讲得昏昏欲睡的独角戏。

这个话题就是"孔子的外貌"。《林黛玉进贾府》里面王熙凤出场讲究的是"未见其人先闻其声",对于孔夫子,我们闻其声已然是奢望,但是想象一个夫子的圣颜还是可以的。他是那么地有名,大家一定非常好奇他到底长什么样子。

这里,我打算用图示+问题+史料证据+佐证拓展资料+讨论交流(展示成果)+作业拓展深入的方式上课。

其中的问题可以是老师提出,也可以是学生提出;展示的资料分为两个部分,一部分是出自《论语》,这是深入细致阅读的标志,另一部分是其他相关资料,可以起到相互佐证,得出结论的过程更加严密,同时也为了拓宽学生的视野,提升鉴赏能力,养成良好的阅读习惯;讨论交流展示的环节主要是学生完成,老师负责组织并答疑引导,平等参与讨论,但是学生可以提出自己独到的见解;作业部分则是对课上内容的延伸和拓展,对下节课内容的预习准备。这个方式也是整个课程基本授课方式。

第一个专题的话题又可以分为三个小问题来探讨:

★问题展示

①孔子是美男子吗? ②孔子是文弱书生吗? ③孔子是纨绔子弟吗?

关于第一个问题:

★出示图像

比如"孔子行教像""孔子标准像""孔子杏坛讲学""孔子圣迹图"等还有鲁尺和汉尺的照片以及海昏侯墓出土的带有孔子画像的屏风。

★引用史料

《史记·孔子世家》:"(孔子)生而首上圩顶,故因名曰丘云。"

★探讨交流

针对以上话题和材料,学生发表见解,老师予以适当引导。

★讨论总结

关键词:如实记述;不完美;形德分离;衣裳文化(黼黻文秀之美)。

这应该是如实记述,因为这里讲到的圣人的相貌并不完美,其实这也符合我们汉文化的观点,那就是外貌的美观与否和成就伟大与否没有正联系。这可以概括为不重"形相"之美,更没有形相崇拜,还有就是形德分离,俗话讲:"人不可貌相,海水不可斗量。""美人"未必指形貌好,通常是说德行好。还有就是重视衣裳[cháng]的文化意义和审美价值。这和西方的审美大不相同。佛教在印度讲究"三十二相",传到中国后讲究"不着相""若以相见,以声音求,是行邪道,不见如来"。我们再看孔子像,注意他的衣服,就是一种"黼黻[fǔ fú]文秀之美"的体现。

★小结:孔子不是美男子。

关于第二个问题:

★引用史料

"孔子长九尺有六寸,人皆谓之'长人'而异之。"(《史记·孔子世家》)

结合西周和战国时期出土的普通人的身高研究报告,还有海昏侯墓出土的带有孔子画像的屏风。

★出示图片:

"鲁尺",一尺 = 20.5 厘米   "汉尺",一尺 = 21.35 至 23.75 厘米

★探讨交流

针对以上话题和材料,学生算一算孔子身高;按照《三国志·诸葛亮传》记载"亮身高八尺,犹如松柏"算一算诸葛亮的身高;古人讲的"丈夫"是按照哪个"尺"核算出来的。

另外,"七尺男儿"中的"七尺"何解? 苏轼的《宝山昼睡》一诗哪个数字和孔子有关?

★讨论总结

关键词:"高人"、昂藏、"六艺"

★引申佐证

李白不仅是诗人还是剑术高手;王阳明也不是文弱书生,而是能够统领大军的真英雄大豪杰;孔子周游列国,"中国超级驴友"的雅号"仁者乐山,智者乐水"。

★小结:孔子不是文弱书生。

关于第三个问题:

★引用史料

"吾少也贱,故多能鄙事","吾不试,故艺"

问官制语郯子,问礼于老聃,问乐于苌弘

鲁国"初税亩""三分公室而各有其一"

★讨论总结

关键词:出身王族　没落凄惨　经历不凡　社会巨变打破传统

★引申佐证

鲁迅先生在《呐喊自序》中说:"有谁从小康人家而坠入困顿的么,我以为在这途路中,大概可以看见世人的真面目。"

★小结:孔子在挫折中成长,并提出独特的做人、处世和治国的理念,他不是纨绔子弟。

★课堂探究:你还知道哪些名人的身世坎坷,但最终功成名就?

★总结:圣人也曾坎坷,也曾平凡,但是他勇敢坚强、爱学习,有自己的主张,完成了成长的蜕变。

《论语》这里主要谈五方面的内容。一是"论语"二字的读法和意义。二是《论语》的作者和成书年代。三是《论语》的几个版本,我们现在读的《论语》是哪个版本。四是《论语》的影响。五是关于《论语》的篇章和各章节大体内容。

这五个方面各有其目的和意义。比如第二方面,目的是引导学生了解更多知识点,从古人得出结论的过程中受到哪些启发,比如"夫子"一词的使用年代的差别,"孔子对曰"和"子曰"的使用有何讲究等。

★本专题的教学利用图文结合,应以学生课堂发言为主,以教师的兴趣讲解为辅,目的是调动学生的积极性,以达到群体参与,并为之后的课程做好准备。

★作业:①请同学们谈一谈你心中的孔子是什么样的人?②查一查《论语》和《道德经》哪一个成书年代早些,有哪些论证?③搜集《论语》中关于"孝悌"的句子,并自主整理分类,能大略讲一讲自己的理解。

2. 孝悌乃是人之初　家国天下赖为基

这一部分主要分七个方面分别为孝悌仁之本、孝悌无所不在、孝一定是发自内心的愉悦、孝不是一味的顺从、以父母之心为心,以父母之忧为忧、行孝要及时、孝悌精神的扩大、延伸和升华。

关于"孝悌"的材料在《论语》中有很多,据统计"孝"字出现了19次,"悌"字出现5次,"孝悌"连用2次,在20篇中,涉及孝悌思想的达14篇。在此不再一一赘述。

★讨论交流:讲一讲你理解的《论语》中的"孝悌"。

★作业:①挑选一个《论语》中关于"孝悌"的句子,结合现代社会的情况,谈一谈你的想法?比如:《论语·里仁》篇中的"子曰:'父母在,不远游,游必有方。'"②谈一谈儒家的孝悌思想是否还有必要作为现代社会精神文明建设的基础?③请同学们课下搜集整理《论语》中关于"教育"的句子,并自主整理分类,能大略讲一讲自己的理解。

3. 不知为智不耻问　有教无类善诱人

这一部分主要分五个部分分别为以身作则,重视自身学习与提高、海人不倦,教育学生"各因其材"、孔子也上德育课、有教无类,广收寒门、重视反省思考和兴趣教学。

★引证史料

1."入太庙,每事问。"《论语·八佾》

2.叶公问孔子于子路,子路不对。子曰:"女奚不曰:'其为人也,发愤忘食,乐以忘忧,不知老之将至'云尔!"《论语·述而》

3.学而不思则罔,思而不学则殆。《论语·为政》

4.子曰:"吾与回言终日,不违,如愚。退而省其私,亦足以发,回也不愚。"《论语·为政》

5.子曰:"知之者不如好之者,好之者不如乐之者。"《论语·雍也》

6.《子路冉有曾西公西华侍坐》和《季氏将伐颛臾》两篇文章。

7."墨子学儒者之业,受孔子之术。"《淮南子·要略》

★引申佐证

孔子燕居,子贡摄齐而前曰:"弟子事夫子有年矣。才竭而智罢,振于学问,不能复进,请一休焉"。……孔子曰:"……故学而不已,阖棺乃止。"《韩诗外传》

子贡倦于学,告仲尼曰:"愿有所息。"仲尼曰:"生无所息。"子贡曰:"然则赐息无所乎?"仲尼曰:"有焉耳,望其圹,皋如也,宰如也,坟如也,鬲如也,则知所息矣。"《列子·天瑞》

其中涉及终身学习、学思结合、兴趣教育、品德教育、理想教育、诚信交易、友谊教育等等,而"不耻下问"精神尤为可贵。至于有教无类,他的学生中大概只有南宫敬叔和桓魋和司马牛出身高门,其他诸如子路、曾点父子等都是普通人、孔子向下层传播文化的功劳是不容抹杀的。

孔子非常重视教育学习:

子曰:"由也! 女闻六言六蔽矣乎?"对曰:"未也。""居,吾语女。好仁不好学,其蔽也愚;好知不好学,其蔽也荡;好信不好学,其蔽也贼;好直不好学,其蔽也绞;好勇不好学,其蔽也乱;好刚不好学,其蔽也狂。"《论语·阳货篇》

★探讨交流:你怎么看待孔子的"终身学习和不耻下问"?

★作业:①请同学们选择一条《论语》关于"教育学习"的名言,写一篇心得体会。②请同学们课下搜集《论语》中关于"君子"的句子,并自主整理分类,下一个定义。

4.谦谦君子有风范　儒门忧道不忧贫

孔子要把弟子教育成什么样的人才算成功呢? 其实,不管是从他人教育的角度,还是从自己修身的角度,君子的境界都已是至高境界了。结合社会现实,在这个专题中引入话题:我,该做什么样的人。

★引证史料

子曰:"君子泰而不骄,小人骄而不泰。"《论语·子路》

子曰:"君子惠而不费,劳而不怨,欲而不贪,泰而不骄,威而不猛。"《论语·尧曰》

子曰:"君子易事而难说也,说之不以道,不说也,及其使人也,器之。"《论语·子路》

子曰:"君子之仕也,行其义也。"《论语·微子》

子谓子产:"有君子之道四焉:其行己也恭,其事上也敬,其养民也惠,其使民也义。"《论语·公冶长》

子曰:"君子和而不同,小人同而不和。"《论语·子路》

子曰:"君子矜而不争,群而不党。"《论语·卫灵公》

子曰:"君子周而不比,小人比而不周。"《论语·为政》

子曰:"君子坦荡荡,小人常戚戚。"《论语·述而》

子曰:"仁者不忧,知者不惑,勇者不惧。"《论语·子罕》

子曰:"君子谋道不谋食。耕也,馁在其中矣。学也,禄在其中矣;君子忧道不忧贫。"《论语·卫灵公》

子曰:"见善如不及,见不善如探汤。吾见其人矣,吾闻其语矣。"《论语·季氏》

子曰:"君子尊贤而容众,嘉善而矜不能。"《论语·子张》

司马牛问君子。子曰:"君子不忧不惧。"曰:"不忧不惧,斯谓之君子已乎?"子曰:"内省不疚,夫何忧何惧?"《论语·颜渊》

子曰:"君子义以为上。"《论语·阳货》

★展示交流:请大家尝试给"君子"下一个定义,格式"甲是乙"。

君子是一种态度:孝敬父母、友爱兄弟、神情安详舒泰、安宁矜持、庄重威严,性格上谨慎合群、公正宽容,胸怀坦荡磊落并且有觉悟,有方法,有原则,能识人,能善任,明尺度,不结党、不营私、不苟同、不骄横而且义利分明的人。

★佐证材料:苏轼。受迫害的他对自己的弟弟说:

"我上可以陪玉皇大帝,下可以陪卑田院乞儿,在我眼中天下没有一个不是好人。"(林语堂《苏东坡传》)

别的不讲,就宽容这一点,没人比得了,因为他晚年遇到的多是坏人,且都想置他于死地。尤其是一个叫章淳的家伙,相比较而言,这个人就是十足的小人,他害了苏东坡,在自己遭到贬谪时却担心如果苏轼掌权会反过来迫害他,就让他的长子——苏东坡钦点的进士第一,给苏东坡写信求饶。苏轼回信说,我和你父亲是四十年的朋友,我们的友谊从没有问题,你安心,让你父亲安心。这是容人的胸怀。

★课堂探究:请同学们谈谈你想做一个什么样的人?

教师举例引导:

例1:做一个勇敢的人。

★引证史料

子曰:"见义不为,无勇也。"《论语·为政》

子曰:"当仁不让于师。"《论语·卫灵公》

勇者不惧。《论语·子罕》

★佐证材料

除了《论语》的例子之外,我们还可以找到其他的事例,比如,1936年梅岭根据地被敌人团团围困,陈毅元帅伤病在身,自觉难以突围,遂写诗明志。

还有曹植《白马篇》中"捐躯赴国难,视死忽如归"。临死不惧,谁说这不是大勇?

例2:做一个不焦虑的人。

★引证史料

子曰:"内省不疚,夫何忧何惧?"如果自己问心无愧,那有什么忧愁和恐惧的呢?不焦虑,是因为没有过度的欲望;不焦虑,才可以踏实地学习工作;不焦虑,才可以让内心更加坦然。

★佐证材料

现代社会充斥着各种诱惑,真是"五色令人目盲,五音令人耳聋,五味令人口爽,驰骋畋猎令人心发狂,难得之货令人行妨"。

★作业:①同学们课下写一篇短文,题目就叫《在君子的路上,我做到了哪一步》;②请同学们课下搜集《论语》中关于"理想"的句子,并自主整理分类,大略讲一讲自己的理解。

5.胸怀天下才堪用 孔门弟子志高远

树立远大理想,拥有伟大梦想,为国家作出自己的贡献,这才是学生进一步的成长。古人觉得自己修养不足的时候就退而读书,但是其终极目的还要再次崛起,修身而不忘天下。志于道、任重而道远、修己安民、青史留名、匹夫不可夺志。

★引证史料

子路问君子。子曰:"修己以敬。"曰:"如斯而已乎?"曰:"修己以安人。"曰:"如斯而已乎?"曰:"修己以安百姓。修己以安百姓,尧舜其犹病诸?"《论语·宪问》

子曰:"君子疾没世而名不称焉。"《论语·卫灵公》

这里孔子大概讲了儒家的三立问题:立德立功立名。很明显,儒门弟子的志向是家国天下。儒门的后来者也都予以继承,孟子、荀子自不必说,以后的历代儒家弟子都胸怀天下,即使自己落魄不堪也不忘天下苍生、江山社稷,比如老杜。他的诗歌痛苦来自国家破碎、山河凋零;他的快乐也来自国家统一、百姓安乐。

★佐证材料

《春望》《闻官军收河南河北》。

★课堂讨论交流:请大家讨论儒家弟子的"三立"问题,你知道哪些相关的名人,请简略谈谈。

★①新时代的同学们,你们要像孔门弟子那样有自己的伟大理想,大家不妨谈一谈。②请同学们课下搜集《论语》中关于"治国理念"的句子,并自主整理分类,能大略讲一讲自己的理解。

6.为政以德民归厚 言行谨慎禄在中

这个部分主要分三个:一是孔子的德治思想的治国理念;二是重视"教

化"在治国中的作用;三是重视百姓的幸福感。

★引证史料

关于第一点可用的素材很多,比如:

道之以政,齐之以刑,民免而无耻。道之以德,齐之以礼,有耻且格。《论语·为政》

为政以德,譬如北辰,居其所而众星共之。《论语·为政》

这两则材料特别能代表孔子的"德治"思想。其他的诸如孔子批评子路的话"为国以礼,其言不让,是故哂之"中也可窥见一斑。

第二点我们同样能找到很多例证,比如:

上好礼,则民莫敢不敬;上好义,则民莫敢不服;上好信,则民莫敢不用情。《论语·子路》

在上位者崇尚礼节,百姓就没有人敢不尊敬;在上位者崇尚仁义,百姓就没有人敢不服从;在上位者崇尚诚信,百姓就没有人敢不真诚相待。这其实是讲在上位者起道德昭示作用的问题。

再比如:

子为政,焉用杀? 子欲善,而民善矣。君子之德风,小人之德草,草上之风,必偃。《论语·颜渊》

先生施政,为什么要用刑杀? 您如果想善良,百姓自然会善良。君子的道德好比风,小人的道德好比草。草上面吹风,肯定会倒向一边。这其实是在讲德治比法治好。

关于第三点重视百姓的幸福感,我们可以在《论语》中看到:

百姓足,君孰与不足? 百姓不足,君孰与足?《论语·颜渊》

子贡问政。子曰:"足食,足兵,民信之矣。"子贡曰:"必不得已而去,于斯三者何先?"曰:"去兵。"子贡曰:"必不得已而去,于斯二者何先?"曰:"去食。自古皆有死,民无信不立。"《论语·颜渊》

这里虽然讲了诚信的重要性但也讲到百姓的温饱问题,孔子也是很重视的。

★课堂探讨

请同学们思考自孔子之后,历朝历代是否都是用儒家理念治国,为什么?

★作业

①请同学们结合现代社会的发展,思考孔子的治国理念有哪些可取之处?②请同学们课下搜集《论语》中关于"仁"的句子,并自主整理分类,能大略讲一讲自己的理解。③请同学们课下搜集整理有关"管仲"的材料。

7.仁乃总成不轻许 天地境界方称圣

这里分成三个方面:一是什么是"仁";二是怎样达到"仁";三是孔子都认可哪些人达到"仁"的境界。

★引证史料

关于"仁"这个核心词汇,在《论语》有很多论述和解读。比如:

子曰:"巧言令色,鲜矣仁!"《论语·学而》

子曰:"人而不仁,如礼何?人而不仁,如乐何?"《论语·八佾》

子曰:"人之过也,各于其党。观过,斯知仁矣。"《论语·里仁》

子曰:"富与贵,是人之所欲也,不以其道得之,不处也。贫与贱,是人之所恶也,不以其道得之,不去也。君子去仁,恶乎成名?君子无终食之间违仁,造次必于是,颠沛必于是。"《论语·里仁》

《论语·雍也》中也有

樊迟问知。子曰:"务民之义,敬鬼神而远之,可谓知矣。"问仁。曰:"仁者先难而后获,可谓仁矣。"《论语·雍也》

子曰:"知者乐水,仁者乐山;知者动,仁者静;知者乐,仁者寿。"《论语·雍也》

司马牛问仁。子曰:"仁者,其言也讱。"曰:"其言也讱,斯谓之仁已乎?"子曰:"为之难,言之得无讱乎?"《论语·颜渊》

还有很多,在次不一一列举。

我们发现孔子在不同场合,针对不同的人,他所说的"仁"的内涵有所不同。古往今来,大家的认知也不一样,在这里为了方便启发引导学生,后给"仁"下一个定义。这个定义不一定全面,只是过程的思考和探索。

★课堂探究:请同学们尝试给"仁"下一个定义,格式"甲是乙"。

★引证史料

关于第二点怎样达到"仁",我们也可以找到相关的论述,比如:

有子曰:"其为人也孝弟,而好犯上者鲜矣;不好犯上而好作乱者,未之有也。君子务本,本立而道生;孝弟也者,其为仁之本与?"

子贡曰:"如有博施于民而能济众,何如? 可谓仁乎?"子曰:"何事于仁! 必也圣乎! 尧舜其犹病诸! 夫仁者,己欲立而立人,己欲达而达人。能近取譬,可谓仁之方也已。"

颜渊问仁。子曰:"克己复礼为仁。一日克己复礼,天下归仁焉。为仁由己,而由人乎哉?"颜渊曰:"请问其目?"子曰:"非礼勿视,非礼勿听,非礼勿言,非礼勿动。"颜渊曰:"回虽不敏,请事斯语矣。"

仲弓问仁。子曰:"出门如见大宾,使民如承大祭。己所不欲,勿施于人。在邦无怨,在家无怨。"仲弓曰:"雍虽不敏,请事斯语矣。"

子曰:"刚、毅、木、讷近仁。"

子张问仁于孔子。孔子曰:"能行五者于天下,为仁矣。""请问之。"曰:"恭、宽、信、敏、惠。恭则不侮,宽则得众,信则人任焉,敏则有功,惠则足以使人。"

子夏曰:"博学而笃志,切问而近思,仁在其中矣。"

★课堂探究:请同学们结合《论语》中的句子谈谈,怎样才能达到"仁"的境界?

我们是否可以理解为,从个人角度讲是克制自己,遵从礼法,尊重别人,从家国天下角度讲,能营造团结和睦的气氛,并践行恭敬、宽厚、诚信、敏达、恩惠的做法,为人民服务,这样可能就达到了"仁"的境界。

第三方面,什么人被孔子评价达到了仁呢? 首先我们要知道,孔子的评价标准很严格,入选的人很少,比如子路、冉有、颜回等都没有入选。

★引证史料:

孟武伯问子路仁乎? 子曰:"不知也。"又问。子曰:"由也,千乘之国,可使治其赋也,不知其仁也。""求也何如?"子曰:"求也,千室之邑,百乘之家,可使为之宰也,不知其仁也。""赤也何如?"子曰:"赤也,束带立于朝,可使与宾客言也,不知其仁也。"

子曰:"回也,其心三月不违仁,其余则日月至焉而已矣。"

就是我们伟大的圣人也不认为自己到达了"仁"。入选者有谁呢?可能出乎大家的意料。"不俭"和"不知礼"的管仲,孔子却认为他"如其仁!如其仁!"。

★课堂探究:请同学们交流讨论这是为什么?

因为管仲"桓公九合诸侯,不以兵车,管仲之力也!"就是在管仲的辅助下,齐桓公使天下有一个较长期的安定局面,这是有益于大众的事情,这就是仁!这和孔子主张完全一致,孔子的爱徒有子就讲过"礼之用,和为贵。先王之道斯为美,小大由之"的话。

★引申佐证

孔子评价郑国著名的政治家、外交家子产,没有毁掉士大夫聚集议论朝政的乡校这种带有一定民主作风的做法时,说:"以是观之,人谓子产不仁,吾不信也。"由此可见,依照孔子的意见,谁能够使天下安定,保护大多数人的生命,就可以许他为仁,这就是"大仁大义"。所以《论语》中的"仁",其实是儒门弟子甚至是天下人修身的总称,是至高境界,只有做到了家国天下的层次,只有为百姓为天下苍生谋福祉的人,才可以称之为仁,其实也就是达到了圣人的境界,因为他们考虑问题已经是冯友兰先生讲到人生四境界中的天地境界了。

★作业:①请同学们思考,为什么像颜回这样孔子多次表扬的优秀学生还不能用"仁"来评价呢?②结合现实,你认为又有谁可以适用于"仁"来评价呢?为什么?③请同学们课下思考我们在现实的认知里都有哪些地方可能对孔子造成了误解?

8.误读孔子须纠正　还原儒家真面目

这个课程里,我准备讲六个方面。分别是:关于"三纲"问题、关于"君叫臣死臣不得不死"、重生亦重死、克己复礼早就有、注重当下不轻慢、可能被误读的几句话。

这里我们想纠正错误,就要有依据,我们不妨用原文推导法、语境分析法、探究字义法、材料互证法做正确解读。

★引证史料

"齐景公问政于孔子。孔子对曰:"君君,臣臣,父父,子子。"公曰:"善哉! 信如君不君,臣不臣,父不父,子不子,虽有粟,吾得而食诸?"《论语·颜渊》

这句话大意是:齐景公问孔子如何治理国家。孔子说:"做君主的要像君的样子,做臣子的要像臣的样子,做父亲的要像父亲的样子,做儿子的要像儿子的样子。"齐景公说:"讲得好呀! 如果君不像君,臣不像臣,父不像父,子不像子,虽然有粮食,我能吃得上吗?"

再有就是探究字的本意,比如,"君"这个字,在甲骨文当中的写法是:一个手拿了一根拐杖,下面有一个口! 这个字在甲骨文当中表示:一个年高德劭的老前辈,手里拄着拐杖在那里指导工作! 换句话说就是具有让人信服的人生经验,能出色地干好各种工作,同时是一位道德高尚的人,这个时候才被人们认为是"君"。也就是说,对于什么是君、什么是父、什么是臣、什么是子,孔子的话里是有含义的,这和另外一句话"君使臣以礼,臣事君以忠"(《论语·八佾》)可以互相印证。这和后世的君臣父子理解差异很大。孔子的话里显然包含着相互的要求和标准。

关于第二点更简单,"君要臣死,臣不得不死;父要子亡,子不得不亡",这句话较早出现是在明清的戏曲、小说里。这不是正统的儒家思想,更不是孔子的思想。

★引证史料

子曰:"君使臣以礼,臣事君以忠。"

一个国君要用礼制来对待自己的臣下,臣下才能尽心竭力地侍奉他的君王。"忠"的含义并不是愚忠,而是尽心竭力。孔子《论语》中的"忠"都是这个意思。今天也常用这个意思,如"受人之托忠人之事"就是说要尽心竭力地去做。孔子说"有杀身以成仁",没有说要为君王去自杀。孟子说得更清楚：

★引申佐证：

《孟子·离娄下》孟子告齐宣王曰："君之视臣如手足，则臣视君如腹心；君之视臣如犬马，则臣视君如国人；君之视臣如土芥，则臣视君如寇仇。"《孟子·离娄下》

第三点就是儒家弟子"重生亦重死"，比如：

孟懿子问孝，子曰："无违。"樊迟御，子告之曰："孟孙问孝于我，我对曰'无违'。"樊迟曰："何谓也？"子曰："生，事之以礼；死，葬之以礼，祭之以礼。"《论语·为政》

不仅是活着的时候要好好善待，死后还要表达怀念悲戚。

曾子曰："慎终，追远，民德归厚矣。"《论语·学而》

关于这句话的解释有四种，可以解释为：生命为大，以人为本，追思先贤，以为楷模。

再比如：

宰我问：三年之丧，期已久矣！君子三年不为礼，礼必坏；三年不为乐，乐必崩，旧谷既没，新谷既升，钻燧改火，期可已矣。子曰：食夫稻，衣夫锦，于女安乎？曰：安。女安！则为之！夫君子之居丧，食旨不甘，闻乐不乐，居处不安，故不为也。今女安，则为之！宰我出。子曰：予之不仁也！子生三年，然后免于父母之怀。夫三年之丧，天下之通丧也。予也有三年之爱于其父母乎？'《论语·阳货》

所以，后世官员逢父母之丧要"丁忧"还有"承重孙"的说法，都证明了孔子以及儒门弟子对于"死"的重视。

还有就是查阅古籍。《论语》中有"克己复礼"，这不是孔子的原话，根据《左传·昭公十二年》孔子自己，在古代一种"志"书中，早有"克己复礼，仁也"的话，这也是孔子"古为今用"的例证。

第五点也很重要，就是孔子对当下的重视。

《论语》中有"子不语怪力乱神"，意思是说，孔子不喜欢讲奇怪、暴力、鬼神的事情。还有"祭神如神在"，孔子对鬼神保持在信与不信之间，如果祭祀就是虔诚、庄重,不轻慢,但到底身在不在,孔子没说。庄子总结孔子说圣人是"六合之外存而不论",六合就是东西南北上下,即我们看到的世界,子曰:"知之为知之,不知为不知,是知也",可见,孔子只讲此生,不谈彼岸,也就是注重当下。启示我们,对自己不了解的事物不要盲目否定,那样也是一种伪科学。

★课堂探究:请同学们对以下的名句发表自己的看法。

(1)"三思而后行"的原意不是要多思考,而是不要想太多。

季文子三思而后行。子闻之曰:"再,斯可矣。"《论语·公冶长》

季文子凡事都想三次再做,孔子听说后评论说,"想两次就够了。"

一般人都认为"三思而后行"的意思,是在行动前要多思考,要反复斟酌,但孔子的原意是对季文子说你不要想太多,想两次就够了。想太多,反而把明白的事想糊涂了。凡事三思,一般总是利多弊少,为什么孔子听说以后,并不同意季文子的做法呢? 一个人做事过于谨慎,顾虑太多,就会发生各种弊病。处事多思是好事,但过分了也不尽善,这与孔子"过犹不及"思想是吻合的。

(2)"愚不可及"的原意不是愚笨无人能及,而是大智若愚无人能及。

子曰:"宁武子,邦有道,则知;邦无道,则愚。其知,可及也;其愚,不可及也!"《论语·公冶卡》

孔子说,宁武子这个人啊,国家政治清明,他就出来做官,发挥他的智慧,建功立业。国家政治黑暗,他就假装愚笨。他的智慧,别人赶得上;他的愚笨,别人赶不上。

同样的道理老子《道德经》第四十四章讲过:

"名与身孰亲? 身与货孰多? 得与亡孰病? 甚爱必大费,多藏必厚亡。故知足不辱,知止不殆,可以长久。"

名望和生命谁更值得亲近呢? 生命与财货谁更值得赞美呢? 得到与失去谁更值得担忧呢? 过分爱惜名声就要付出很大耗费,过多贮藏财物一旦损失也必然巨大。所以,懂得满足就不会受到屈辱,懂得适可而止就不会遇到危险,这样才可以长久平安。

墨子也讲过类似的话：

"知足不辱,知止不殆。持盈保泰、长生久视之道。"

可见这是一种更高级的智慧,当然你可以说成是政客的难得糊涂。

(3)"三人行,必有我师。"这里讲到的"老师"有正面榜样,也有反面教材。

三人行,必有吾师焉。择其善者而从之,其不善者而改之。《论语·述而》

三,是指多人。焉是兼词"于之"的意思,翻译为"在其中"。多人同行,其中一定有我的老师,他们身上有比我高妙的地方,我就向他们学习。他们身上有不良之处,我就对照自己,看自己是不是也有,如果有,那就改正。就像孔子说的:"德之不修,学之不讲,闻义不能徙,不善不能改,是吾忧也。"可见孔子是个善于向他人学习并且及时提高修正自己的人。所以这里的"师",不一定是超过我的地方,而是从好坏两个方面去学习。

但是人们常犯的一个毛病——只看自己的优点,只找他人的缺点,却看不到自己的缺点和他人的优点;爱拿自己的长处与他人的短处相比。在与人相处中,就表现为对优于己、强于己者不服气;对有缺点错误者鄙视、嫌弃。这样,既堵塞了向他人学习提高自己的道路(择其善者而从之),也难免造成人际间的不和谐,以至发生冲突。

★作业:①请同学们选择一句《论语》中的名言,写出自己的心得②课下思考如何辩证地看待《论语》对于我们传统文化的意义。

9.《论语》意义不可量　正本清源有信仰

我们有自己的文化信仰,那就是儒家精神。古代的读书人讲究风骨,讲究志气,讲究精神快乐,这些从哪里来？这些都从孔子和《论语》中来。

★课堂探究:请同学们谈谈你认为重读《论语》有何意义？

★结论:

1.如果我们重读《论语》,我们就能明白孔子信天命甚至"畏天命"却不安于天命而执着于主观努力。

2.如果我们重读《论语》,我们就能明白"悦""学而习",堪比古希腊哲学之"爱智慧",有胜于"学以致用"。

3. 如果我们重读论语,我们将重新从"知道分子"变回知识分子,从学习只是为了一己前程的利己者变回胸怀家国天下的担当者,从数理化的奴隶变回有风骨的读书人。所谓"大雪满山鸦飞尽,独留老鹤守寒梅。"

我们读书一定要秉持辩证的观点,《论语》也有值得批判的地方。

★课堂讨论:《论语》中有哪些是可批判的地方?

1. "仁"作为具体表现为孝悌忠恕的理想人格,最后归结到忠君("臣事君以忠")而不犯上作乱,这就可能阻碍社会的变革与进步了。

2. 孔子强调"君君臣臣父父子子"却只字未提限制君权(孟子则不然,黄宗羲更是大超越),显然只是单方面有利于加强君主专制,这正是汉武帝采纳董仲舒的建议,"罢黜百家,独尊儒术"的原因之一,这也是有不足之处的。

★作业:同学们,对于以上不知道大家有什么看法呢。请自由发表。课下请完成一篇《我观〈论语〉之利弊》的小论文,800 字。另外,各位同学在读完了整本《论语》之后一定有自己的收获,请大家选择以下话题作文一篇,

1. "述而不作"之我见;2. "当仁不让于师"与"吾爱吾师,吾更爱真理"之比较;3. "孔门师生关系"之我见;4. "孔子的人格力量"之我见;5. 终身学习、坚持自省与成功的关系。也可以自拟题目完成作文,小组交流推选,下节课展示。

10. 读完《论语》有思考　课堂展示畅欲言

这个专题设置的目的是要把课堂交给学生,让学生畅所欲言,以体现"研讨"二字,还有新课标的关于语文素养的提升问题。

在设计上,笔者计划安排两节课四个任务。

第一节课是展示课,一是展示学生们课下按照推选的话题写的并且是小组交流推选后的两到三篇文章,余者可以张贴在宣传栏,供大家阅读;二是展示自导自演的节目,比如山东话版《侍座》,剧情版《季氏将伐颛臾》和相声版"说《论语》"。

第二节课,一是组织辩论会,从公推的话题中筛选一个或几个话题展开辩论。如:孔子该离开鲁国吗？子路谈理想时,夫子哂之对吗？半部论语治天下行得通吗？二是请同学们推选的《论语》研究会的会长读"立会"宣言并宣布首批会员名单,由研究会聘请的指导老师发言并布置第一批任务。

备注:

①展示时要图文结合,有理有据。自创的作品要经过指导老师的审核并排练。配乐、道具等自行准备。

②同一个观点的不同小组合并准备,推选辩手,一起查资料,积极准备。

③辩论要言之有据,不能想当然或者信口雌黄。

④观众要守纪律懂礼貌,不能随意插话,但可以递纸条表达支持,要礼貌鼓掌,表达敬意。

⑤可请嘉宾观摩,请同学自由发言点评。

⑥拍摄视频留作纪念。

⑦指导教师要有总结性评价,并提出在年级搞升级交流和辩论赛的设想,欢迎大家踊跃报名。

第三章 写 作
深度写作,强化学生思维发生

第一节 深度写作的"新""真""深"

尽管"文学性阅读与写作"任务群所选文章抒情性很突出,但其中也不乏哲思深度和辩证视角等体现理性精神之处,何况优秀的个体抒情作品,一定离不开对家国、时代人间的关照,所以我们在引领学生进行写作时,必须力争凸显思维和文化的深度。通过提升"学生的感悟能力、生活的感受理解能力、认识问题的思维能力与素养",把学生对生活、对文本的认知理解"深化和结构化",建构以"具有丰厚的思想情感、良好的思维品质、积极的表达动力和正确的价值取向"为写作"根系",从根本上提升学生的写作水平。

一、单元任务性写作

我们的统编教材,每个单元都设置有写作任务,这些写作任务有大有小,有显性有隐性,如,几乎每个单元第 1 题都是一道最后任务化为"讨论稿""交流稿"类写作任务的题目,这个题,我们当然要设计并组织活动,但是更应该给学生提要求:写成手稿。也就是,发言必然有准备,观点必须有根据。鼓励积极发言,可以说得不够好,但是不能漫无边际,信口雌黄。我们的课堂要以四个核心素养目标的达成为指向,在日常的课堂设计上就做出严格的规划。另外,也有更显性、更明确的要求,如撰写推荐书、演讲稿、家乡风物志、拍摄脚本、心得体会以及综述等。还有传统意义上的"大作文"的写作,如写诗歌编诗集,写议论文,写散文,要求写—读—评—改一体化,还有撰写序言,一般这种较大的任务后面,还会附有写作指导。作为课程的设计者,我们都要有科学详尽的预案甚至要写下水作文。

以文学短评为例。

优秀的古诗词作品往往具有深刻的意蕴和独特的艺术匠心,学习欣赏时应当重点关注,细加品味。比如,曹操《短歌行》运用比兴手法和典故表述心志,陶渊明《归园田居》用白描呈现日常生活画面,李白《梦游天姥吟留别》用瑰丽的想象表现梦境,白居易《琵琶行》把抽象无形的音乐化为具体可感的形象等。从本单元选择一首诗词,就你感触最深的一点,写一则800字左右的文学短评。

这个写作任务,出现在必修上册第三单元。首先编者要求学习者对古诗词作品的意蕴和艺术匠心进行关注和品味,然后以《短歌行》等几首作品为代表进行了举例,接着就提出了以写一则800字的文学短评,作为对"关注"和"品味"的任务性落实。这是统编教材中出现的新的写作任务,此任务是《普通高中语文课程标准(2017年版2020年修订)》中第五部分"学业质量"中关于"鉴赏活动"具体落实。

其中,在4-3部分我们可以注意到:

4-3在鉴赏活动中,能结合作品的具体内容,阐释作品的情感、形象、主题和思想内涵,能对作品的表现手法作出自己的评论。能比较两个以上的文学作品在主题、表现形式、作品风格上的异同,能对同一个文学作品的不同阐释提出自己的看法或质疑。喜欢尝试用不同的语言表现形式表达自己的思想和情感,尝试创作文学作品。在文学鉴赏和语言表达中,追求正确的价值观、高尚的审美情趣和审美品位。

在5-3部分我们可以注意到:

5-3在鉴赏活动中,能从不同角度、不同层面鉴赏文学作品,能具体清晰地阐释自己对作品的情感、形象、主题和思想内涵、表现形式及作品风格的理解。能比较多个不同作品的异同,能对同一作品的不同阐释发表自己的观点,内容具体,依据充分。能对作品的艺术形象及价值有独到的感悟和理解。有文学创作的兴趣和愿望,愿意用文学的形式表达自己的情感,追求正确的价值观、高尚的审美情趣和审美品位。

我们再来看看这个写作任务指导。

学写文学短评

阅读文学作品时,从自己的感受出发,用简要的文字把自己对作品的理解分析和评价写出来,就是文学短评。写文学短评,有利于理、积累个人的阅读经验,领悟创作、鉴赏的规律,提高文学审美能力。

写文学短评,必须对作品有深入的了解和准确的把握。要认真读作品,对作品的情感、形象、思想内涵、艺术特点等有自己的理解,抓住让你感触最深的地方,以此展开评论。比如李白《梦游天姥吟留别》中跌宕起伏的情绪流转、深沉复杂的人生之思,杜甫《登高》中蕴含的身世之悲和忧国之情,白居易《琵琶行》对音乐的传神描写,李清照《声声慢》(寻寻觅觅)中别出心裁的叠词运用等,都可以加以评论。

写文学短评要善于聚焦,从"小"处切入。优秀的文学作品往往从多方面触动我们的情思,引发我们的思考,值得评论的点很多。写短评时要能够聚焦,如果面面俱到,很容易失之浮泛。比如作者怎样渲染气氛,怎么描摹景物,抒发了什么情感,运用了哪些手法等,都可以成为评论的焦点。同时,也要注意选择小的切入口,可以关注一些细节。茹志鹃《百合花》中"撒满白色百合花"的被子,小通讯员衣服上被撕开的口子等细节反复出现,就可以将它们作为切入口,分析这些细节对于表现人物、深化作品主题的作用。

写文学短评主要运用叙议结合的方式,要在适当复述、介绍或者引用作品内容的基础上,展开分析和评论。"叙"要精当,为"议"提供支撑或依据;"议"要紧密结合"叙",思路清晰,态度鲜明,最好有自己独到的见解。叙议有机融合,才能将见解表达清楚,有理有据,令人信服。比如要想评论陶渊明《归园田居》"善用白描",就可以从景物的选择、近景远景的勾勒等方面找出具体的词句进行分析,讲清楚作者是怎么运用白描手法表现乡村日常生活图景的。

这个指导,也是对"课标"相关内容的落实。我们可以重点看一下 4-2 和 5-2 部分。

4-2 在表达时,讲究逻辑,注重情感,能综合运用多种表达方式,从多个角度、多个方面表达自己的理解和感受,力求做到观点明确,内容丰富,思路清晰,感情真实健康,表达准确、生动。

5-2 在表达时,讲究语言运用,追求独创性,力求用不同的词语准确表达概念,用多种语句形式表达自己的判断和推理;喜欢尝试用多种文体、语体、多种媒介,多样地表达自己的思想和情感,追求表达的准确性、深刻性、灵活性、生动性。

其中有三个方面,值得我们特别注意。

一是准确、深刻。只有想得深,才能写得深,没有深入了解,乃至深刻领悟,不可能写出具有独到见解的评论。另外,就是准确把握问题,看似见解深刻,实则偏离方向,或者理解中有硬伤,甚至是科学性错误乃至政治性错误,都是决不允许的。

二是小。一是写作方向选择要"小"。大方向,等于没方向,所以要选一个小方面,不要面面俱到。二是在这一个方面还可以选一个更具体而微的切口,如选择谈一首诗的表现手法还是太大,因为可能会涉及对仗、动静结合、虚实相生等多种手法,必须进行二次筛选,所谓小切口大手术。

三是自己。想写出优秀的评论,必须有自己的感受、自己的理解、自己的见解,人云亦云、照搬照抄,毫无意义;反过来好的文学短评的写作,也有利于个人层面的梳理、积累阅读经验,领悟创作、鉴赏规律,提升自己的文学审美能力。

我们再看关于"散文"的写作。这个任务出现在必修上册第七单元学习任务的第三题,让学生写一篇不少于 800 字的散文,有两个题目供选择,也可自拟题目,后面还附了"如何做到情景交融"的写作方法指导。

散文写作,不管是写人的、写事的,还是写自然的,观察、想象乃至回忆是基本手段,但观察的细致程度、体悟的深刻与否、想象的动人与否或者回忆的感人与否,就会因人而异,因为其中必然涉及"情感"这个散文写作的核心问题(文字的优美与否不是核心关键)。

关于作文教学,我们要做一个理念认知建设,那就是高中生的作文比之初中生的作文到底"高"在哪里？除了前面提到的思维深刻、文化深刻之外,还有一点,就是情感深刻。至于语言层面,要摒除一味追求语词华美,乃至华丽的想法,要改变一些学生,特别是在写作方面有些建树的学生的想法和做法,这样在最后的高考作文中我们可能就会少看到一些语词华美、甚至为追求语词华美而近乎不伦不类、语义不通,而思维、文化和情感无甚深度的文章。

关于情感的表达以及怎样表达,前者在于真和深,后者在于新。

(一)情感的"真"和"深"

比如本单元的几篇选文,很好地体现了作家情感真挚的特点。

因为郁达夫对故都的秋情真意切,说"愿意把寿命的三分之二折去,换得一个三分之一的零头"来留住北国的秋天,我们不觉得夸大,不感到虚伪。

因为朱自清对月光和荷塘做了人格化的投射,情到深处,说"这一片天地好像是我的",想象自己"到了另一个世界里""觉得是个自由的人",我们不觉得做作,不感到矫情。

因为史铁生对地坛古园做了生命的寄托,在地坛古园历经生死参悟,情之所至,说"满园中播散着熨帖而微苦的味道",我们并不觉得奇怪,也不觉得突兀。

苏轼乘舟江上,任其漂流。江水的静谧和月光的朗照,让他得到了宁静淡然、自由逍遥的情感体验。以至于觉得自己浩浩飘飘如出世羽仙,所以他后文谈水月之论,讲清风之谈,我们只觉得他洒脱,不觉得他虚伪。

(二)关于表达的"新"

如果说,在真和深这两个维度,几位作家具有相当的共同性和共通性的话,那么,在"新"这个维度,他们虽然都做到了情景交融,毫无割裂之感,但具体路径还是有所不同。

郁达夫,是用审美的"新",或者叫做与众不同,来推动文章的真与深。

我们不妨来把郁达夫《故都的秋》和老舍《济南的秋天》做对比阅读,会深刻地体会到相对于老舍,郁达夫的审美即为文艺的审美。《济南的秋天》中,老舍在"老城"找寻是"红袍绿裤""藕荷色儿""淡美的色道儿""诗一样的温柔"一类的美,而郁达夫他偏偏注意的是"老舍忽略了的东西"——朴素的"芦花"、平淡的"柳影"、野趣的"虫唱"和悠远的"钟声",喜欢的是"蓝色""白色"等淡雅之色。他欣赏的是枯草、落蕊等残败的生命,体悟的是生命的另一种感受。相对于老舍注意到了外在和形状,郁达夫的审美似乎更侧重于内在的意味。两者都是对生活的有意审视,而后者更是体现了一种思维和审美的"深意"。需要注意的是,郁达夫的审美与传统文化的"悲秋"文化有关联,但又不同,他不是因秋而感到悲,而是自觉地沉浸在体验秋自带的那种悲凉中!

而朱自清,则是以文化认知的"新"来推动文章的真与深。月光,还是那月光,千百年不曾变过,从古至今也不止一位文人墨客写过,所象征的思乡——月是故乡明,所寄寓的爱情——何处相思明月楼等,都是我们熟知的意象内涵,但把月光说成"苍茫",觉得"月光如流水一般",会"静静地泻在这一片叶子和花上",乃至"光和影有着和谐的旋律"等,以致在这月下"便觉得是个自由的人",将"月光""月色"与自由相连,甚至用月色营造一片只属于自己的天地的,可算得佩弦先生的新意了。

(三)如何引领学生做到"新""真""深"

受此启发,我们在授课时,应该着重启发学生在新、真、深上下功夫,但这功夫不仅是技法层面的,而是以情感体验为主导的。

如"新"字,首先是视角新,如观察视角、体悟视角、切入视角、关联视角、生发视角等。再有就是思维新,文中有一些反思的、批判的、思辨的、逆向的、横向的、纵向的思维等。

如"真"字,强调自己的,情真意切,不要从头夸到尾,也不要苦大仇深,不要很"大"的情感,平淡中见真,平凡中见真,平常中见真,从生活中来的真,才是真的真。

如"深"字,思维引领下的认知深刻,文化深引领下的理解深刻,有文化的反思观照,有一些建立在自身理解上的哲思。

第二节　深度写作教学:
以高阶思维和传统文化为支撑的双维框架建构

2021 年全国高考 8 套试卷的 9 个作文题中的 6 个都出现了"理解"、"感悟""自身体验"和"你的思考"等关键词,全国新高考改为罗马数字 Ⅱ 卷更是出现"体现新时代青年的思考"的字样,这些无疑都彰显了引领高考作文走向"深刻性""独创性"的倾向,都指向"深度写作",但建设与完成深度写作就需要在写作中体现思维的独创性、批判性和构思与分析的逻辑性以及基于深刻批判和反思基础上的文化深度,也就进一步引导我们在作文教学中要努力建构以"准确性""深刻性"为指向的思维建构和文化建构双维推进的深度教学实践路径和推进机制。

一、思维建构——基于高阶思维的深度解读分析

纵观 2019-2021 年的作文题,无不是材料类作文,即使是漫画类也要先以思维为支撑通过阅读的方式进行深度分析,所以作文写作走向深度的第一步就是通过解读分析探寻矛盾点、分析点,搭建思维为构想路径的结构框架。。

以全国 Ⅱ 卷为例,材料中杨雄讲的话有一定道理,但也为考生留足了彰显"思维深度"的空间。如,材料的中心话题是"理想",但杨雄讲的以"义"为目标、以加强修身、端正思想和实际行动为手段,实则指向的还是以儒家的德行、大义为根本的修身。不可否认,无论是从历史还是从当代视角去审视,在实现理想的路上,立德修身、学会做人都是必要条件,但却不是充分条件,也不是唯一条件。以逻辑思维来分析,显然,杨雄的话够不全面,也不够客观。因为按照他的讲法,难道有道德的君子一定就是功成名就、大展宏图

的人了？显然不是的。历史上有多少心怀天下而且德行无双的惊才艳艳之辈都是以人生饮恨收场？圣人如孔子,潦倒如杜甫,全才如苏轼,沉沦如稼轩,他们哪一个人的人生过程没有经历杨雄论述的部分呢？但显然,他们都虽然坚毅地走完一生,却都是壮志未酬,理想随同生命最后的叹息埋在了一抔黄土中。如此,考生在论述中大可结合自己的见闻和思考,特别是自身的发展,为理想的实现添加条件,如擅于审时度势并抓住机遇,擅于在追求理想的路上与志同道合的力量而团结奋斗,擅于变对手为"助手"、分享利益而达到双赢等等。另外,还要结合时代因素,如擅于利用互联网梳理整合信息以及多样态开展合作交流等等。

另外如 2021 年北京卷,在阅读理解材料的基础上进行命题写作,题目为《论生逢其时》。那么,可论的空间在哪里呢？首先是在于对"逢"字的理解与分析。"逢"字的词典义当然是"遇到;遇见"①,如"相逢""千载难逢""每逢佳节倍思亲",基本是被动的,而材料中的"逢"字,就要体现一定的主动性,或者说能动性,要展示出个人与时代的互动关系,特别是对于时代的能动性,体现"改造性"和"适应性"。其次是对"时"的思辨。个体不同,对时代的感受也是不同的,这就涉及到以辩证思维去看待时代——没有绝对的好和绝对的坏,由此也就不会偏执地去定义所谓"好时代"或者"坏时代",进一步地就可以走出一味歌颂或者一味贬低的单线思维的泥淖。在以上理解分析的基础上就可以去写所谓"好"的时代当然是顺势而为,大展宏图,那么"坏"的时代更要逆势而上,创造奇迹,同时去批判材料中的"慨叹生不逢时"和"安分随时",在"生逢其时"和"时不我待"中体现主观意志奋斗下的创造,并在历史的和当代的视角中进行辩证论断。

二、文化建构——基于对框架深度构想的深度表达

有了思维的深刻还要有文化的深刻,对涉及到历史的、文化的,过去的、当代的现象进行深度分析以体现文化深刻性,助推文章升档。

如 2021 年天津卷,"纪念日"具有历史性,但同时又有当代价值意义,在

行文中,应从历史的和当代的双维视角予以观照,思考其历史价值和当代价值意义。如寒食节,在历史上是为了纪念"介子推不言禄"(一说是为纪念燧人氏钻木取火),那么其在当代的价值意义应该是去进一步挖掘介子推的忠贞耿介、诚信廉洁等人格光辉,通过这样的纪念传承我们的根祖文化,以体现民族认同感和凝聚力。再如,清明节在历史上多是在个人层面纪念先人,而现在我们还公祭炎黄、缅怀英烈,让其闪耀出更加璀璨的当代价值光辉。又如端午节,人们划龙舟、吃粽子和假日出游,但其意义是纪念屈原,纪念他的爱国精神、忠贞不屈,再深入一步就是我们要在文化上反躬自省,以做到在现在以及未来不再出现"忠不必用兮,贤不必以"的时代悲哀等。

再如 2021 年北京卷,我们在用高阶思维论证了"逢"和"时"之后,若还想提升文章的高度,那么在思维的框架下用文化的厚度增加行文的深度就成了必然选项。如在论"时"好坏的框架下,去写"逢"的反面。北宋开国百年太平,有宋一朝更是优待文臣,但苏轼的仕途确是充满坎坷,究其原因有政争迫害,但是苏轼自身没有深刻认知到本朝开国至今已经积累了比较复杂而难解的矛盾,需要大刀阔斧地"痛改"来做出根本性革新,特别是自上而下的改革需要"犯错误"的空间,但却不可挫败失改革的勇气,所以,领头羊更需要的首先是同道者的旗帜鲜明的支持态度,但他没有。所以他没有"逢"。接下来写"逢"的正面。如近代百年中国,可谓是"坏"时代,但无数的仁人志士用自己担当之胸怀、家国之情怀和无畏坚定之信念投身时代洪流,虽然很多人牺牲其中,但他们却很好地诠释了"逢"的价值意义。如林公忧国为民,禁绝鸦片功在千秋却反而"从重发往伊犁,效力赎罪",途中戴罪治理黄河,结果又是"仍往伊犁",所有人都义愤难平,但他却写诗"苟利国家生死以,岂因祸福避趋之",一路走,一路干,他在北疆协助屯田、承修河渠、推广"坎儿井",在南疆勘察荒地、穆民固边,要知道他"工作"的每一步都是要走的,经历瀚海大漠、雪山冰洞、酷热如火,而他自己已然是一位多病孱弱的老人,何况还有戴罪之身的精神折磨。但他无惧时代的不顺,而是主动地迎上去,用自己的行动和后世的评价证明"生不逢时可逢时",何谓"海到无边天作岸,山登绝顶我为峰"!

又如,2021全国新高考Ⅱ卷,这是一道特别能彰显考生高阶思维(辩证思维、批判思维、独创思维等)框架下文化积淀深度的题目。

如第一部分的图文——"逆锋起笔,藏而不露"。

一方面,在正向思维框架下"肯定":万事开头难,人生不例外;不惧困厄,逆势而起;虽然有天赋,但须谨慎韬晦。可联想到《易经》的"初九,潜龙勿用":势在萌芽,人在起步,务须小心谨慎,越是形势大好、有才能越要韬晦。可联想到明代杨慎用一生教训写下《韬晦术》:天才顺境(24岁即状元及第)却因不懂隐忍、没有迂回,人生后30年被放逐云南。由此,重点剖析"逆锋"与"藏"和"露"的关。(1)人早些经历点波折是好事,但波折多了让人消沉疲惫,波折大了让人一蹶不振——要懂的"藏",还要不忘"露"——奋起、崛起!(2)"逆锋"时不要消沉,要能"静以修身",要心存崛起;不"逆锋"时,不要骄傲,要心存敬畏,要主动体悟波折与逆锋。

另一方面,在逆向思维框架下进行批判,做出"回环"的辩证。"深藏不露"的目的于私是为大展宏图,于公是要为国为民,所以,擅于审时度势,展"露"头角,在年轻时展示自己的胸怀抱负!须知,南昌起义时粟裕20岁,陈赓24岁,陈毅26岁……。

三、建构实践路径与反思推进

(一)以高阶思维和三个文化为基础的"双维"框架建构

1. 思维建构——从形式逻辑走向辩证逻辑

在写作中用逻辑思维找到理性写作的支点,避免行文中游走浅表和感性堆累,迈进"有理有据地表达自己的观点和阐述自己的发现","准确、生动、有逻辑地表达自己的认识"[②]的学科核心素养目标,进而用"辩证思维"提升思维品位,体现思维的深刻性、批判性,在议论文章中进一步凸显科学理性精神。

（1）运用逻辑思维,提升对世界的理性认识。

充分运用概念、判断、推理,在写作中避免"我觉得""曾记得",使表达趋于理性化。

①以"下定义"的方式精准圈定议论界限,以保持阐述中概念的稳定和清晰。

②善于使用"言外之意",让表达更深刻。

③重视有效推理的运用,提升文章的逻辑力量。但注意归纳推理和类比推理都是一种前提为真,但结论不一定真的或然性推理,由此可以去注意自己行文中可能存在的逻辑疏漏,并予以改正。

（2）提升思维认知深度,用辩证逻辑加深文章的论证

用具有环形思维模式和动态立场的辩证逻辑来提升认知等级,深化对问题的认知。如喝茶有益身体健康,但是未考虑个人情况以及时令和茶品的喝茶可能会对身体有害。

运用高阶思维,建构深度结构意识,要注意以内在逻辑为依托,以辩证逻辑为深化,体现行文的逻辑自洽。由概念界定（避免无效定义）——分类思辨——批判反思——深渊思维。同时,以之为基础,建构语言表达的畅达性。议论的有效性要追求表意的准确性（定义准确和范围准确）、阐述的有效性和句群间的逻辑性。在日常教学中要引领学生做以句群为单位的病句的辨、析、改、评,即情境化的实践应用和片段写作训练,以评价语句的语法顺畅为主要考量,评改后进行升格写作。

2. 文化引建构——从理解弘扬到批判反思

在分析和表达中,注意从对"三个文化"的理解弘扬,到对"多元文化"的包容尊重;由材料的表象引发背后的思考,到洞见人所未见的深意,进一步凸显文化的批判与反思,更深层次地建立文化自信。

(二)在评改研讨和重构磨砺中反思推进

1. 在师生、生生交流展示中反思提升

(1)教师的选择性详批详改

①关于"选择性",要把握三个原则,即差异性原则、关注性原则和跟踪性原则。

②关于"详批详改",要把握批改的着眼点和方式。要特别注意理性思维下的语法、逻辑和结构的把握,以及文化的反思与批判下情感表达的真与深的把握;用眉批、旁批、尾批以及面批等多样化方式,促进批改的详尽、到位和精准,用文字交流与口头交流相结合的方式,尽量增加批改的有效性和批改结果在学生心中影响的深刻性。

(2)小组的互批互改和交流分享

学生在交互式批改和研讨式交流(争议中求同、借鉴中提升、朗读中分享、赏析中体悟)的课堂操作中,能够从赏阅者视角客观审读他人作品,又能反观自省自己的表达,并在批改困境突破和美感愉悦感受中获得共同提升。

(3)班级平台展示

"批改性"展示,可以是争议话题探讨,也可以是精彩批改展示。

(4)教师的点评和建议

要师生、生生对话,注意点评的深度和建议的深度。前者体现在多角度、引领性和语言精准性上。后者体现在中肯度、深度和启发性上。

2. 在自我省察和班级推介中提升

(1)要将"他山之石"落实到文字上,用行动法(过程性痕迹)阶段性"自我再认知"性深思,对自己文章反观、重构和修改。

①同主题的片段性磨砺。指对文章的某一区域进行目的性和预置性再训练。如对同一话题进行定义概念的再训练、体现说理结构深度的再设计等等。

②同主题的整体性重构。体现谋而后动,先要"得成竹于胸中","振笔

直遂,以追其所见要"。要留下谋划文章的痕迹草图。

③推介"成文"上平台。在开放性环境中进行交流,二次激发写作热情。

综上,实战写作中通过高阶思维和传统文化为支撑搭建双维框架建构,又依托反思推进等整体性创建具有体系性的教学模式,完成建构"高中-高考"写作教学的整体性建构和推进体系,对新课标、新教材、新高考下高阶写作的时代诉求做出深度回应,追求对旧有写作樊篱困境的根性改变与突破。

第三节　高考作文"三度"教学策略

高考作文教学和日常作文教学密不可分又有很大区别。其教学有效性以长期稳定的专注性和丰富性为特点,以广义阅读和广义表达为基础性和系列性支撑,又以整合教学、深度开掘和高度爬升为手段和目标。特别是议论文为高考主要文体的当下,如何有效折服这"最熟悉的陌生人",根本性解决议论文立意偏颇、结构混乱、冗沓赘余和论证不清的顽疾的同时,对高水准的记叙文写作也予以正确引导和指导,是我们在高考作文教学中要探讨的关键性问题。

一、整合基础教学,做好"温度"预热

(一)以"严"字和"长"字为诀要,避免非战损性的硬伤

如果把高考作文比作一场非赢不可的硬仗,那么开篇不入题、作文不分段、行文无题目、文体四不像,就像非战损性的伤害。而善于提要求,并有力度地落实这些要求,突出一个"严"字;建立非一蹴而就和非一劳永逸意识,明白斗争的反复性,突出一个"长"字,就是取得战争胜利的前提。

(二) 以系统规划和"按部就班"为依托,整合常规动作

1. 建立"首段有效"意识,谋求"开卷有益"效果

第一,"首段"要做到"短、雅、快"。字数不宜过多,以两三行为宜,能快速入题,并且根据自己的风格和实际写作需要,在开头段就展现一定的文采。可以借助比喻、排比、反问等修辞,也可以是用恰当的名句开篇。这标志着行文者有简练的文字表达功力,也为后文留足议论、叙事和抒情的空间。

第二,"首段"必须要能担负起入题、明向、奠基的应有作用。不管是记叙文的设置悬念、奠定情感基调还是议论文的交代论点、点题入题都要在首段的文字中有所表现。总之,这部分不应是无效文字的堆砌,毕竟考场作文的写作空间"寸土寸金"不容浪费。

2. 建立提纲布局意识,谋求整体结构效应

缺少提纲意识,对文章的内容走向和结构安排毫无预设。日常教学可设计特殊的作文纸,通过设置提纲栏目,在形式上做足功夫。另外要在日常作文和考试作文中都严格落实。教师还可以在课堂上针对不同文体,设置专门的"提纲"训练环节,反复写、评、改。在建立了一定的结构意识后,教师还可以引导学生进行过渡、铺垫和行伏笔照应等较高级别的结构安排训练,争取在结构布局上再胜一筹。同时也能打破高考作文手法单一、一味堆砌辞藻的行文惯式。

3. 建立理论应用意识,谋求百炼成钢效果

针对讲练分离、理论"空置"的问题,建议在实践中进行"技术升级"。这里的实践指向两个操作维度:一是安排学生写作,后是教师的详批详改,与学生就相关问题单独交流,达成共识后再请学生进行同主题或命题的写作,之后是新一轮的批、谈、写,直到学生对某一个或几个技巧基本达成预定改造目标;二是教师就一次或多次片段或者完篇写作的作文进行梳理整合,就近取譬,将问题文段和优秀文段都做成图片,编辑标注,在课堂上和学生精心分享,就共性和个性的相关问题进行深入交流探讨,请学生做主体发

言,好坏都要谈出一定的看法,教师再进行规范性和深入性的引导,学生就达成的共识进行当堂写作,再把二次或三次成果借用媒体手段进行展示,师生交流。

(三)保证作文时效,建构系列系统

完篇作文的写作和批改、讲评持续过程较长,通常会错过学生的兴奋期。另外次次长篇大套,次次都不能触及细节和痛点,造成次次的写作和评改都会流于浅表不能深入。片段式写作则可避免以上诸弊端。无论是我们有目的地让学生练习一个定性开头或结尾,还是写一段有针对性的议论段落,抑或是写能表现某人物某性格特点的细节描写都可做到写、评、改、再评,在一个小时间段内一体完成。而依托以周为最小单位的学期甚至学年的片段写作教学整体性规划并予以坚持,形成小系列组合成大系列,大系列形成大系统,必将系统性地影响学生的写作养成,从而整体提升写作水平。

二、深化根性教学,做好"深度"引导

所谓根性,一定是对我们传统的教、学、练、判、评的深化,是高考作文水平升级的关键一步,是对高三语文教师作文教学真正价值的凸显。

(一)议论文要注重逻辑思维的提升

议论文的写作,如果不能在思维上找到逻辑的支撑点,就会在行文中出现"议论"浅表化,论证不深刻甚至自相悖论或者推论过程有漏洞等问题,无法达成"有理有据地表达自己的观点和阐述自己的发现","准确、生动、有逻辑地表达自己的认识"的学科核心素养目标,更不能体现思维的深刻性、批判性,也就不能在议论文章中凸显"科学理性精神",很难成为议论文中的上乘之作。

1.明确概念的适用范围,表达上力争"准确性"

无论是写记叙文还是写议论文,都会不可避免地用到一些概念,明确概念之间的关系和其适用范围是达成新课标要求的表达"正确性"的基础。

此处特别要注意的是概念间全同关系和同一概念同义词之间的区别。前者是指概念的外延全部重合，但是内涵必须不同的关系，如"李耳"和"道家之祖"，"俄罗斯"和"战斗民族"，以及"鲁迅"和《祝福》的作者"等，他们各自的内涵都存在差异性。后者如"西红柿"与"番茄"，"手机"与"移动电话"等，它们的内涵外延都无差别，属于同一概念的一组同义词，而不是概念的同一关系。

2. 注意挖掘背后深意，让表达更"深刻"

由材料的表象去引发背后的思考，由文字的表层看到人所未见的深意，就是议论文走向优秀的又一关键。比如，"李文亮医生去世"的材料，很多人会去写"英雄"和"正义"的话题，这无可厚非，但是如果我们能注意到医生也属于知识分子，去写"士子"精神带来的职业坚守和道德良知，肯定在"深刻"方面更进了一步。如果再能由李文亮的"去世"想到臧克家悼念鲁迅去世写的"有的人死了，他还活着"，进而进行一番"生死是一对全异概念，有一真必有一假，但是惟其如此才能表达出超越肉体生死的认知——肉体消亡，精神永存！"的逻辑分析，那样的文章一定出彩。

3. 重视有效推理的运用，提升文章的逻辑力量

有效、合理的推理在高考作文中可以有效增强行文的"理性精神"。比如，不少学生的习作中会用到归纳推理，但不知道它包括完全归纳推理和不完全归纳推理，而且这是从个别到一般的推理。而《拿来主义》中的类比推理则是从一个个别到另一个个别的推理，二者都是一种或然性推理，都是前提为真，但结论不一定真的推理。如"守株待兔"，属于不完全归纳推理，结论就为假。学生明确这一点就此可以认识自己行文的逻辑疏漏，并予以修改。

4. 在行文中探析有关文化现象，体现文化批判和反思意识

纵览近五年的天津卷作文题，无论是 2020 年的"中国面孔"还是 2019 年的家国情怀抑或是 2018 年的"重读长辈这部书"等都包含了值得探析的文化现象，也都为深度写作提供了可供批判和反思的文化空间。很多学生

作文难以突破瓶颈到达一个更高境界,重要的原因是欠缺写作深度,就是文化层面的思辨。在整个的高三作文教学中,教师要在基础性作文教学的基础上有意识地进行文化批判和反思意识的训练。比如,2020年"中国面孔",无论是写杜甫的家国情怀还是写众志成城的民族精神、守望相助的个人担当都可以深写到文化层面,体现思辨精神和思维品质。

(二)记叙文要注意多手法的运用训练

高中记叙文写作要有别于初中水平的记人讲故事。小说、散文都属记叙文序列,想写好并不容易,写小说并不是编一个故事,写散文也并不是堆砌辞藻。一篇优秀的考场记叙文作品除要文笔简练不可赘言絮语外,一定少不了诸如细节描写、铺垫、伏笔照应、多手法塑造人物、借景抒情等手法的无凿痕运用。比如,《林教头风雪山神庙》中写林冲进山神庙后"入得庙门,再把门掩上。旁边只有一块大石头,掇将过来靠了门。"这个细节描写不仅是小说中林冲性格谨慎小心的再次展现,而且为下文陆虞侯等"用手推门,却被石头靠着了"只能站在庙外边看火边说话——说话内容被林冲在庙内听得一清二楚——知道真相后觉悟:一味忍让绝换不来仇人的怜悯——完成了性格上的重大转变——杀官上梁山等一系列内容埋下重要伏笔。又如,朱自清《背影》一文,开头写家境贫穷,父亲遭遇困境,然后写父亲为我送站、讲价、抢座、铺大衣等。这是在告诉读者,尽管家境差,作为一家之主的父亲还是能不顾一切把我照顾好。作者的感情在不断蓄积,待到父亲蹒跚过铁道、爬上爬下为我买橘子时,我对父亲的感激、理解一下子到达了高潮。这就是铺垫的效果。在具体的应用时,要讲清铺垫和伏笔照应的区别。前者是对行将来临事物的衬托,是为了突出后面要出场主要人物、事物或要发生的事件,而先对次要人物、事物、事件做基础性描写,出现的位置以开头为多,与主要的人、事紧紧贴着,较显性。而后者是谋篇布局的技巧,是预先提示或暗示下文,更为隐性,重在一个"伏"字,没见照应前貌似闲笔,言语不多,点到为止,位置以中间为多。另外,伏笔应远离照应,且有伏笔定要有照应。比如《林教头风雪山神庙》中林冲离开草料场时作者特意写他将火炭盖了就是一处精彩的伏笔,与后文的草料场失火形成照应。另外,像开篇介绍林冲和小二的关系是为后文写小二知恩图报形成照应,酒店密谋和山神庙内听的真相形成照应,可以说,伏笔照应的有效运用让很多经典都会增色不少。

三、打磨升格教学,做好"高度"爬升

我们的布置给学生的写作实践往往是"一次性"的:缺少讲评后的后续手段,如当堂独立修改,润色升格,同主题写作等。实践层面细节打磨的缺失,使得学生的作文每次上交的都是"草稿",每次都是一次性思维的产物,每次的写作都在一个层面上打转,写作水平未得到有效升级。

比如,就巴黎圣母院失火这一热点事件进行写作。有的学生批判国人表达出的惋惜之情为"媚雅",甚至举出圆明园的例子,说法国人不值得同情。有的学生则将写作主题定为如何保护我国的文化遗产。还有的学生分析重建后的还是不是巴黎圣母院等。这就为教师引导学生的思维带来了契机。巴黎圣母院遭遇火灾,就此让国人联想到我国许多面临威胁的文化遗产,看似是一种如"守株待兔"式的不完全归纳推理:巴黎圣母院是文化古迹,它失火了,其他的文物古迹可能也会失火。但这正体现了我们对于文化遗产的危机意识、忧患意识,是爱自己文化的表现,应当持正面支持赞赏态度。同时,巴黎圣母院是法国的文物古迹,如果就此推论对它遭遇火灾表达惋惜之情是"媚雅",确是不符合充分条件推理的,我们甚至可以用必要条件推理形式——只有 p,才 q;非 p,所以非 q——来驳斥这种言论。对文化的珍视、对美的热爱超越国界。有了这种认知,就不会犯"幸灾乐祸"的错误了,因为这同样是违背逻辑常识的。至于重建的话题,可以参考"忒修斯之船"的哲学故事,它在今天也仍然具有启发性。如何才能真正有效地保护文物价值,及其所依附的物质存在?我国"修旧如旧"就是最好的答案,毕竟旧材料、旧样貌才是我们与历史之间的媒介。可引领学生就"民族的心态,世界的胸怀""多彩的世界与多元的文化""文化自信不仅是对自身文化、思想价值体系的认同与尊崇,还体现在对其他文化的包容""从容不迫,

理智、理性是民族性格和民族精神成熟的重要标志""保护古迹,要以'历史真实'为要""修复古迹,切记时人的'不伦不类'"等话题在对一轮写作充分思辨的基础上进行二轮的升格写作。

综上,高考作文的"高"字,应该凸显高水平,而这高水平首先应该以整合基础教学、深化根性教学为基点来升格教学品质,在"准确性、深刻性"上做足功夫,以期在高考有效性的同时能真正提升学科核心素养。以下以2020年至2022年天津卷的作文说明。

"大自在"中国面孔

【文题呈现】

阅读下面的材料,根据要求写作。

中国面孔是全球热播纪录片里充满家国情怀的杜甫,是用中医药造福人类荣获诺贝尔奖的屠呦呦,是医务工作者厚重防护服下疲惫的笑脸,是快递小哥在寂静街巷里传送温暖的双手,也是用各种方式共同形塑中国面孔的你和我。

走过2020年的春天,你对中国面孔又有什么新的思考和感悟?请写一篇文章。

请结合上面所给的材料,自选角度,自拟题目,写一写自己的体会与感悟。要求:1.自拟题目。2.文体不限(诗歌除外),文体特征明显。3.不少于800字。4.不得抄袭,不得套作。

【文题解读】

常规性解读:抓住关键点。

关键概念——中国面孔;关键时间背景——2020年的春天;关键词语——走过、新思考、新感悟。抓住这些关键点,可以在正确的时空背景内行文,凸显"我"(不能是冷眼旁观者)的独立思考精神和一定程度上的理性思维。

突破性解读:深层理解。

从杜甫、屠呦呦到笑脸、双手再到你我,这是概念上由个别到一般,由个体到群体的上升,又是事例上从名人、伟人到凡人、世人的下沉;简列古今人物,提示我们思维要开阔,"共同形塑"又告诉我们思维要辩证,在历史视角和现代价值以及未来展望中辩证看待中国面孔;同时,行文中要挖掘杜甫、屠呦呦、医务工作者和快递员等人身上蕴含的士子精神、大医精诚、坚韧担当等深层文化意义。特别要注意的是,议论文章应在层层追问式的"分析""推理""阐述"中得出对于核心概念"中国面孔"的独特理解,而不是全文就是简单的"三段论"形式下"事例+"式的罗列。技巧上,可以在结构上以退为进、整体呼应,认知上否定中肯定、借助名词名句定位,行文上整散结合、适当化用等。

【教师示范】

"大自在"中国面孔

(引用释家经文中的话,别具一格,又凸显文化深度)

庚子风烈,祝福声碎,鞭炮声咽!(化用毛主席诗词《忆秦娥·娄山关》增加文章的文学性,同时呼应材料,点明背景)疫情来袭,一些人逆风而行,溯流而上,展现出了无惧无畏、坚毅奋进、慈爱众生的大精神、大毅力和大境界(连写三个"大"引出后文的"小"以及最后回归"大",同时也起到欲扬先抑的作用)。这些"大"绘成让人崇敬的中国面孔!有这些"大"自能救民水火,解民倒悬,但是只有这些"大"的中国面孔却还远远不够,也不对,更不真。(提出疑问,预置观点,引出下文)

整体上,第一段,引材入题又突破常规,既呼应材料,扣紧关键词"中国面孔",同时又凸显独立思考精神和理性精神。

不管是儒家追求的"圣人",释家追求的"佛陀",还是道家追求的"真人",其实最后都是追求达到冯友兰先生说的"天地境界"。(以文化入文,将探讨引向深层)既然是达到,必然要有一个"经历",一个"阶段性",(体现逻辑思维下的推理,顺势引出后文的"小")所以,不管是逆行中聚光灯下的医者还是更多的默默无闻的战士、教师、建设者、志愿者,他们一定有一些

"小"或者"微",不那么伟岸、不那么神圣,甚至有些世俗,但却让他们的面孔更"真"!

第二段在逻辑推理中引出"大"后面的"小",体现理性思考和文化深度。

面对亲人的忧惧,想到妻儿的眼泪,他们应该也有过动摇,有过不舍;端起践行的酒水,看到离别的凄楚,他们应该也做不到绝情忘情乃至无情;身处风暴之眼,亲临硝烟一线,他们应该也会手抖脚颤,恐惧加身。(对仗、排比的形式,增强文学色彩和议论的张力)虽然送行的仪式消弭了部分紧张,豪壮的誓言开解了莫名的压抑,媒体的镜头鼓舞了奋斗的士气,但总归他乡的孤寂、未知的恐惧、工作的疲累会让他们有些负面情绪的吧?(不确定的语气正表现推理的不确定性中的语言严谨性)江淹也讲别离让人"行子肠断""恍若有亡"(引用江淹《别赋》,增加文学含量和表意深度),何况是别离后还要在紧张、艰苦甚至生死的环境中战斗?此刻中国面孔似有瑕疵。

英雄虽然伟大神圣,但总有些地方和我们一样,普通,但有血、有肉、有情。

革命年代,先辈们面对战士"情绪",总是摸摸他们的脑袋,笑着说一句"小鬼"!(由革命文化讲来,亲切有说服力)是的,我们的党总是那么胸怀宽广地包容自己的战士,也正是这些战士们创造了一个又一个不可能的奇迹,在无数的不可能中缔造了新中国!如今的新冠肺炎疫情也是一般,正是这些有着一些"小"和"微"的"战士们"在世界认为不可能时再次创造了中国奇迹,用中国力量战胜了新冠疫情,用自己的表现,给世界和历史留下中国真实平凡而又伟大神圣的面孔!(形成类比论证,增强论述力。)

自小而大,大中见小,成就大但不否认小,这才是我们中国面孔!

泪别高堂,吻别襁褓,不是不爱,是为求人爱;累到晕厥,战到倒下,不是不痛,是为了拯救更多的痛;风中伫立,雪中独行,不是不冷,是为了让更多的人暖起来!他们不是铁打铜铸,但胜似铁打铜铸。(再次用对仗、排比增强文学色彩,并在否定中提升认知)

恶意的诽谤,难毁中国面孔,善意的美誉,也难摹中国面孔,因为我们的智慧还难以窥见其恢弘之万一,言辞也不足以形容其伟大之一隅。(中国面孔的客观性)而疫情来袭的一刻,这些逆行者们的表现,却让我们理解了所谓"生死不拘,得大自在""进退无碍,得大自在"的真谛。(点名题旨,照应题目)

"雄关漫道真如铁,而今迈步从头越。从头越,苍山如海,残阳如血。"(收尾呼应。既总结2020春天奋斗的不易,又暗喻这只是中华民族奋斗征程的又一个起点,升级认知层次)中国面孔,自有中华民族开始就一直在中华文化下塑造,今天,我们用时代的如椽巨笔为其塑形,但还远未定格,明天,他必将在不断地前行和发展中更加伟大、恢弘、瑰丽!(凸显辩证思维,用发展的眼光看问题)

【写法感悟】

高中阶段议论文应该追求深度写作。深度写作包含思维深刻、文化深刻和情感深刻,讲求以日常的深度积淀为基础,写作中以深度分析引领深度表达,并追求写作后的深度反思和深度推进,五维并重,线性循环,系统提升。

深度分析。一是思维深度。指逻辑思维和辩证思维的运用。前者体现"理性科学精神",行文能突破事例堆砌下形象思维的感性认知,"有理有据地表达自己的观点和阐述自己的发现"。后者的对立统一、否定之否定、整体—局部等思维模式能助推对事物高级别的认识与思考。二是文化深度,除了行文体现优秀传统文化外,还要在文化的反思与批判中彰显文化自信。

深度表达体现在结构的层进、语言的畅达和情感的深刻。要建立深度结构意识,开篇以下定义为前提的层层深入分析和提出反命题。语言方面,概念的严密、准确和一线贯穿,以及句子、句群间的逻辑顺畅。情感深刻,则是要注意体现当代价值的思辨性、历史视角的观照性和自我情感的真性表达。

借"纪念日"回溯时光,明最初心奋力向前

【文题呈现】

阅读下面的材料,根据要求写作。(60分)

如果说时间是一条单行道,那么纪念日就是道路两侧最醒目的路标,它告诉我们怎样从昨天走到了今天。时间永不停步,纪念日不会消失。记住它,可以让日历上简单的数字成为岁月厚重的注脚,而它也不断提醒着我们带着初心奔向前方。

你对这段话有怎样的理解和感悟?请结合自身体验,写一篇文章。要求:①自选角度,自拟标题;②文体不限(诗歌除外),文体特征明显;③不少于800字;④不得抄袭,不得套作。

【文题解读】

这段材料的关键词"纪念日"很好抓,但是写深写好却反而不容易。原因如下:1. 出现了熟悉的"干扰"性词语——初心,它"契合"很多考生的备考素材,从而诱发大家的惰性情绪:就写它了。2. 不能准确辨析概念,将纪念日等同于节日、生日、忌日等。3. 没有结合材料的提示语言——"它告诉我们怎样从昨天走到了今天"深挖其历史意义和当代价值;没有结合材料的提示语言——"岁月厚重的注脚""提醒"等用辩证、批判的思维挖掘其文化意义。4. 孤立看待"纪念日"三个字,不能想到、写到如何甄别纪念口(什么日子才可以称之为纪念日)、如何正确对待纪念日(避免纪念日的过度娱乐化和商业化以及纪念日后怎么办等)。所谓想得深才能写得深,辨得准才能写得准,高考议论文的"高"字,绝不仅是词采华美,特别要体现在"准确性"为代表的理性精神以及"深刻性"为代表的文化意义上。

【教师示范】

借"纪念日"回溯时光,明最初心奋力向前

(对仗阐述式标题,凸显材料关键词并亮明观点)

时间不可逆行,但纪念日的存在却让我们在重要的时间点可以回溯历史、回首往事(在矛盾中找到行文支撑),让我们在一个个时光绳结前或驻足瞻仰、或俯首沉思、或高歌欢庆、或沉痛缅怀后(列出基本情绪态度,引出下文关于纪念日的辩证性认知),能掬捧着那颗更加光耀鲜明的初心去创建更好的当下和未来。(呼应材料,照应标题,再次明确观点)

纪念日,不是日历册上的单纯数字和简单注解,也不是只停留在宣传页上的数行文字和几张图片,它融入了个人情感、历史厚重、科技力量和文化价值的岁月注脚,其核心要义在于心灵的铭记、灵魂的震动、精神的传承之后的阔步前行。(用不是……而是……的格式下定义,明确概念内涵,为议论阐述概念的稳定性打下基础)

纪念日不等同于节日,也不等同于单纯的生日、忌日、假日,简单地说纪念日是某个日子,但又不仅仅是某个日子。(在否定中进一步明确概念,且为下文分类梳理铺垫)

从个人层面讲,纪念日是时光回溯中的情感寄托。《朱子家训》有言:"祖宗虽远,祭祀不可不诚。"(引用,增强文字的文化含量),无论是清明祭拜亲人还是周年祭日,都是一种寄托沉痛之思、哀婉之情的"纪念日"。心中有怀念,才不致数典忘祖,孟子所谓"慎终怀远"是也。而父母生辰、毕业升学、故旧离别,也都可以成为"纪念日",关键在于是否在此时此地想起了彼时彼地,并且让我们在"同一时刻"感受"重来"的感动和"重温"的欢欣,增加我们前行的力量。(既有举例,又不赘述,且以议论性语言在批判反思中彰显行文的深度和广度)

从民族和国家层面讲,纪念日是螺旋上升中的鼓舞与警示。其中辉煌闪耀的部分自然夺人眼目,但那些黯淡无光甚至晦暗沉重的日子更需我们铭记、沉思。(此句重要,体现思维深刻,将文章引向深层论述)铭记,首先要记住仇恨但又不能只记住仇恨。因为一个民族太快忘记仇恨,会让他的成长失去历史的沉重而跟脚轻浮以致数典忘祖,但只记住仇恨,我们又会迷失在历史的沼泽。我们应在仇恨的惨痛中吸取教训、汲取力量,那种浴血奋战,那种筚路蓝缕,那种艰苦卓绝,那种深沉意义,绝不能因为时光单行就被隔绝遗忘,也绝不能因为所谓"太过久远"就被抛弃不顾(以历史的观照,凸显现代价值思辨)。所以,"端午的龙舟"要永远划下去,那是因为我们要记住的不仅是屈原的卓绝才华和诗性浪漫,更要记住他的刚性追问、刚烈自沉,以及警醒当下和未来不要再重现"忠不必用兮,贤不必以"的至暗时刻;所以,"南京的钟声"要永远敲下去,我们要记住的不仅是满目疮痍的伤痛和尸山血海的沉重,更是江山沦丧、家国衰亡的教训以及中华民族重新崛起、再创辉煌的历程和执着奋进的坚定决心。(两个例子,一为古代,一为现代,都不是单一情绪态度或浅层认知能看清说明的,要辩证认知、批判认知的,递进的句式,凸显独创而深刻的思维品质)

但是纪念日的存在并不意味着就有"纪念"。君不见一些人虽身为子女却不记得父母生日。空有纪念日,而心中无敬畏、胸中无感念,活动无无传承、"传承"无文化,纪念日必会流于形式。没有根植于内心的纪念日全无意义。

有纪念日不等于有纪念,而一些所谓的"纪念日"也不一定值得纪念。它们不过是一些幼稚无聊或者"意气用事",甚至是价值观的倒退与世界观的窄化,不是我们青年一代该把精神力投注点,更不是我们新时代建设者和接班人应该选择的纪念日。倒是如雷锋纪念日等意义重大的纪念日是否因为没有假口休闲和商业炒作,被我们遗忘地太多?(两段都是进一步思辨,体现批判性反思)

我们纪念的对象正确,纪念的过程专注,是不是就可以了呢? 也不然。我们一定还要思考纪念了之后怎么样的问题。我们的"纪念"起于纪念日,但不能止于纪念日,纪念日是纪念的起点,但不能是终点:纪念之后,还要用传承来延续! 传承文化,保证根性永存;传承精神,保证初心不改;传承使命,保证责任在肩! 传承,是融合在岁月之中的无声纪念。(此段在上两段的基础上,更深一层追问,"止步"的纪念也是要不得的)

慎重选择、用心铭记、深刻纪念、内涵传承、阔步前行,如此,纪念日必将在时光的浪沙中愈发闪耀,初心使命也必将在整装阔步后洗亮鲜明!(在总结和化用中升华题旨,呼应标题)

【写法感悟】

基于新课标去评价高考议论文的优劣,概念准确、逻辑严谨、认知独到且辩证,这些都是很重要的,本文也都有所体现。如,开篇"引文入题"和随后的外延思辨均能体现"逻辑严谨",而对纪念日概念的界定,无疑在保证论述准确性的同时也保证了论述过程概念的稳定性和一贯性,避免了议论文"渐进性偏题"的问题。而"有纪念日不一定有纪念""有的'纪念日'不值得纪念"和"纪念日后怎样"三个小段则突出了独到的认知和辩证的思考。但是最重要的是本文所体现的"深刻性"特征。首先是文章由概念的内涵界定进入外延思辨而体现的分析深刻;进而是行文整体上由概念判断到思辨认知,到文化自省,到现实批判,所体现的表达深刻;以及行文中时刻关照文化而体现的文化深刻。这些"深刻性"有的显性,有的隐性,但却是新时代语文核心素养下高中生议论文写作难能可贵的思维品质和文化品质,也是我们进行议论文教学特别要关注的问题。另外,为保证行文的整体深刻,应先列出提纲为参照。

保持稳健特点　凸显关键精神

2021 年天津卷作文题

阅读下面的材料,根据要求写作。(60 分)

如果说时间是一条单行道,那么纪念日就是道路两侧最醒目的路标,它告诉我们怎样从昨天走到了今天。时间永不停步,纪念日不会消失。记住它,可以让日历上简单的数字成为岁月厚重的注脚,而它也不断提醒着我们带着初心奔向前方。

你对这段话有怎样的理解和感悟?请结合自身体验,写一篇文章。要求:①自选角度,自拟标题;②文体不限(诗歌除外),文体特征明显;③不少于 800 字;④不得抄袭,不得套作。

试卷点评分析

一、命题破中有立,体现稳健风格

本次命题以比喻为载体,引出一段关于"时间—纪念日—初心—远方"的哲理性文字,巧妙将引领性话语融合其中,顺势提出写作任务,可谓是匠心独运,也是一次尝试和突破。

题目在设置了"它告诉我们怎样从昨天走到了今天""它也不断提醒着我们带着初心奔向前方"等限制—行文中的纪念日应该是有历史轴线意义和当代价值的重要日子—的同时,继续保留了如"岁月厚重的注脚"和"对这段话有怎样的理解和感悟"等提示性和导向个性化、独创性写作的语言,并且命题体现一贯对"大"(时间、人生、家国等)和"小"(自身感悟、个人情感)整体关注的同时又体现了对学生思维发展的独特关注(命题体现的隐含矛盾,后文阐述),体现天津卷命题的稳中求变特点。

二、隐含矛盾统一,留足写作空间

所谓:"公道世上唯白发,贵人头上不曾饶。"历史无数次证明,对于时光,缓行自然是有的,但是一切的逆行违章在其面前都是徒劳。材料提出"纪念日"与"单行道"形成一种隐含的矛盾,即后者让人有了在意念上驻足回溯的机会,也给了我们在"同一时刻"重温重来的机会。在这种隐含性的矛盾中,可就此展开分析,进行深入论述:如,驻足时光,向朝阳进发。

文题不限文体,能让学生最大程度地发挥自身写作特长,而且纪念日有大有小,有公有私,可写的对象很多,而且每个人都有话说,有自由写作的空间,这一点与后面的写作任务"结合自身体验""自选角度,自拟标题"写自己的"理解和感悟"相呼应,同时又契合《课程标准》的"自主写作、自由表达""力求有个性、有创意地表达"的要求。

三、思辨写作视角,不可盲目堆砌

自由表达不等于随意任意,写作中要特别注意独立思考下的写作视角的思辨,以本题而言,要特别注意纪念意义和历史轴线规定下的视角,严谨科学地使用素材,切不可不辨东西、盲目堆砌。

首先,不能把"纪念日"直接等同于"纪念",甚至是怀念、铭记而湮没材料关键词,造成概念偷换。纪念日的核心关键是纪念,但写作的脉络关系应该是从"时间点"的视角切入后,再进入纪念层面。枉顾切入视角,跳过关键词,就会造成未建立文脉就因偷换概念而偏题的现象。

其次,纪念日不等同于节日,也不等同于单纯的生日、忌日、假日等。写作中选择的对象要有纪念意义并能激发初心阔步向前,因此不能整篇只写诸如某个节日、生日的庆祝过程或想起某人感到悲伤等。

四、把握正确导向,落实课标精神

1. 立德树人和情感深刻

本次天津卷作文用"纪念日"提点包蕴了多方面的价值观正导向,但是这不代表着在写作中就可以简单堆砌红色素材或者一味赞美伟大成就,须知,没有了对历史的反思与现实的批判,就不能体现情感的真实性和深刻性,价值导向更会浮于浅表。材料中用单行道比时间,确实击中了自感时光富足、又时有迷茫惶惑却不失奋斗精神的新时代青年人的精神痛点,真如当头棒喝,价值导向意义很深刻。而随后追加的比喻中,将纪念日比成路标,寓意它不仅记录重要的历史、文化和情感的时间点,而且为人们提供了意念上可以"回溯"的机会、重温的理由,这也让我们深思:纪念日中我们到底该纪念或者回溯什么?是不是我们的过往,因为把纪念日过得等同了单纯的假日或者聚会而缺少了历史沉重感,甚至对于很有时代意义的如3月5日雷锋纪念日由于其没有假期或者休闲购物的配置,就渐渐被我们淡忘了?

这样的深刻、真实,让文章脱离套作堆砌,更"个性"自我,也更凸显"立德树人"目标,与新课标的"能在阅读和表达交流中探析有关文化现象,具有文化批判和反思的意识"以及"尝试用历史和现代观念等,对当代文化建设发表自己的见解"才更加契合。

2. 逻辑深刻和文化深刻

天津卷作文命题虽然文体不限,但是还是应该提倡写议论文。当然,这里说的议论文不是"三段论"或者"论点—论据—论证方法"的刻板文章,而是能体现逻辑深刻和文化深刻的带有"理性精神"的真正高水准议论文。这与新课标中要求"获得逻辑思维、辩证思维的发展,促进深刻性、批判性等思维品质的提升""追求表达的准确性、深刻性"以及"表达真情实感,培育科学理性精神"是相契合的。

以本题为例,为体现表达的"准确性"以及行文中内涵的一致性和稳定性,避免写作过程中的"渐进性"偏离题意,在对核心词语"纪念日"做出概念的界定来明确论述对象之后,还要在外延上做分类梳理来明确阐述范围,如个人层面和国家层面,好的方面如胜利的、欢庆的、喜悦的,坏的方面如失败的、沉痛的、让人沉思哀悼的,和"好中坏"(欢庆中有沉思)或"坏中好"(悲悼中有告慰)等。这是逻辑深刻的重要体现,但还不够,进一步用辩证思维和批判性思维帮助我们开阔写作视野,深入写作力度,涉及历史的、文化的与过去的、当代的现象进行深度分析以体现文化深刻,助推文章升档。如端午节,人们划龙舟、吃粽子和假日出游,但其纪念意义是纪念屈原,纪念他的爱国精神、忠贞不屈,再深刻一步就是我们在文化上反躬自省,以做到我们的现在以及未来不再出现"忠不必用兮,贤不必以"的时代悲哀。

3. 历史观照和当代价值

"纪念日"具有历史性,在行文中,应从历史的视角予以观照,思考其历史价值和当代价值意义。如"寒食节",在历史上是为了纪念"介子推不言禄"(一说是为纪念燧人氏钻木取火),那么其在当代的价值意义应该是进一步挖掘介子推的忠贞耿介、诚信廉洁等人格光辉,以及通过这样的纪念传承我们的根祖文化,体现民族认同感和凝聚力。再如,"清明节"历史上多是在个人层面纪念先人,而现在我们还公祭炎黄、缅怀英烈,让其闪耀了更加璀璨的当代价值光辉。

题目:借"纪念日"回溯时光,明志初心奋力向前

结构:

1. 引材入题

2. 概念阐释(内涵)

3.辩证认知

(1)分类思辨(外延)

①纪念日不等于节日、假日、生日、忌日

②个人层面+民族国家层面;好的+坏的+好坏融合

(2)批判反思

①有纪念日不一定有纪念(为什么,怎么办)

②有的"纪念日"不值得纪念(为什么,怎么对待)

(3)深远思维:纪念日之后怎样(不止步于纪念日本身,"热闹"之后怎样)

4.结尾

第四节　读书报告的攒聚、深挖+思辨、创见

【文题回顾】

见单元写作任务

【文题解析】

读书报告,是将阅读从视觉所得向心灵感悟再向理性思辨做深化的途径,也是将阅读由单一文本向多文本对比参照再向"主题"或"专题"视域下延展的结晶。它指通过积累泛阅读的感受和摘抄、梳理深阅读的札记和批注以及丰富同主题下的群阅读的认知,用文字的形式予以概述、提炼、评价,并写出自己的相关认知与理解。

研习任务中所谓的课题,可理解为教师引领下的带有方向性的具体"研习任务",在此基础上,做选择性拓展阅读,并把阅读过程中的心得体会、质疑思辨和独到发现进行文字性梳理,形成一份"报告"。自然科学著作或科技论文是中学生所陌生的,但阅读目的自然不是一次性增长专业知识,而是研习过程(阅读-记录-梳理-思辨-创建)中,在教材选文的基础上做适当延展,在高中阶段锻炼学生的"理性"阅读、严谨思辨、分析推论的能

力,这也是编者意图所在。

本读书报告是在"人类宇宙观的发展"为阅读和研习课题下的写作。

【原稿】

读宇宙故事,正未来认知

【标题即为观点,还可在概括性和指向性方面加强。】

——《浅析人类宇宙观源流》读书报告

宇宙是什么?它从哪儿来?又要到哪儿去?……关于宇宙的问题,一代又一代的人们在不停地思考与探索。

【设问开篇,看似激发阅读兴趣,但从全文看,并未起到点题照应开启下文的作用,针对性不强,引导性不够。】

在论文《浅析人类宇宙观源流》中,作者借用故事的结构,分序幕、开端、发展、高潮四部分,记录了人类对宇宙观演化问题的探讨,生动地讲述了人类宇宙观发展的历程,深刻揭示了当今世界生态危机的实质是人类宇宙观、价值观和人生基本信念的危机,最后文中提出未来生态宇宙观将引领人类走向人与自然和谐相处的生态文明社会。

【此段意在概述文章内容,能借助摘要,俯瞰全文,精要概括,但缺少总结提炼部分。】

我认为,本文最巧妙的地方在于:该故事只有序幕、开端、发展、高潮,却没有结局。"未来生态宇宙观"正是高潮,正是现在我们亟待树立的宇宙观,正是使这个故事保留悬念的最佳方式。而没有结局,不正是我们人类最想要的结局吗?

【思维敏锐,切入新颖,结论句发人深省,但是总体上的切入角度还流于浅表。】

然而,现在人类正处于这个历史的分岔路口。宇宙的故事到底是很快迎来结局,还是正如我们所希望的没有结局,就在我们的一念之间,即我们持有怎样的观念。是机械的、二元论的人类中心论,还是人类和生态系统的共存、共生、共荣的生态宇宙观?

我们不得不从历史这面神奇的镜子中观察自己。

自智人登上历史舞台,就一直没有停下追求的脚步。认知革命的产生,哲学思维的运用,无一不改变着人类观察世界的角度。特别是"科学"的发现,使人类傲然地爬上了食物链的顶端,成为了世界的主宰。

我们所谓的"文明"究竟是什么,真的可以引以为傲吗? 人类也是由动物进化而来,可随着文明化的进程,人类已不能作为一个种群来看待。一部人类的文明史,无疑就是地球物种的消亡史。放眼世界,任何一个物种的杀戮行为都无法与人类相提并论。

塑料的产生是为了节约木材,核能的产生是为了代替煤炭,新能源电池的产生是为了代替石油……任何一个新发现,初衷都是为了与自然更为和谐。但后者的使用虽然加剧了人类的生存危机,可前者的出现又会逐渐成为一个更大的生态难题。

【表述上有逻辑漏洞】

如若社会的发展与文明的进步,都是在以破坏自然生物载体,甚至以戕害自然为前提,又怎能轻易抛弃以人类为中心的观念? 如不抛弃以人类为中心的观念,又怎能建立生态宇宙观? 如不建立生态宇宙观,又如何使宇宙故事"没有结局"?

【顺着原文产生的感慨多,但几乎没有对文章理性评估判断,也缺少自己的独特理解】

"希言自然,故飘风不能终朝,骤雨不能终日,孰能为此者,天地,天地尚不能久,而何况于人乎?"早在两千多年前,我们中国哲学的鼻祖老子就发出这般感慨。物极必反,循环往复,客观规律从不以人的意志为转移。

【引用《道德经》中句子,用中华传统文化的智慧警醒我们自身,也起到了深化主题的作用】

在这个历史的分岔路口,我们决不能做南辕北辙的蠢事。唯有釜底抽薪,端正对未来的认知,才能看到更加精彩的宇宙故事。

【用词有不妥之处,结尾未能达到进一步深化主题的作用。】

【问题探因】

写作读书报告,除了概述到位之外,进一步阐述的切入视角也很重要,并且在"赞"原文的基础上,要追求较有深度地谈谈自己的认知。本文概述上只是利用了"摘要",但缺少进一步的总结提炼,并且深入阐述部分的深度不够。

【升格展示】

深思:宇宙观不仅仅关乎"宇宙"

——从反思"科学"推动当下观想到"智慧"引领未来

人类对宇宙的仰望、想象和探索从未停止,这从不只是天文学家的事,也不仅仅是当下的事,在世界愈发一体化的今天,也许"杞人忧天"是我们每一个人该有的忧患,一如哲学家康德所讲的:"有两样东西,我们越是持久和深沉地思考着,就越有新奇和强烈的赞叹与敬畏充溢我们的心灵:那就是我们头顶的星空和我们内心的道德律"。

【开篇点题,反用成语,引人思考,并引用名言深化阐述。】

在论文《浅析人类宇宙观源流》中,作者借用"故事"的结构,分序幕、开端、发展、高潮四部分,从宗教神话、古代理性思维、近代天文学和现代物理学等方面记录了人类对宇宙观演化问题的探讨,生动地讲述了人类宇宙观发展的历程,深刻揭示了当今世界生态危机的实质是人类宇宙观、价值观和人生基本信念的危机,最后文中提出未来生态宇宙观将引领人类走向人与自然和谐相处的生态文明社会。

作者认为,自古以来,人类对宇宙认识的渴盼,超越了时代与文化的分隔,但更重要的是当今甚或未来,人类的宇宙观的构建更应该超越时代认知的局限性,融合东西方文化的智慧,也要汲取宗教认知中的营养,在观念上,建立宇宙观和当下以及未来世界发展的联系,把世界当作"一个和谐的、不可分割的整体,一个动态的关系网",认识到"人类和生态系统的共存、共生、共荣生态问题并非单纯是一个自然科学技术的问题,背后更牵涉到社会/政治的意识形态、人的心灵与价值取向以至生活方式等问题","处理好人类文化价值(包括物质文化和精神文化)与自然生态价值的关系。"。进一步地,作者提到个人和世界的关系,他认为人要找准自己在整个世界和整个生态系统中的位置,并且要发挥正面作用。

【加入一段总结提炼的话,更精要地体现对原文的深入理解,也可以更好地指出其对于"宇宙观"和生态问题的认识。】

形式上,文章借助小说叙事的体例,历数人类宇宙观发展史,在提出"未来生态宇宙观"作为高潮部分后,空出结局留作思考空间和未来变量,人类作为世界的一分子,当然希望"故事"永远在高潮部分,或者有波折但至少让结局不要因为我们的主观错误而过早呈现!这也是作者提到的"不再把自然看成是永恒不变的事物,而是理解为一种过程"应该建构的理念。

内容上,最值得肯定的是作者以辩证法为认知工具,以动态发展联系的眼光看问题,将宇宙观与生态紧密联系起来,把宇宙世界看做是发展变化的,人类文明不必自傲,但能动性要发挥,即主动改变认知理念并修正对自然万物犯下的错误,在当下和未来,务必改变对世界的看待方式和对待方式。人不可妄为,更不可无所作为。

【进一步深入分析文章的外在和内在信息,以及认知贡献,并抓住作者行文的思维这一要点,深入挖掘,并由此过渡,转入"评估判断"部分,融入自己的见解。】

反观自省,人类历史上不乏智者圣人,他们仰观浩淼宇宙,俯察万物自然,虽然在一些认知上还处于原始阶段,但是整体智慧上却迈越千古。无论是他们属于宗教领袖,还是学派祖师,都有一个共同的认知,那就是虽然人有无限潜能,但是在自然面前,在天地之中,人是渺小的,人类所知是有限的,人,要敬畏天地自然。只不过近百年以来,工业革命、信息技术革命,让人类的创造力得到前所未有的发展同时,人类的野心也无限膨胀,但是随着科技的进一步发展,人类文化进一步交融,我们也正在逐渐认识到,我们对于宇宙自然和人的关系的认知画了一个大圈之后,回归到"起点":宇宙浩淼,自然宏大,人类是其中的一部分,不可分割,更不能肆意妄为。

【以人类历史为关照,以智者圣人为比照,建立自省意识,消除自傲姿

态,回归认知的正确点位】

由此可见,"道法自然"是超越了一个教派,一个学派的大智慧。而摆正自己的位置,找准人类在宇宙自然中的坐标,在和谐相融中"正价值"地发挥作用,用发展联系的眼光看待自身和万物,是当下乃至未来,我们应该做的事情。

【进一步由东方智慧的代表——中华优秀传统文化为起点,谈我们应该怎么做。】

萨根说"地球是宇宙中的一个地方,但绝不是唯一的地方,也不是一个典型的地方",人类世界是多边的,更大的自然界也应该是多边的,人类只是其中的一个边,而不是中心,现在不应是,以后也不应该是。如果我们有这种理念,那么很多事都会不同,我们应该重新建构或者说回归一种认知,即万物平等。这样的话,东西方的先贤胜者都讲过。特别是我们的传统文化里,如老子讲"希言自然,故飘风不能终朝,骤雨不能终日,孰能为此者,天地,天地尚不能久,而何况于人乎?"

【用西方天文学家的名言增加论证支撑,并就近取譬,由小及大,以老子的哲学名言结尾,深化论述。】

反之,如果人类一味自大狂傲,以自我为中心,短视浅见,社会的发展与文明的进步,都是在以破坏自然生物载体,甚至以戕害自然为前提,宇宙故事的结局难以确定,但是至少这个世界的结局也许会提前到来。

【反面论说和假设结尾,用忧患意识强化对于未来认知。】

【升格启示】

中学生写读书报告,往往不知如何落笔,其实可以把读书报告的写作分成两大部分,一是阅读过程,强调的摘记、批注、札记等过程性积累;二是写作过程,强调的是以梳理整合为基础的文字表述,又分为三个部分:

1. 点位切入。在梳理整合的过程中,找准一个切入点,以深入论述表达,避免泛泛而谈,避免全文都是对原文或原论著的"复述"。

2. 概述文意。客观地概述原文的内容,可适当引用,但切记避免大段地照搬原文。

3.评价创建。这部分应该是读书报告的主体,所谓报告,不仅仅是你读了什么,更重要的是你收获了什么,而这部分就是展现读书收获的所在。可以夹叙夹议地阐述自己的独特认知与理解,也可以提出质疑,谈谈自己的独到认识,但一定要言之有据,不能是无端揣测。

第五节 深度写作下的古诗文学短评

"学写文学短评"是统编教材中出现的新的写作任务,此任务是《普通高中语文课程标准》(2017 年版 2020 年修订)中"学业质量"部分关于"鉴赏活动"描述的具体落实。下面,我们谈一谈其中的诗歌类文学短评写作。

一、视角的选择和切入

在具体的赏析写作中,鉴赏的视角重点、选择方向是第一个要考虑的问题,诸如"情感""形象"、"主题""思想内涵""手法""作品风格"等等可供选择的视角方向很多,我们可以根据写作对象的不同以及自己感悟理解的程度精准聚焦,切忌泛泛而谈。对于名家名作还可以考虑尽量选取一个比较新颖的视角,谈自己独到的感受,这也符合写作的"个性化"要求。如选择谈一首诗的表现手法还是选题太大,因为可能会涉及到对仗、动静结合、虚实相生等多种手法,可以进行二次筛选,所谓"小切口大手术"。

如比喻手法,作为最常见又最有效的文学手法,比喻在诗歌的应用很普遍,无论是《诗经》的"出其东门,有女如云"还是《离骚》的"扈江离与辟芷兮,纫秋兰以为佩",抑或是李太白的"镜湖水如月,耶溪女似雪"读者都可随口吟来,但是若作为鉴赏评价点让我们去写短评,这可能存在盲点和难点。首先是作为鉴赏文章,我们对于诗歌中的比喻的分析不能止步于明喻、暗喻等类别的区分,也不能仅能说出生动形象这些模板,应从其特殊性上予以细致探究。典型的例子就是"撒盐空中差可拟"和"未若柳絮因风起"。

仅凭第一印象就可知后者关于雪的比喻更精妙,而为什么精妙就比较难讲清楚,但这正是我们诗歌短评要完成的任务。

二、写出诗性的独到见解

1. 诗意联想下相似性比较

还以以上的两个比喻为例。盐在颜色上与雪有相似性,一把盐末(不是盐粒)撒开远观也有落雪的效果,但是相较于“雪花”,盐的硬度大、质量大,如果是“粒”不是“末”则更甚,描述其下降的动词一定是落而不能是飘,甚至是快速直落,而“柳絮”和雪花都质量小,下降时都飘飘扬扬,不可同日而语。再者,撒盐是人为而非自然,必然不能很大规模且持续很久,又与柳絮和雪花的自然现象以及漫天纷纷扬扬的场面拉开差距。我们可以想象,一个或者一群人站在屋顶撒盐,另外的人在屋里想象这是在飘雪,是不是大煞风景、没了诗意呢?

2. 诗人身份下风格比较

吟出“未若柳絮因风起”的谢道韫婉约细腻,这比喻更能体现柔美的江南风韵,但如果作者更具关西大汉的粗旷之感则会有不妥之感。就像曹操的《短歌行》“对酒当歌,人生几何! 譬如朝露,去日苦多”的作者换成缺乏人生经历的青年也不妥一样。

3. 熟悉的陌生感比较

雪和柳絮都是人们熟知的事物,就像白居易《琵琶行》中的名句“大弦嘈嘈如急雨,小弦切切如私语。嘈嘈切切错杂弹,大珠小珠落玉盘”都是“就近取譬”,但却在我们熟悉中开拓了陌生的感觉,给我们精神上的震动和感触上的冲击。柳絮飘飞是春景,雪花纷飞是冬景,谢道韫的高明就在于把两者跨季节、超时令地予以关联,让我们无论是端坐堂前还是漫步庭院都能感受到其中的诗意浸染,其中的感受不是一个“美”字可以道尽的。因为诗人悄悄地把柳絮飘飞自带的诗意融进了冬日的严寒,让本不能同在的春日之柔美和冬日之壮美融合为一种难以言表的新鲜美感。

【习作展示】

不畏浮云遮望眼，"看向作品最深层"

——《声声慢》叠词新解

天津市静海区第一中学　张世君

南宋女词人李清照的作品在中国文学史上可谓是璀璨的明珠，特别是她的《声声慢》更是最闪耀的之一，是研读宋词必须要品析的作品。而研读《声声慢》就不能不注意到其开篇堪称经典的叠词的运用。但对其的评价往往停留在技巧使用等较浅的层面，如，宋张端义《贵耳集》卷上："'寻寻觅觅，冷冷清清，凄凄惨惨戚戚。'此乃公孙大娘舞剑手。"宋罗大经《鹤林玉露》卷十二："起头连叠七字，乃能创意出奇如此。"明杨慎《词品》卷二："以故为新，以俗为雅者，易安先得之矣。"明茅映《词的》卷四："这用十四叠字，后又四叠字，情景婉绝，真是绝唱。后人效颦，便觉不妥。"这就没能解读出这叠词背后的深刻意蕴。下面就个人理解，谈几点认识。

一、不是独创，也不是仅仅以数量取胜

首先说独创问题。叠词的使用在《诗经》中即可以找到踪迹，如我们熟悉的《关雎》"关关雎鸠，在河之洲"，以及《伐檀》的"坎坎伐檀兮"或者是选入统编教材的《芣苢》"采采芣苢，薄言采之。采采芣苢，薄言有之。采采芣苢，薄言掇之。采采芣苢，薄言捋之。采采芣苢，薄言袺之。采采芣苢，薄言襭之。"更是通篇叠词。而《古诗十九首》的"盈盈一水间，脉脉不得语。"更是脍炙人口的佳句，至于到了唐诗宋词里，叠词的应用更是普遍，俯拾即是。

再说数量问题。我们可以找到很多在数量上"打败"《声声慢》的作品。如元代乔梦符的《天净沙》小令："莺莺燕燕春春。花花柳柳真真，事事风风韵韵，娇娇嫩嫩，停停当当人人。"全词皆以叠词构成，却成为如砌墙对沙般的存在，毫无艺术美感和情感深刻可言，典型的为言而害意。另外如清代贺双卿《凤凰台上忆吹箫·赠邻女韩西》

寸寸微云,丝丝残照,有无明灭难消。正断魂魂断,闪闪摇摇。望望山山水水,人去去,隐隐迢迢。从今后,酸酸楚楚,只似今宵。

青遥。问天不应,看小小双卿,袅袅无聊。更见谁谁见,谁痛花娇?谁望欢欢喜喜,偷素粉,写写描描?谁还管,生生世世,夜夜朝朝。

全词总共95字的词篇,叠字多达58个,更是在类型上使用了名词、动词、形容词、代词等不同类型的叠词,也没有堆砌板滞的感觉,确实是充分展现了一代才女的风范。但如此就能如陈廷焯所言"易安见之,亦当避席"吗?其才情倒也未必。

二、以情动人,深层的情感和美感

如果我们细品《声声慢》的首句14个字,首先会发现诗歌创作本就存在跳跃性思维,而这三句之间似乎更是存在逻辑间断,即"没有逻辑的因果",要理解这三句,需要我们运用"诗意联想"来努力跨越诗歌中本就存在的思维鸿沟。首先清照晚年孤苦无依无靠,比起物质的匮乏,更可怕的是精神的无尽孤独。这种"寻觅"很可能是"无意"举动,但确实很想找到些什么,故一个寻觅不够,要"寻寻觅觅",但又因为自己也不知道要找些什么,能找些什么,毕竟少女时代的烂漫时光是"寻觅"不到了吧?赌书泼茶的爱情是"寻觅"不到了吧?稳定安闲的生活是寻觅不到了吧?心灵的失落是"急风"困境中的李清照难以找回的。故而,一切都寻而不得!"冷清"二字看似是环境描写,其实更是她的心境写照,又实在是她寻觅的结果——只有冷冷清清,一切都是冷冷清清,孤寂而冷清,这就是她的现实!这,是她意识到了的。这意识中可能有无限的懊悔、凄惨,定要加上"戚戚"二字方能尽意,但又似乎不能尽意,所以全词结束要说"怎一个愁字了得"呀!正如梁启超所作批语:"此词最得咽字诀……那种茕独凄惶的景况,非本人不能领略,所以一字一泪,都是咬着牙根咽下。"类似的心路历程的解读我们可以联系史铁生在《我与地坛》中"忽然间几乎什么都找不到了"来帮助"攻玉"。

【名师点评】

从这篇短评的题目就可见出,作者关于"小切口大手术"的良苦匠心——瞄准叠词一点,不及其余。李清照《声声慢》一词历来为人称道,从意象解读到意境分析,从情感缕析到主题意蕴以及由作品到作者的考究等等,作者就抓住叠词这一个聚焦点,向纵深挖掘,起笔就让人赞佩。

另外就是关于这首作品叠词的分析解读,自古以来也是众说纷纭,而难能可贵的是作者对此进行了较为全面的了解,并在作品中进行了简要的列举,然后从中找到评价的"新意"——深层结构和意蕴挖掘,让自己的短评在独到方面有所建树成为可能。并且让人叫绝的是,作者整篇短评的构思采取欲扬先抑、以退为进的结构模式,先承认李清照写词虽是女中国手,但叠词使用却不是独创,更不能在数量上取胜,并列举了从《诗经》到清代贺双卿的例子,由此也可见作者文学文化素养积淀之深,且能在应用时信手拈来为己所用。

当然,整篇短评最见水平的地方就是文章的第二部分关于"以情动人,深层的情感和美感"的分析,作者从诗歌的思维跳跃性这一有别于其他文体特别是同为抒情文体的散文的特点,挖掘三句之间的逻辑关系,以身世背景为基点分析其心理变化,成功接续其中的逻辑间断,不仅成功地挖掘了三句七组叠词背后的深刻情感意蕴,更是联系全词,把本来可能存在的因过度重视分析作品局部而割裂整体风险消弭于无形。

总体上,这篇短篇作品不仅有效达成统编教材关于文学短评写作"文字简要""小处切口""见解独到"等要求,而且充分展示了写作诗歌类文学短评要注意运用诗意联想而挖掘独有的审美特色,是一篇难得的佳作。

2023年高考作文探路先锋策划(一)

一、首创原题

商鞅变法、五四运动、遵义会议、改革开放,无数的"变"在历史长河中改变着我们民族的命运,推动着社会的进步,让中华民族傲然立于世界。耕读传家、扶弱安贫、追祖怀远、不畏艰险,无数的"不变"在千年的文化传承中延续着我们民族的精魂,让华夏儿女虽千里万里仍血脉相依。但间歇式孝顺、刷屏式过年、淡漠式邻里关系;这些"变"让我们沉思;而故步自封、陈陈相因的"不变"也谈不上坚守。

在如今百年未有之大变局的时代,"变与不变"是当代青年人必须思索的时代课题。对此你有何想法? 请结合上述材料,写一篇作文,谈谈你的感受和思考。

要求:选好角度,确定立意,自拟标题;不要套作,不得抄袭;不得泄露个人信息;不少于800字。

二、精准解析

此题为一道凸显语文学科核心素养的题目,意在引领学生运用辩证思维的思维方式与立足传统文化、现代发展的双重视角,去思考坚守传统民族文化、民族精神,又放眼世界,紧跟时代,积极改变,主动创新的关系;同时,融入批判思维,思考旧的不一定都坏,都要去推翻改变,而新的不一定都好,都要去推广,特别是要去思辨那些以所谓科学、新形式为幌子,但本质是思想倒退、人性沉沦的事物,这样增加了思维深度。那么,学生在行文中,就会呈现一种内在的逻辑形式(不再是外在的"老三段"的表象逻辑),如什么该坚守,哪些应改变,怎样坚守,如何改变,等等。

材料可以分为三个部分。第一部分历数从古至今的重大改变,这些改变有涉及制度改变、路线改变、政策改变等,点出这种"变"的几个方面的作用。第二部分则是列举我们中华优秀传统文化中的代表性精神、品质和传统,同时点出"不变"的意义。第三部分则是提出有些"变",非但不好,而且有害,是对民族传统和文化的伤害,不利于民族的发展;同时讲到一些所谓的"不变",实则是一种自我封锁和停滞,并不值得去坚守。三个部分分为三个思维层级,一是什么该变、什么不该变的逻辑思维,二是什么契机下变,什么情况下不变的辩证思维,三是对于不好的变和不变的批判反思,进一步思考如何变,又如何不变。

导语部分则给出大的时代背景,即"百年未有之大变局时代",同时指出思索"变与不变"是时代赋予当代青年的课题,并提出写作任务。

三、秘籍快递:深度写作法

总体上,本作文题阅读难度不大,但思维的梯度感明显,同时材料引领学生向民族审美、民族文化维度去思考,深化了写作指向。但怎样才能写出深刻的文章呢?我们可以从思维深刻和文化深刻两个方面思考。

一、思维深刻

我们可以进行逻辑框架的搭建。

第一步,锁定要论述的概念,进行精准阐述,以划定论述对象和范围,避免渐进式跑题。但是不要求在行文中去讲明字典义,不可能也没必要。如本题,变与不变。什么是"变"?当然是改变,但其中包含了自上而下的改变——变革,也包括彻底地改变——革命,同时还包括从无到有的改变——创新。而改变的对象,可以是个人层面的习惯、性格、规律,也可以是整个国家民族层面文化、习俗、制度、法律等。但是,改变不是割断血脉、凭空虚造,更不能背离基本伦理和道德,而是要在一定的原则、文化、法律基础上,结合时势,做出调整,这种调整应该是一种优化。什么是"不变"?不变在于坚守和传承。但是不变不是守残抱缺,不是陈陈相因,更不是泥古不化,而是要以刚毅和决心来把握或坚持,关键在时间的长久,而不变的东西也能经得住历史和实践的考验;由此可见,这两个概念并不是简单的相反或相对的关系,而是存在一定的相容性,即变与不变都要有所遵循,也都意味着选择和甄别,甚至是去找寻。这种厘清概念的过程,非常有助于写作思维的深化。厘清内涵后的外延列举也就变得简单,如不变的是民族文化内核、不变的是优秀传统民俗、不变的是民族伦理;摒弃改变乱丢乱放、只为自己、铺张浪费等陈规陋习和错误观念等等。在这个过程中,行文其实也就从理念层面谈到了如何不变、如何改变的问题。接下来,可以具体去阐述。

2.辩证认知。这里要解决的问题是在辩证思维的引领下去阐述什么样的“不变”是值得的、又怎样坚持,什么必须改变、又如何改变,以及运用批判思维去谈现实中错误的“变”和“不变”。

关于第一点,可以从个人、民族、国家以及社会几个维度去谈。如个人的毅力、品质是完成变与不变的不可缺少的因素,而没有整个民族的向心力、凝聚力和群体行动,则所谓变与不变可能只能停留在很小的范围,并且不能形成更大时空的影响。而国家层面的宣传、推动,乃至节日化、工程化的凝固则是实现最高等级的变与不变的不可或缺的因素。另外,还要注意的是变与不变的深层次完成,还有一个“寻找”的过程和二者互动的过程,即有的不变要回到尘封的历史中去找寻,让其重新让世人所知,然后经历被认识、理解和弘扬的一个过程。所谓互动,指的是很多东西我们要在变中坚守,也要在坚守中改变,它们都不是一成不变的。

关于第二点,也很好理解,就是批判错误的变与不变。不要把固执己见、冥顽不化当坚持,也不要把抱残守缺当守护,甚至心心念念于自我利益,然后去推动或者反对什么举措。正确的变与不变,来自于正向的初衷和动机,来自于正确的理念和高度的执行力,更来自于过程中个人的毅力精神、民族国家的重视推动以及社会的认可和行动。

二、文化深刻

写作中我们要尝试去触及更深层面的三个文化,即优秀传统文化、革命文化和社会主义先进文化。优秀传统文化,如我们的"慎独"文化,它要求我们能自律自守,也就是在独处时能谨守本心,保持自制,并且做自我反思自我批判,以期有所进步。如我们讲究"慎终追远"的文化,出自《论语·学而》,曾子曰:"慎终追远,民德归厚矣。"所谓"祖宗虽远祭祀不可不诚",这无关迷信,而是华夏民族的独特信仰,我们是唯一一个背着祖宗牌位漂洋过海的民族,这种重视血亲,心念先祖的文化,让华夏民族虽千里万里相隔,虽千年万年遭逢,却让我们的文明传承不绝。革命文化,如长征精神、井冈山精神、红船精神、西柏坡精神等,这些精神不但让我们的革命取得最终的胜利,而且其中蕴含的吃苦耐劳、不计得失、勇于奋斗、乐于奉献等价值观,在当今青年中依然有着传承的价值和意义。社会主义先进文化,这更是同学们所熟知和亲身经历的,如中国航天精神、女排精神、抗震救灾精神、奥运精神等等,都在无形中影响和鼓舞着我们奋勇前行。这些都应该是历经千百年传承不变的,是不会因为时移世易而变化的。

教师示范

不变的坚守,筑梦华夏　正确的改变,拥抱世界

什么是应该不变的,什么是应该改变的,怎么不变,如何改变,是你我在内的当代青年人必须思索的时代课题。(紧扣材料,快速入题)

所谓的不变,绝不是抱残守缺、陈陈相因,更不是泥古守旧,做遗老遗少,不变是一种正确理念引领下的坚持,是一种大毅力支撑下的坚定,是一种融个人、民族、国家和社会为一体的向心力和凝聚力,其关键在于长久、在于不断。所谓改变,不是割断血脉、另起炉灶,不是肆意背离、凭空虚造,而是要在一定的原则、文化、法律基础上,结合时势,做出调整,这种调整应该是一种优化。二者都要有所遵循,也都意味着选择和甄别,甚至是找寻。因此,它们是相互依存而并非矛盾的。(解读概念,厘清关系。展现逻辑思维的魅力。)

持家勤俭,卫生整洁,作息规律,心存戒惧、谨慎小心,这些好的家风家

训我们当然要坚守。而君子风范、士子节气、勇者气概、贤者胸襟这些好的精神以及讲究血脉相依、尊师重道、慎终追远、敬畏天地自然，这些好的民族传统，都应该是世世代代不变的坚守，而且要依靠整个民族的行动，以形成跨越时空而依然凝实的民族魂魄。就像习近平总书记说的"博大精深的中华文明是中华民族独特的精神标识"，是我们必须要坚守的精神内核。（从材料内容延伸到更多的民族文化，体现的是思维深刻和文化深刻。）

哲学家说过，世界上最难的事就是改变自己。所以古人讲究"慎独"，就是独处时反思自己，以期改变。若上升到民族性的痼疾顽症，如围观起哄、插队逆行、贪小便宜等，则可能需要一代人甚至几代人去改变，这一点鲁迅先生已然剖析明白。而有些改变之所以难，是难在改变前的论证以及改变过程的正确而坚定地执行。这其实就包含了"不变"的意味。（由个人而民族，且让两个概念融合阐述，展现辩证思维。）

变和不变相互依存。有的不变，发生在改变之后。因为错误的改变让其中好传统习俗消失了，我们要先完成找寻，让其重新为世人所知，然后经历认识、理解和弘扬的过程，再到坚守不变的层面。所谓在改变中坚守，在坚守中改变，它们都不是一成不变的。（进一步思辨，些消失了的或者被我能遗忘了的文化习俗，同样在坚守的范围内。）

而有的改变没有成功，就因为缺少了不变。比如王安石变法，堪称自商鞅之后最彻底的一次变法，但是由于其没有把握好谋事在人，成事其实也在人，特别是大量的实际执行人，和广大的人民百姓的支持这一不变的铁律，所以最后是以失败告终。包括清末及民国初年掀起的废除汉字运动，其想要普及文化的动机是好的，但是这种切断文化命脉的举措变革却背离了千百年传承不变的文明发展主线，因而没有成功。（通过事例更深层地论述二者间的关系。）

对于现代社会的变与不变，我们更要细加思量。比如快递年货，让生活更便捷，是好的改变；但佛系式拜年、间歇式孝顺、天价彩礼、大办丧事等，都应扫到历史的垃圾桶里。而云端聚会，其瞬间联通的便利性自不必言，但它总还带有一种隔膜与不真实，同时太容易的"相见"，消减了相思相念的沉淀和日夜期待的喜悦,应将这个改变与传统方式的聚会相结合。(辩证看待某些改变,认知不被迷障所惑,这也是理性思维的力量。中间几段论述,打破了"三段论"等表层逻辑的议论文形式,以更深层的逻辑为统整。)

不变的坚守,让我们筑梦华夏;正确的改变,让我们更好地拥抱世界。作为新时代的青年,处在这百年未有之大变局的历史关口,对此不可不慎思之,而笃行之。(收束扣题,呼应题目、首段、材料,并提出行动建议,结构圆融。)

2023年高考作文探路先锋策划(二)

首创原题

材料一:

黎明即起,洒扫庭除,要内外整洁;既昏便息,关锁门户,必亲自检点。

(《朱子家训》)

材料二:

苏州人家后门常通一条河,……什么东西都可以向这种出路本来不太畅通的小河沟里一倒,有不少人家根本就不必有厕所。明知人家在这河里洗衣洗菜,却毫不觉得有什么需要自制的地方。

(费孝通《乡土中国》)

材料三:

央广网等媒体发布的2022年十大过年趋势(部分):快递式年货、间歇式孝顺、5G式过年(抢红包、开黑)、云端式聚会、佛系式拜年(恭喜发财,红包拿来)

(《央广网》)

在如今百年未有之大变局的时代,"坚守与改变"是当代青年人必须思索的时代课题。对此你有何想法？请结合上述材料,写一篇作文,谈谈你的感受和思考。

要求:选好角度,确定立意,自拟标题;不要套作,不得抄袭;不得泄露个人信息;不少于 800 字。

精准解析

此题为一道凸显语文学科核心素养的题目,意在引领学生运用辩证思维的思维方式与立足传统文化、现代发展的双重视角,去思考坚守传统民族文化、民族精神,又放眼世界,紧跟时代,积极改变,主动创新的关系;同时,融入批判思维,思考旧的不一定都坏,都要去推翻改变,而新的不一定都好,都要去推广,特别是要去思辨那些以所谓科学、新形式为幌子,但本质是思想倒退、人性沉沦的事物,这样增加了思维深度。那么,学生在行文中,就会呈现一种内在的逻辑形式(不再是外在的"老三段"的表象逻辑),如什么该坚守,哪些应改变,怎样坚守,如何改变,等等。

材料一,给的是《朱子家训》中的一段话,谈的是持家要勤劳,卫生要整洁,作息要规律,而且要谨慎小心,不可懒惰懈怠,不可疏忽大意。学生在阅读时,抓住"家训""即起""便息""整洁"等关键词,可以基本确定这些都是好的传统,其指向的是"坚守",即优秀的传统文化和家训家风要坚守。同时,这则材料也是一个出发点,学生依照线性思维,从"家训"二字出发,想到诸如《颜氏家训》《袁氏世范》《诫子书》等等内容;学生还可以依照发散思维,从传统文化出发,想到更多的好的习俗、精神,更深入地体验我们民族精神的内核,从而更深入地体验"坚守"二字的责任和意义。

材料二,研读过《乡土中国》的学生自然不陌生,这是费孝通先生《乡土中国 差序格局》中带有明显的批判意味的一段话。没印象的同学也不要紧,可以通过抓取"什么东西都可以一倒""明知""不觉得"等关键词句,读出作者的情感倾向是反对。联想日常生活,更是能明白往河溪里丢垃圾,甚至排便溺,以致完全不顾及下游可能正在洗菜洗衣的人,这当然是自私自利、毫无自律自制的陈规陋习,是我们新时代青年应该摒弃改变的。材料二与材料一形成了鲜明的对比关系。看完材料二,学生对"坚守与改变"有了一个更明确的认知。

材料三,选的是网络平台的报道素材,所谓2022年的十大过年趋势(部分),相比较了传统年俗,这肯定是一个"改变",但是细看就会发现,这里面并不都是好的,都是要提倡推广的。要细加甄别,辩证看待。比如,快递式年货,就体现了新时代物流的发达和便捷,过年回家再也不必大包小包、肩扛手提;而5G式过年、佛系式拜年则是应该反对的,是一种不好的改变,这里面除了没有了传统的年味之外,还让年轻人特别是学生,沉迷网络、走向拜金——过年,似乎带有了浓重的铜臭味,亲人之间的血脉联系成了金钱的联络。而间歇式孝顺,则更是显而易见的坏——过年回家与老人相聚,成了朋友圈的炫耀,过后又是一场空。这是两个以辨别的"改变"中的好与不好,已然体现了思辨性。另外的云端式聚会,则还可以进一步辩证看待,一方面是高科技带来的超越时空的快捷便利,天涯海角、异国他乡再也不是距离,瞬间的"联通",让相聚成为了平常事,这是好的;另一方面就是这种云端聚会,带有一种隔膜,也不真实,同时太容易地"相见",消减了相思相念的沉淀和日夜期待的喜悦。也就是说它不能完全取代传统的聚会,二者应结合起来。材料三,让学生在写作中体现的思维更为深刻,有单向的坚守和改变,提升为思考其中的利弊,带有了思辨、批判的意味。

秘籍快递:思辨写作法

本题所给三则材料有古有今,有课堂有生活,三者之间有内在的逻辑关联和显性的对立统一关系,结合写作导语中给出的"坚守与改变"这一写作关键词,学生把握基本立意不难,但想在限时性写作中脱颖而出,就需要在深度写作上下功夫,深度来自于逻辑深刻和文化深刻。就本题而言,我们可以做如下尝试。

1.厘清概念。厘清材料中坚守和改变概念的内涵和外延。在内涵层面,不是去解释这两个词的字典义,而是对这两个词进行基于生活认知层面的阐述,以确保为后面的论述建立精准的核心。就本文而言,坚守不是守残抱缺,不是陈陈相因,更不是泥古不化,而是要以刚毅和决心来把握或坚持,关键在时间的长久,而坚守的东西也能经得住历史和实践的考验;而改变也不是割断血脉、凭空虚造,更不能背离基本伦理和道德,而是要在一定的原则、文化、法律基础上,结合时势,做出调整,这种调整应该是一种优化。由此可见,这两个概念并不是简单的相反或相对的关系,而是存在一定的相容性,即坚守和改变都要有所遵循,也都意味着选择和甄别,甚至是找寻。这种厘清概念的过程,非常有助于写作思维的深化。厘清内涵后的外延列举也就变得简单,如坚守民族文化内核、坚守优秀传统民俗、坚守民族伦理;摒弃改变乱丢乱放、只为自己、铺张浪费等陈规陋习和错误观念等等。在这个过程中,行文其实也就从理念层面谈到了如何坚守、如何改变的问题。接下来,可以具体去阐述。

2.辩证认知。这里要解决的问题是在辩证思维的引领下去阐述什么值得坚守、又怎样坚守,什么必须改变、又如何改变,以及运用批判思维去谈现实中的错误坚守和改变。

关于第一点,可以从个人、民族、国家以及社会几个维度去谈。如个人的毅力、品质是完成坚守和改变的不可缺少的因素,如坚守岗位、坚守阵地、坚守信条等等。但是,没有整个民族的向心力、凝聚力和群体行动,则所谓坚守可能只能停留在很小的范围,并且不能形成更大时空的影响。而国家层面的宣传、推动,乃至节日化、工程化的凝固则是实现最高等级的坚守和改变的不可或缺的因素。另外,还要注意的是坚守和改变的深层次完成,还有一个"寻找"的过程和二者互动的过程,即有的坚守要回到尘封的历史中去找寻,让其重新让世人所知,然后经历被认识、理解和弘扬的一个过程,再是到坚守层面。所谓互动,指的是,很多东西我们要在改变中坚守,也要在坚守中改变,它们都不是一成不变的。

关于第二点,也很好理解,就是批判错误的坚守和改变。不要把固执己见、冥顽不化当坚持,也不要把抱残守缺当守护,甚至心心念念于自我利益,然后去推动或者反对什么举措。即正确的坚守和改变,来自于正向的初衷和动机,来自于正确的理念和高度的执行力,更来自于过程中个人的毅力精神、民族国家的重视推动以及社会的认可和行动。

教师示范

坚守,筑梦华夏　改变,拥抱世界

什么是应该坚守的,什么是应该改变的,怎么坚守,如何改变,是你我在内的当代青年人必须思索的时代课题。(紧扣材料,快速入题)

所谓的坚守,绝不是抱残守缺、陈陈相因,更不是泥古守旧,做遗老遗少,坚守是一种正确理念引领下的坚持,是一种大毅力支撑下的坚定,是一种融个人、民族、国家和社会为一体的向心和凝聚,其关键在于长久、在于不断。所谓改变,也不是割断血脉、另起炉灶,不是肆意背离、凭空虚造,改变是要在一定的原则、文化、法律基础上,结合时势,做出调整,这种调整应该是一种优化。二者都要有所遵循,也都意味着选择和甄别,甚至是去找寻。可见,它们是相互依存而并非矛盾的。(解读概念,厘清关系。展现逻辑思维的魅力。)

持家勤俭,卫生整洁,作息规律,心存戒惧、谨慎小心,这些好的家风家训我们当然要坚守。而君子风范、士子节气、勇者气概、贤者胸襟这些好的精神,以及讲究血脉相依、尊师重道、慎终追远、敬畏天地自然这些好的民族传统,都是需要世世代代坚守的,而且要依靠整个民族的行动,以形成跨越时空而依然凝实的民族魂魄。就像习近平总书记说的"博大精深的中华文明是中华民族独特的精神标识",是我们必须要坚守的精神内核。(从材料内容延伸到更多的民族文化,体现的是思维深刻和文化深刻。)

坚守不易,改变更难。个人的不必说,哲学家说过,世界上最难的事就是改变自己。所以古人讲究"慎独",就是独处时反思自己,以期改变。上升到民族性的痼疾顽症,如围观起哄、插队逆行、贪小便宜等,则可能需要一代人甚至几代人去改变,这一点鲁迅先生已然剖析明白。而有些改变之所以难,是难在改变前的论证以及改变过程的正确而坚定地执行。这其实就包含了"坚守"的意味。(由个人而民族,且让两个概念融合阐述,展现辩证思维。)

坚守和改变相互依存。有的坚守,发生在改变之后。因为错误的改变让好传统习俗消失了,我们要先完成找寻,让其重新为世人所知,然后经历认识、理解和弘扬的过程,再到坚守层面。所谓在改变中坚守,在坚守中改变,它们都不是一成不变的。(进一步思辨,些消失了的或者被我能遗忘了的文化习俗,同样在坚守的范围内。)

而有的改变没有成功,就因为缺少了坚守。比如隋文帝用敕令的方式改变当时浮华的文风,但是皇帝的命令没有赢得天下文人的支持,也就没有了社会层面的坚守,最后不了了之。又比如王安石变法,堪称自商鞅之后最彻底的一次变法,但是由于其选择坚守的人不对,最后也是以失败告终。(通过事例更深层地论述二者间的关系。)

有些改变看起来华丽光鲜,甚至充满现代科技感,但也不都对。快递年货,让生活更便捷,是好的改变。但佛系式拜年、间歇式孝顺、天价彩礼、大办丧事等,都应扫到历史的垃圾桶里。而云端聚会,其瞬间联通的便利性自不必言,但它总还带有一种隔膜、不真实,同时太容易的"相见",消减了相思相念的沉淀和日夜期待的喜悦。不能因为这个改变而完全取代传统的聚会。(辩证看待某些改变,认知不被迷障所惑,这也是理性思维的力量。中间几段论述,打破了"三段论"等表层逻辑的议论文形式,以更深层的逻辑为统整。)

正确的坚守,让我们筑梦华夏,正确的改变,让我们更好地拥抱世界。作为新时代的青年,处在这百年未有之大变局的历史关口,对此不可不慎思之,而笃行之。(收束扣题,呼应题目、首段、材料,并提出行动建议,结构圆融。)

第四章 教 学
深度设计,引领学生高质量发展

第一节 单元整体教学设计

一、"劳动光荣"单元整体教学设计

本单元在统编教材必修上册第二单元,是属于人文主题的"劳动光荣"和任务群教学的"实用性阅读与交流"单元。本单元作品或报道优秀劳动者的杰出事迹,或倡导践行工匠精神,或歌咏劳动的美与欢乐,从不同角度彰显劳动的伟大意义,体现劳动精神的传承和发展。学习本单元的目标,既要设计专题研讨的活动,来深入体会"劳动最光荣、劳动最崇高、劳动最伟大、劳动最美丽"的思想,形成正确的劳动观念;又要重视字词积累、文学常识、信息梳理、形象概括、诗歌手法、通讯特点、评论特定等基础知识、基本技能的巩固和提升。所以在教学设计时应当既有专题研讨活动等整体比较阅读的设计,又要有每一课相关知识点的落实设计。由此设计四个专题教学内容。

1. 梳理专题

①梳理"基础字词",在充分阅读基础上,梳理并积累第4和第5课的基础字词以及第6课的个别字词音形意,做到文意贯通。

②梳理"文脉",在充分阅读基础上,包括以下定义的形式梳理文中的概念;以表格的形式梳理第4课中三位主人公袁隆平、张秉贵和钟扬的具体

事件、人物精神和作者立场,或者结合网络资料并参照文中的时间线索梳理
袁隆平、张秉贵和钟扬的生平,包括成就和荣誉,得出列标题组织典型事件
的好处;梳理几篇文章和诗歌中出现的细节描写及其作用;以分层的形式梳
理第5课《以工匠精神雕琢时代品质》的思路,以下定义的形式梳理"工匠
精神"的内涵。以表格形式梳理三课,特别是《芣苢》和《文氏外孙入村收
麦》两首诗的手法及其作用和诗歌表达的情感。

2. 研讨专题

①劳动推动着社会的发展、时代的进步,也塑造着人的思想品格。袁隆
平等杰出劳动者的模范事迹,古代人民热烈的劳动场面,彰显了劳动的崇高
与美丽;普通劳动者的辛勤汗水,手工匠人的高超技艺,体现出劳动的价值
与意义。从下列话题中任选一个,结合课文具体内容,分组进行专题研讨。

话题1:劳动的崇高与美丽

话题2:劳动的价值与意义

话题3:无私奉献与勇于创造

话题4:辛勤劳动、诚实劳动、创造性劳动

注:以上话题的讨论要以发言稿的形式完成,每篇不少于800字。

②袁隆平不迷信权威,对现阶段中学生的启示?

③从报道角度、新闻价值、结构层次和语言表达等方面草拟优秀新闻的
评选标准,小组评选消息和通讯各一篇,并合作撰写推荐书,阐述推荐理由,
班级展示交流。

3. 鉴赏(点评)专题

鉴赏诗歌的内容和手法,如场面与细节,对比和正侧描写手法的,理解
和认同其中的美好情感。

4. 写作专题

鼓励学生在课堂发言的基础上,整理自己的发言稿,自拟标题,形成作
文。也可以老师给出建议性的题目,由学生写作。同时老师要在写作专题
课上讲解写人要关注典型事例和细节真实的问题。

一、学习目标

1. 梳理"基础字词"，在充分阅读基础上，梳理并积累第 4 和第 5 课的基础字词以及第 6 课的个别学的音形意，做到文义贯通。

2. 梳理"文脉"，在充分阅读基础上，包括以下定义的形式梳理文中的概念；以表格的形式梳理第 4 课中三位主人公袁隆平、张秉贵和钟扬的具体事件、人物精神和作者立场，总结人物形象，或者结合网络资料并参照文中的时间线索梳理袁隆平、张秉贵和钟扬的生平，包括成就和荣誉，总结了标题组织典型事件的好处；梳理几篇文章和诗歌中出现的细节描写及其作用；以分层的形式梳理第 5 课《以工匠精神雕琢时代品质》的思路；以表格形式梳理第 6 课《芣苢》和《文氏外孙入村收麦》两首诗的手法及其作用和诗歌表达的情感。

3. 从报道角度、新闻价值、结构层次和语言表达等方面草拟优秀新闻的评选标准，小组评选消息和通讯各一篇，并合作撰写推荐书，阐述推荐理由，班级展示交流。

4. 鉴赏诗歌表现手法，如重章叠句、细节描写、对比、对仗、侧面描写等。

5. 能在整理自己发言稿的基础上，完成写作。

6. 从思辨的角度，引领学生思考袁隆平不迷信权威，对现阶段中学生的启示。

7. 引领学生体会、理解、认同课文中所展现的袁隆平的朴素美和创造美，张秉贵的热情美和朴实美，周扬的奋斗美和执着美，以及他们身上的热爱劳动、无私奉献等优秀品质。

8. 理解《芣苢》中表现的母性的渴望和劳动获得的欢乐；理解《文氏外孙入村收麦》中普通劳动者的劳动美、乡邻之间的人情美以及祖孙之间的亲情美。

9. 劳动推动着社会的发展、时代的进步，也塑造着人的思想品格。袁隆平等杰出劳动者的模范事迹，古代人民热烈的劳动场面，彰显了劳动的崇高与美丽;普通劳动者的辛勤汗水,手工匠人的高超技艺,体现出劳动的价值与意义。从下列话题中任选一个,结合课文具体内容,分组进行专题研讨。

话题 1:劳动的崇高与美丽。

话题 2:劳动的价值与意义。

话题 3:无私奉献与勇于创造。

话题 4:辛勤劳动、诚实劳动、创造性劳动。

注:以上话题的讨论要以发言稿的形式完成,每篇不少于 800 字。

二、教学准备

1.准备《诗经·采薇》张晓艳《钟扬事迹报告:在我心里,你永不远去》和关于通讯报道及新闻评论的相关素材提前印发。

2.布置预习任务

(1)熟读课文,做到总体感知。

(2)梳理本单元的所有课内字词,重点是易混易错、多音字、形近字,并作相应的课外拓展。

(3)梳理袁隆平、钟扬和苏辙的生平年表,并找出与文章诗歌对应的时间点,查询张秉贵的大事记,并拓展了解其同时代的如时传祥、王进喜、田桂英等劳模。

(4)回顾《百合花》和《哦,香雪》中的相关细节描写的内容及其作用。回顾《蒹葭》回顾《百合花》和《哦,香雪》中的相关细节描写的内容及其作用。回顾《蒹葭》《关雎》,查询《桃夭》《采薇》等作品,回顾《诗经》作品中重章叠句的手法。

(5)查询毛泽东《七律·到韶山》,常见的面积单位换算方法,了解"高原反应""种子库"、通讯报道概念及特点和"工匠精神"提出背景等。

三、教学过程

第一课时"梳理"专题之梳理"基础知识"

一、学习目标

梳理"基础知识",在充分阅读基础上,梳理并积累本单元的基础知识,做到"厚积"并初步感知。

二、教学过程

(一)导入新课

歌曲《劳动最光荣》+图片导入。

在我们的世界,最平凡的就属那些普通劳动者,但也是他们创造了历史,推动了进步,让一个又一个感动在我们身边发生着!他们身上所展现出来的崇高而伟大的无私精神、奋斗精神、坚强品质、朴素感情无时无刻不在感染着我们每一个人,同时也让我们思考这些具有工匠精神的劳动者,他们身上的当代价值和意义,更让我们思考我们该如何向他们学习,在劳动美的实践中展现新的时代风范!

今天开始,我们就一起来学习第二单元的内容——"劳动最光荣"!

(二)阅读感知

1. 自读课文,小组交流,消除预习障碍。(教师巡视答疑、纠正)

2. 学生展示 PPT,共同积累音、形、义。

3. 再读课文,读准断句。

《芣苢》句子是 2-2 节拍,如:

采采/芣苢,薄言/采之。

《文氏外孙入村收麦》句子是 2-2-3 节拍,如:

欲收/新麦/继陈谷,赖有/诸孙/替老人。

朗读时注意体会断句与节奏。

（三）再读体会

1. 连读前三篇文章《喜看稻菽千重浪》《心有一团火,温暖众人心》《"探界者"钟扬》,体会人物的事迹精神。

2. 再读《以工匠精神雕琢时代品质》体会作者态度。

3. 再读《芣苢》和《文氏外孙入村收麦》体会节奏和感情。

（四）课堂小结

（五）课后作业

1. 分类整理课上的笔记内容,做到积累整合。

2. 网络查询丰富关于袁隆平、张秉贵和钟扬的生平,包括成就和荣誉并以表格的形式梳理第 4 课中三位主人公袁隆平、张秉贵和钟扬的具体事件、人物精神和作者立场,总结概括人物形象。

3. 以分层的形式梳理第 5 课《以工匠精神雕琢时代品质》的思路。

4. 以表格形式梳理三课,特别是《芣苢》和《文氏外孙入村收麦》两首诗的手法及其作用和诗歌表达的情感。

第二课时:"梳理"专题之梳理"文脉"（一）

一、学习目标

1. 梳理结构和概念,做到整体理解,提升学生的逻辑思维品质。

2. 以分层的形式梳理第 4 课和第 5 课结构的思路,以表格的形式梳理并展示三位主人公袁隆平、张秉贵和钟扬的具体事件、人物精神和作者立场;以表格的形式梳理并展示三位主人公的细节描写,并总结其作用;以多种形式概括表述人物形象;以下定义的形式明确"工匠精神"的内涵。

二、教学过程

（一）导入新课

回顾前课,温故知新。

（二）阅读·梳理·交流

1. 速读课文,整体把握第 4 和第 5 课文章结构和思路。

（1）小组交流各自的意见,相互吸取借鉴,补充完善。

（2）班级交流，投影展示并解说，其他同学点评，教师引导纠正。

（3）明确《喜看稻菽千重浪》篇章结构

第一部分：追述袁隆平发现杂交一代并进行繁育实践和理论研究的过程。

第二部分：写袁隆平敢于挑战的勇气和信心，突出他勇于创新的精神品格。

第三部分：写袁隆平对广大农民的深情及其实事求是的态度与捍卫真理的科学精神，突出它的平和性格。

第四部分：写袁隆平的战略设想及伟大成就。

《心有一团火，温暖众人心》篇章结构

第一部分（1-14段）：张秉贵的"一团火"品格的表现。

第二部分（15-18段：张秉贵的"一团火"品格的成长。

第三部分（19-20段）：张秉贵的"一团火"品格的影响。

《"探界者"钟扬》篇章结构

第一部分：写钟扬少年英雄，不安于现状。

第二部分：写钟扬种子达人，执着于追求。

第三部分：写钟扬科学队长，"愿意教人"。

第四部分：写钟扬"接盘"导师，有责任与担当。

第五部分：写钟扬生命延续，诠释生命的高度与广度。

《以工匠精神雕琢时代品质》篇章结构

第一部分：提出观点，时代需要工匠精神。

第二部分：论证观点，什么是工匠精神、正确认识工匠精神和工匠精神的内涵。

第三部分：总结观点，工匠精神的当代价值和意义。

2.再读课文，以表格的形式梳理并展示三位主人公袁隆平、张秉贵和钟扬的具体事件、人物精神和作者立场。

（1）小组交流各自的意见，相互吸取借鉴，补充完善。

（2）班级交流，投影展示并解说，其他同学点评，教师引导补充。

表 4-1 《喜看稻菽千重浪》

具体事件	人物精神	作者立场
1.发现天然杂交一代,但试种失败	敏于发现、勤于探索、勇于实践,面对失败不放弃。	赞扬袁隆平的探索实践精神
2.研究水稻杂种优势利用,并发现天然雄性不育株	尊重权威但不迷信权威,有挑战的勇气和信心	感佩袁隆平的创新精神和坚定的决心
3.用事实和平和的态度反驳贬斥的声音	实事求是的态度和捍卫真理的科学精神以及平和的性格	赞扬袁隆平的实事求是精神,佩服他的平和大度胸襟
4.研究两系杂交稻,并广泛引种	大胆设想,勇于担当,躬身实践,功在千秋,	赞扬他的伟大战略设想和伟大成就
5.培育超级水稻,引导绿色革命	不断进取,造福世界	感慨他的进取精神,以及在世界的影响力

表 4-2 《心有一团火,温暖众人心》

具体事件	人物精神	作者立场
1.用糖哄哭闹的小孩;给要赶火车的顾客提前称糖并悉心指路	耐心细致、周到体贴、主动服务、急人所急	赞美张秉贵的主动热情细致的服务精神
2.接待气呼呼的女顾客	热情大度、主动耐心、和蔼亲切	赞美张秉贵的耐心诚恳的精神
3.女儿生重病,却依旧没有影响他的服务态度	隐忍克制、爱岗敬业、公私分明	赞美张秉贵的公私分明、爱岗敬业精神
4.回顾成长经历:出身贫苦、受尽剥削、思想改变、感慨顾客回报、多渠道丰富商品知识	自我反省懂得感恩,乐于奉献他主动求知、严于律己、公私分明	感佩张秉贵的成长经历,和他主动进取的同时不忘严于律己的精神
5.吃夜宵受启发以及他的巨大影响	善于剖析小事、思想觉悟高	侧面手法衬托他的巨大影响力,号召大家向他学习。

表 4-3 《"探界者"钟扬》

具体事件	人物精神	作者立场
1. 15 岁上中科大,20 岁工作,旁听植物学课程,33 岁任副所	积极进取	赞扬他那颗不安分的心灵以及积极进取精神
2. 36 岁辞职到复旦任教,37 赴西藏采集种子,45 岁成为援藏干部,一生 3 次入藏,采集种子达 4000 万颗。	淡泊名利,不追求生活品质,永远在路上的奋斗品质和执着的精神	赞美他的使命感和责任感
3. 37 岁做科普工作,为学生社团写脚本,并指导排练,39 岁开始撰写、翻译、审校科普著作	热心科普,热爱教育	赞美张秉贵的公私分明、爱岗敬业精神
4. 48 岁发文《生命的高度》,51 岁突发脑出血,继续坚持入藏,52 岁为上海自博馆 500 余块展板撰文,53 岁去世。	才学出众,献身科学	感佩张秉贵的成长经历,和他主动进取的同时不忘严于律己的精神

3. 以表格的形式梳理并展示三位主人公的细节描写,并总结其作用

(1)小组交流各自的意见,相互吸取借鉴,补充完善。

(2)班级交流,投影展示并解说,其他同学点评,教师引导补充。

表 4-4

人物	细节描写	作用总结
袁隆平	1."挽起裤腿走下稻田" 2."披着讲义夹,匆匆来到……试验田……把讲义夹放在田埂上,走下稻田一行行地观察起来" 3.他一边甩去手上的泥巴一边对我说	细节描写使内容更加真切感人,人物形象更加鲜明生动。
张秉贵	1.老张从称好的糖果中拿出一块放回货柜里,又拿出几块用小纸袋装好,塞进孩子的衣兜里 2.张秉贵在柜台里"三步并作两步走,一点儿不知累",下班后累得"有时连上楼还要扶着墙"	
钟扬	1.钟扬却背着他经典的黑色双肩包,穿着磨白了的牛仔裤,戴着一顶宽檐帽,迈着长期痛风的腿,在青藏高原上刷新一个植物学家的极限,连藏族同事都称他为"钟大胆"。 2.他会忽然在吃饭时得意洋洋告诉大家他的想法,当然偶尔会被我们反驳,他也会欣然接受	

4. 概括表述人物形象。

(1)小组交流各自的意见,相互吸取借鉴,补充完善。

(2)班级交流,投影展示并解说,其他同学点评,教师引导补充。

形式一:下定义模式

①袁隆平是一位扎根农田、躬身实践、勇于探索,有坚定信念、有伟大担当、有广阔胸怀,坚持实事求是、坚持捍卫真理、坚持不断进取,心怀天下、情系苍生的伟大科学家和耕耘者。

②张秉贵是一位热情体贴、细致周到、诚恳耐心的时刻把"为人民服务"记在心间的优秀售货员和普通劳动者代表。

③钟扬是一位知识广博、能力出众、才华横溢,热爱教育、热心科普,有责任、有担当、有毅力,淡泊名利,奋斗不止的伟大科学家、老师和科普工作者。

形式二:颁奖词模式

参考示例——给"袁隆平"的两段颁奖词

①"心灵富豪"颁奖词:

他用一粒种子改变了世界;他创造的物质财富,只有两个字可以形容——无价。而他自己,依旧躬耕于田畴,淡泊于名利,真实于自我。他以一介农夫的姿态,行走在心灵的田野,收获着泥土的芬芳。那里,有着一个民族崛起的最古老密码。

②感动中国颁奖词:

他是一位真正的耕耘者。当他还是一个乡村教师的时候,已经具有颠覆世界权威的胆识;当他名满天下的时候,却仍然只是专注于田畴,淡泊名利,一介农夫,播撒智慧,收获富足。他毕生的梦想,就是让所有的人远离饥饿。喜看稻菽千重浪,最是风流袁隆平。

形式三:简答模式

任选一位人物,请用一生事例,简述其一生成就。

如,阐释钟扬的"高度"与"深度"。

钟扬,15 岁上中科大,可谓少年得志,第一次诠释了认识的新高度。而学业途中的砖专业,第一次增加了人生的广度。33 岁做副所,而又淡泊名利辞职向教,从武汉到复旦,从上海到青藏高原,从研究者到教师到种子达人到科普队长到接盘导师,你不断地探索人生边界刷新生命广度。年过50,本该知天命了,但突发脑溢血后不听人劝再度入藏,你的天命知的不知道比一般人高了不知凡几! 而在看了你一天的工作安排和你双肩包里的未了心愿后,我们在泪流满面的同时不仅能掩卷沉思,钟扬,你对生命高度与广度的阐述探索,必将增加和拓宽更多人生命的高度与广度!

5. 以下定义的形式梳理"工匠精神"的内涵。

(1)再次快速浏览课文,圈画相关的内容,理清概念雏形。

(2)草拟概念,组内交流,相互借鉴完善。

(3)班级展示,同学点评,教师小结。

示例:

工匠精神是不但将一门技术掌握到炉火纯青,而且有发自肺腑专心如一热爱、废寝忘食尽心竭力付出,有臻于完善超今冠古追求、出类拔萃、巧夺天工卓越,有冰心一片、物我两忘境界、雷打不动、脚踏实地笃实的一流的心性和格物致知、真心诚意的生命哲学以及技近乎道、超然达观的人生信念的不以成功为旨归的、人人可践行的伟大精神。

(三)课堂小结

(四)布置作业

同学们课下继续深入阅读课文并回顾《百合花》和《哦,香雪》中的相关细节描写的内容及其作用。回顾《蒹葭》《关雎》,查询《桃夭》《采薇》等作品,回顾《诗经》作品中重章叠句的手法。

第三课时:"梳理"专题之梳理"文脉"(二)

一、教学目标

以表格形式梳理第4课和第6课的手法及其作用。提升学生的语言表达能力和形象思维与逻辑思维品质。

二、教学过程

(一)导入新课

回顾前课,温故知新。

(二)阅读·梳理·交流

1.回顾《百合花》和《哦,香雪》中的相关细节描写的内容及其作用。

(1)独立思考,小组交流。

(2)复述相关情节并说出其作用,同学点评。

如,通讯员的"绑腿"描写,说明他细心,枪筒插树枝,说明他天真热爱生活,且与其年龄的交代相符等。

别的姑娘"心跳着涌上前去……只有香雪躲在后面,双手紧紧捂着耳朵"说明香雪的胆小且与后文一个人夜里沿着铁道往回走形成对比等等。

2.用笔标画出第四课三篇文章中的细节描写,并分析其作用。

(1)独立思考并标画,小组交流,相互吸取借鉴,补充完善。

(2)班级交流,投影展示并解说,其他同学点评,教师引导补充。

3.回顾及拓展《蒹葭》《关雎》《桃夭》《采薇》等作品中的重章叠句(重章复沓)的手法。

(1)请同学背诵《蒹葭》和《桃夭》,并指出其中重章叠句的部分及其作用。

（2）其他同学点评并补充。

（3）请同学讲讲"重章叠句"的概念,并拓展《采薇》。

①概念:

重章叠句是诗歌的一种常见手法,即上下句或者上下段用相同的结构形式反复咏唱的一种表情达意的方法。

②作用:

这种手法具有回环反复的表达效果与音韵美、意境美、含蓄美。

附录:

秦风·蒹葭

蒹葭苍苍,白露为霜。所谓伊人,在水一方。溯洄从之,道阻且长。溯游从之,宛在水中央。

蒹葭萋萋,白露未晞。所谓伊人,在水之湄。溯洄从之,道阻且跻。溯游从之,宛在水中坻。

蒹葭采采,白露未已。所谓伊人,在水之涘。溯洄从之,道阻且右。溯游从之,宛在水中沚。

周南·关雎

关关雎鸠,在河之洲。窈窕淑女,君子好逑。

参差荇菜,左右流之。窈窕淑女,寤寐求之。

求之不得,寤寐思服。悠哉悠哉,辗转反侧。

参差荇菜,左右采之。窈窕淑女,琴瑟友之。

参差荇菜,左右芼之。窈窕淑女,钟鼓乐之。

周南·桃夭

桃之夭夭,灼灼其华。之子于归,宜其室家。

桃之夭夭,有蕡其实。之子于归,宜其家室。

桃之夭夭,其叶蓁蓁。之子于归,宜其家人。

小雅·采薇

采薇采薇,薇亦作止。曰归曰归,岁亦莫止。靡室靡家,猃狁之故。

不遑启居,猃狁之故。

采薇采薇,薇亦柔止。曰归曰归,心亦忧止。忧心烈烈,载饥载渴。我戍未定,靡使归聘。

采薇采薇,薇亦刚止。曰归曰归,岁亦阳止。王事靡盬,不遑启处。忧心孔疚,我行不来。

彼尔维何? 维常之华。彼路斯何? 君子之车。戎车既驾,四牡业业。岂敢定居? 一月三捷。

驾彼四牡,四牡骙骙。君子所依,小人所腓。四牡翼翼,象弭鱼服。岂不日戒,猃狁孔棘。

昔我往矣,杨柳依依。今我来思,雨雪霏霏。行道迟迟,载渴载饥。我心伤悲,莫知我哀!

4.以表格形式梳理第4和第6课的手法及其作用。

(1)独立完成表格,并在组内交流。

(2)班级展示,其他同学点评并补充,教师小结。

表4-5

作品	手法	作用
《喜看稻菽千重浪》	典型事件 细节描写	典型事件突出人物的优秀品质,细节描写让人物更丰满,内容更真切感人。
《心有一团火,温暖众人心》	典型事件 细节描写 侧面描写	典型事件突出人物的优秀品质,细节描写让人物更丰满,内容更真切感人,侧面烘托突出了人物在人民群众中的巨大影响力。
"探界者"钟扬	典型事件 细节描写 侧面描写	典型事件突出人物的优秀品质,细节描写让人物更丰满,内容更真切感人,侧面描写让人物形象更加地可信、可敬、可爱。

作品	手法	作用
《芣苢》	重章叠句	开拓意境、丰富内容,加强音乐性和感染力,增强感情。按照操作顺序写了由采摘到收获的过程,读来节奏感强,有很强的感染力,很好地表达了欢快的情感。
《文氏外孙入村收麦》	对比	写了阴雨的破坏和农人的愁苦,突出了晴日农人的喜悦情绪。
	侧面描写	写出了劳动的紧张和热烈,表达了对普通劳动者的赞美。

(三)课堂小结

(四)布置作业

请同学们课下阅读课文,思考第 55 页第一题。任选一个话题,写出交流稿,不少于 800 字。

建议题目:

《一生朴素,终生奋斗——袁隆平劳动的当代意义》

《勇于探索,躬身实践——袁隆平成果的法门》

《质疑产生力量,实践导向成功——袁隆平的"创造性"劳动的启示意义》

《担当似山,胸怀如海——袁隆平的"劳动者"风范》

《拿什么赞美你,伟大的售货员?——谈张秉贵的劳动大美》

《微不足道,却又青史留名——张秉贵精神的当代意义》

《无限的高度与广度——谈钟扬精神的价值》

《青藏难以衡量你的高度,填空无法容下你的广度——永不远去的钟扬精神》

第四课时:"研讨"专题之研讨关于"劳动"的话题

一、教学目标

理解文章内容,从文章内容出发,研讨自选话题,提升学生的语言建构与表达能力和形象思维与逻辑思维能力,在"劳动大美"的感受中,继承和发扬优秀的传统文化,并在其中发掘当代价值。

二、教学过程

(一)导入新课

回顾前课,温故知新。

(二)阅读·研讨·交流

理解文章内容,从文章内容出发,研讨自选话题,以发言稿做深入理解和点评。

1.导入小话题,预热思维和语言,活跃氛围。

话题一:袁隆平尊重权威但不迷信不崇拜权威,对现阶段中学生的启示?

要求:一分钟整理思路,一分钟交流准备,三分钟发言时限。

①整理思路—组内交流—表达交流。

②同学点评—老师小结。

参考提示:

观点①现阶段中学生要尊重权威,也可以崇拜权威。理由:年轻识浅、经验不足,正处于厚积阶段,要争取站在巨人的肩膀上,向权威学习可以更高效地学习知识,储备素养。所以,……

观点②现阶段的我们也要尊重但不崇拜权威。孟子说:"尽信书不如无书。"敢于质疑,勇于探索是新时代人才成长的必备素养。权威可尊重不可迷信,所谓"智者千虑必有一失",自古英雄出少年,这与知识的多少没有必然关联,思维的火花才是成功的关键,伽利略质疑亚里士多德的时候,也还只是个毛头小子,但比萨斜塔的一次实验胜过权威上千年的声音;12岁的聂利质疑蜜蜂靠翅膀发声,纠正了人们长久以来的认知偏差,最终确定蜜蜂发声是靠双翅根部下的两个小黑点。所以,……

话题二:有人认为,我们尊重张秉贵,但是新时代都用智能机器人售卖了,他无疑已经过时了。请说出你的想法。

要求:一分钟整理思路,一分钟交流准备,三分钟发言时限。

①整理思路—组内交流—表达交流。

②同学点评—老师小结。

参考提示：

观点①张秉贵身上所体现出来的中华民族优良传统和美德，已远远超越了他所生活和工作的那个时代，成为了中华文明史上的光辉典范。

观点②我们不但应该永远牢记这位杰出的劳动模范，而且还应该了解像时传祥、王进喜、田桂英等像他那样爱岗敬业，像他那样刻苦勤奋，像他那样满腔热情，像他那样助人为乐的千千万万个劳模。他们有的人虽然已经不在了，但是精神永远要传承下去，特别是新时代的今天，我们更加需要劳模精神！

观点③张秉贵为全社会展现了什么是"工匠精神"，什么是"全心全意为人民服务"的崇高思想境界，他的这种"心有一团火，温暖万人心"的品格和精神应作为一种文化和传统不断传承与发扬。

2. 研讨自选话题。（鼓励自拟题目，也可以用老师建议的题目）

1. 小组内交流各自的发言稿，相互点评，为班级发言做准备。

2. 班级发言交流，同学点评，老师亲切平等地参与发言。

建议题目：

《一生朴素，终生奋斗——袁隆平劳动的当代意义》

《勇于探索，躬身实践——袁隆平成果的法门》

《质疑产生力量，实践导向成功——袁隆平的"创造性"劳动的启示意义》

《担当似山，胸怀如海——袁隆平的"劳动者"风范》

《拿什么赞美你，伟大的售货员？——谈张秉贵的劳动大美》

《微不足道，却又青史留名——张秉贵精神的当代意义》

《无限的高度与广度——谈钟扬精神的价值》

《青藏难以衡量你的高度，填空无法容下你的广度——永不远去的钟扬精神》

（三）课堂小结

（四）布置作业

请同学们课下深入继续阅读文章，从报道角度、新闻价值、结构层次和语言表达等方面草拟优秀新闻的评选标准,小组评选消息和通讯各一篇,并合作撰写推荐书,阐述推荐理由,下节课进行班级展示交流。

第五课时:"研讨"专题之研讨关于"评选推荐新闻"

一、教学目标

从报道角度、新闻价值、结构层次和语言表达等方面草拟优秀新闻的评选标准,小组评选消息和通讯各一篇,并合作撰写推荐书,阐述推荐理由,进行班级展示交流。以提升学生的逻辑思维能力和语言建构与表达能力。

二、教学过程

(一)导入新课

回顾前课,温故知新。

(二)阅读·研讨·交流

1. 自主阅读课内文章,获取优秀消息和通讯的经验,厘清评选思路,草拟自己的优秀新闻的评选标准。

2. 小组交流讨论各自的思路,尝试从报道角度、新闻价值、结构层次和语言表达等方面整合一份优秀新闻的评选标准。

3. 小组交流讨论各自评选的消息或通讯,组内推荐消息和通讯各一篇。

4. 班级展示交流小组成果,阐释推荐理由,同学点评,教师小结。

(三)课堂小结

(四)布置作业

同学们课下细读第 6 课《芣苢》和《文氏外孙入村收麦》,为下节课鉴赏做准备。

第六课时:"鉴赏"专题之鉴赏关于"劳动大美"

一、教学目标

鉴赏《芣苢》和《文氏外孙入村收麦》的内容和手法,如场面描写与细节描写,对比和正侧描写手法的,理解和认同其中的美好情感,提升学生的审美情趣与鉴赏品位,并能用自己的语言表达所体悟的情感。

二、教学过程

(一)导入新课

回顾前课,温故知新。

(二)阅读·鉴赏·交流

1.有感情地朗读诗歌,深刻体会诗歌思想情感。

(1)自由朗读,自主体会。

(2)小组交流,沟通感受。

(3)配乐朗读,班级展示。

2.细品诗歌,群文比较阅读,从创作背景、诗歌节奏、艺术手法、劳动者、劳动对象和劳动场面等方面比较鉴赏两首诗歌,体悟理解两首诗歌的表达情感的异同。

(1)自主品读,独立鉴赏。

(2)小组交流,沟通见解。

(3)班级展示表达,同学点评,老师小结。

参考建议:

①创作背景:

《芣苢》和《关雎》《桃夭》一样都出自周南,属于《诗经》中的国风,是周代南方女子在劳动的民歌,因为"捋之"是采子,而车前草的花期5-7月,果期7-9月,故推测是夏天。同时,这一定是个和平年代的暗示,因为故老相传说食车前子有受胎生子可治难产之功效,女子结伴采撷,那是对生育升甚至是生子的渴望,《毛诗序》说"和平则妇人乐有子矣",这和杜甫《兵车行》中写道的"信知生男恶,反是生女好。生女犹得嫁比邻,生男埋没随百草"对比就显而易见了;《文氏外孙入村收麦》是苏辙两次被贬后晚年"杜门谢客"寓居许昌颍水之滨时直到去世期间的记录生活的作品。苏辙1078年与文同结亲家,1079年文同去世,1086年女婿去世女儿携子到颍昌居住,该诗约作于1107年麦收时节即5、6月份,也是夏天,苏辙时年68岁。

②诗歌节奏:

《芣苢》属于《诗经》作品,四字一句,朗读时为2/2节拍,《文氏外孙入村收麦》是七律,朗读时为 2/3/2 节拍。

③艺术手法:

关于手法,我们在上节课做了简单的梳理,这节课我们来鉴赏这些手法在诗歌中对于情感表达的作用。

《芣苢》:姚际恒《诗经通论》"韵分三章,章四句;然每二句只换一字,实六章,章二句也。"本诗最突出的手法就是重章叠句,即复沓手法。6 句诗,每句只换一个字,其余相同,但就是这一个字,使得诗歌有了变与不变的美,六个字——采、有、掇、捋、袺、襭,意义层进,是操作顺序上的由采摘到收获的过程,不但丰富了诗歌的内容,拓宽了诗歌的意境,而且造成出一种回环往复的节奏美和音乐美。又因为它是在劳动时演唱的,作用类同于劳动号子,讲究节奏感、韵律感,但艺术性、欣赏性和感染力更强,更能表现那种夏日季节,女子们采摘于山野的优美明快。

《文氏外孙入村收麦》:诗歌的颔联有强烈的对比效果。"阴霪"使得农人愁苦,因为麦收最忌雨水,《农家望晴》"白发老农如鹤立,麦场高处望云开",还有"晴日"使得农人欣喜。"败"表现连日阴雨对麦收场地破坏严重,"舞"则是"手之舞之足之蹈之"尽显乡邻的喜悦之态。

诗歌的颈联除了正面写文骥的热情款待周到安排之外,还通过"饥乏"和"苦辛"侧面表现了三夏(夏收、夏种、夏管的简称)时节麦客们抢收麦子,晾晒入库的紧张热烈;同时这里反映了两个问题,一个是文化常识的问题,就是我们十二时辰中中上午 7 点到 9 点是辰时,又叫朝食和食时,下午的 3 点到 5 点是酉时,又叫晡时和夕食,也就是古人每天两餐,中午不吃饭,但是在如此高强度的劳动下,主人家为麦客们加餐也是正常的,所以是"急炊"。第二个就是"多博",是多讨取多换取的意思,不是"多酤",要花钱买,这就充满了乡土气息和朴素的人情味道。

④劳动者和劳动对象以及劳动场面等

《芣苢》中的劳动者是三五成群的女子,年龄从十六七到三十几都有可能,劳动对象是"芣苢"即车前草的籽。就像闻一多一样,我们大可张开想象的翅膀,想象在那样的还没有"三从四德"的时代,在那样还没有雾霾污染的天空下,在那样还没有化肥农药破坏的原野上,若干女子,可能三个一拨五个一伙,也可能独自一人,她们唱着民歌小调,边唱边采,手脚麻利,歌声忽远忽近,脸上充满笑意,眼中饱含期望,身上散发着母性的光辉!

《文氏外孙入村收麦》中的劳动者无疑是普通的麦客们,但是文骥某种程度上也算一位参加劳动的人,虽然他不见得真的下地割麦收麦,但是也忙前忙后,尽管是士大夫家的孩子,但是出于对土地的敬畏、对自然的敬畏,他对于参加抢收的麦客们是尊敬的,宁可自己饿肚子也要先把麦客们照顾好。而前者,在广袤的田地里,在金色的海洋里,一百甚至更多(人数推算:因为据载苏辙寓居颍水之滨,买地从二顷到后来的"九倍其数",那就是十八顷,虽不至千顷良田但也是很多了,因为一顷就是100亩,18顷就是1800亩,这么多麦子要同时抢收,试问得要多少人? 想想那场面就让人热血沸腾)的麦客们挥汗如雨,所谓"足蒸暑土气,背灼炎天光。力尽不知热,但惜夏日长",这就是普通劳动者的朴素感情,这感情使得农民们不会因为不是自己的地就偷懒一分,也不会因为自己不是主人就随意丢下一棵麦子,这是一种值得我们敬畏、学习和传承的感情。还有一点就是苏辙在诗歌里的身份。苏辙是文骥的外公,是土地的拥有者,但是年纪高迈,不能亲自参加劳动,但是看到外孙忙里忙外,众麦客都尽心竭力地抢收抢晒,最后入库归仓,心里充满欣然,更有在寓居环境下的亲情的欣慰和对表兄的慰藉。

3.谈一谈,在日益机械化、智能化的新时代,这种劳动精神和劳动情感,还是否需要继承和发扬,为什么?

要求:独立思考,即兴发言,同学点评。

(1)学生思考发言,同学点评。

(2)老师亲切平等地参与并小结。

参考略。重点是时代虽变化,但是精神和情感永远不过时。

(三)课堂小结

(四)课下作业

①在课堂发言的基础上,整理自己的发言稿,自拟标题,形成作文。

②同学们课下继续阅读课文,并就55页任务四,按要求作文一篇。

参考题目:

《凡人亦英雄——记我所知道的护士姐姐》

《单手握方向,双脚踩平安——我印象中的那位快车师傅》

《风雪中的值守——记门口"固执"的大爷》

第七课时:"写作"专题之"写人要关注事例和细节"(一)

一、教学目标

1.结合实例分析讲解记叙文写人注意选取典型事例,以反映人物的主要性格和品格,并使得所描写的性格丰富且具有立体感;

2.结合实例分析讲解记叙文写人要注意细节真实,抓住这些细节或画面以写"活"人物。

二、教学过程

(一)导入新课

一篇优秀的写人记叙文,包含很多方面的要素,但是其中两个最为重要,那就是选材典型丰富,细节真实感人。选材典型,才能围绕人物反映他的主要性格和品格,选材丰富才能体现人物性格的丰富性,避免单一化,用不同的生活侧面真实地表现人物,让人物有"立体感";而真实感人的细节,能给读者留下深刻印象,能把人物写真写活。

今天,我们就一起来学习"写人要关注事例和细节"。

(二)阅读·分析·交流

1.回顾课内文章,深化认知。

组织学生回顾课内学过的关于写人的记叙文在选材典型和细节真实方面的实例,并谈自己的看法。

如《百合花》《哦,香雪》《喜看稻菽千重浪》《心有一团火,温暖众人心》《探界者钟扬》,或者其他初中篇目亦可,如

①《百合花》中写通讯员的"绑腿"描写,说明他细心,枪筒插树枝,说明他天真热爱生活,且与其年龄的交代相符等。

②《哦,香雪》别的姑娘"心跳着涌上前去……只有香雪躲在后面,双手

紧紧捂着耳朵"说明香雪的胆小且与后文一个人夜里沿着铁道往回走形成对比等等。

③《喜看稻菽千重浪》写袁隆平发现天然杂交一代,但试种失败表现他敏于发现、勤于探索、勇于实践,面对失败不放弃。

④《心有一团火,温暖众人心》写张秉贵接待气呼呼的女顾客表现他热情大度、主动耐心、和蔼亲切。

⑤《探界者钟扬》写钟扬 36 岁辞职到复旦任教,37 赴西藏采集种子,45 岁成为援藏干部,一生 3 次入藏,采集种子达 4000 万颗等表现他淡泊名利,不追求生活品质,永远在路上的奋斗品质和执着的精神。

⑥《孔乙己》中的片段。

"读过书,……我便考你一考,茴香豆的茴字,怎样写的?"我想,讨饭一样的人,也配考我么?便回过脸去,不再理会。

孔乙己等了许久,很恳切地说道,"不能写罢?……我教给你,记着!将来做掌柜的时候,写账要用。"又好笑,又不耐烦,懒懒地答他道,"谁要你教,不是草头底下一个来回的回字么?"孔乙己显出极高兴的样子,点头说,"对呀对呀!……回字有四样写,你知道么?"

分析:通过个性化的语言、"我"的心理、"恳切、高兴"和"懒懒、不耐烦"的神态,"等了许久、点头"和"回过脸去"等细节描写,侧面写出了一个善待他人,却被世俗排挤的可怜人。

因为细节,人物形象变成了一幅具体生动的画面,如果去掉便寡淡无味了。

2. 展示课外资料,拓展认知。

请学生就图片和文字素材在典型和细节方面所能传达表现的内容谈自己的看法。

(1)图片见 PPT.

(2)文字素材

①李清照《点绛唇》

蹴罢秋千,起来慵整纤纤手。露浓花瘦,薄汗轻衣透。见客入来,袜刬金钗溜。和羞走。倚门回首。却把青梅嗅。

分析:主要通过描写少女的一系列动作,塑造了一个天真活泼、率真又羞涩的少女。

②汪曾祺《金岳霖先生》

金先生说:"红楼梦里的哲学不是哲学。"他讲着讲着,忽然停下来:"对不起,我这里有个小动物。"他把右手伸进后脖颈,捉出了一个跳蚤,捏在手指里看看,甚为得意。

分析:通过语言、动作、神态等细节刻画了童心未泯、率真可爱、不拘小节的金岳霖先生。

3.科学理论明确,巩固认知。

关于细节描写:"一种春声浑难忘,最是长安课归时"

(1)细节描写的定义

细节描写是指抓住生活中的细微而又具体的典型情节,加以生动细致的描绘,它具体渗透在对人物、景物或场面描写之中。

细节描写包括:语言、外貌、神态、行为、心理、环境等细节描写。

(2)细节描写的作用:

①可以传神地刻画出人物形象,给人以逼真形象之感。

②能够推动故事情节的发展。

③可以成功传达出人物的内心世界,让人物血肉丰满,进而让人感受栩栩如生。

④可以深化文章的主题。

(3)写作中常见的失误探因

①细节不真实,编造痕迹明显。这是不留心观察生活,不注意生活经验积累造成的失误。

②所选细节平淡,缺乏典型意义,起不到应有的作用。这是因为辨别、取舍细节的能力较差造成的失误。

③细节选择不当,不能表现甚至有损人物形象。这一欠缺与文章整体的把握密切相关。

④细节虽好,但描写不力,如同厨艺不精,糟蹋了美味的食物一样,这是阅读太少、缺乏对范例的积累与借鉴出现的失误。

(4)如何做好细节描写:

①细致观察事物。要使得描写生动形象,在观察事物过程中,我们要调动自己的各种感官,对事物作出非常细致的观察。

②选用典型细节并细化动作、延长过程。细节描写要能抓住典型细节,这样才更具有普遍性,有利于突出文章中心,从而给人留下更为深刻的印象。

③精心锤炼词语。在细节描写中,我们要选择恰当的词语,以期以少胜多,乃至一字传神。

④巧妙运用修辞。运用比喻、拟人、夸张等修辞,可以增强语言的生动性。

(三)课堂小结

(四)布置作业

请同学们课下根据课堂的收获修改自己的作文,以做到初步升格。

第八课时:"写作"专题之"写人要关注事例和细节"(二)

一、教学目标

在课下修改的基础上,以小组讨论为依托,课上进一步升格自己的作文,使得学生在记叙文写作之写人要关注事例和细节方面做到真正的提升。

二、教学过程

(一)导入新课

回顾前课,温故知新。

(二)交流·展示·点评

1.小组交流,相互借鉴,独立修改。

2.班级展示,同学点评,教师亲切平等地参与交流并小结。

(三)课堂小结

(四)布置作业

请同学们把自己再次升格的作文,重新誊写在作文纸上,过程中可以再次提升。

第二节　群文阅读教学设计

《子路增皙舟有公西华侍坐》《齐桓晋文之事》《庖丁解牛》群文阅读教学设计

教材分析和教学设想

这三篇课文共同组成统编教材必修下册第一单元的第一课,属于典型的一课多篇;即群文教学,也可以叫做专题教学。第9页的学习提示中总结得很好,三篇课文都谈理想社会的模型,如孔子的“大同”世界,孟子的“王道”社会,庄子的“养生”主义。同时,三者都探索了人应该有怎样的价值追求,如孔孟的积极干预,庄子的“顺天保性”。这些都很能代表儒道两家的思想,是中国思想史上的闪耀星光。编者将其编为一课,请老师引领学生进行比较阅读,能更深入地理解中国传统文化,同时从思辨的视角,批判地阅读更能从高度和深度上区分初中教材也选《论语》《孟子》《庄子》文章的不同意图。

设计群文比较阅读下的专题教学。准备设计四个专题,再细分不同的课堂专题任务。

一是“梳理”专题。

①梳理“言”,在充分阅读基础上,梳理并积累三篇文章的文言知识,做到文义贯通。

②梳理"文",在充分阅读基础上,以表格的形式梳理各自发言,概述内容、概括观点、时代背景,并能感受不同的风格特点。梳理结构,做到整体理解。

二是"探究"专题。

①梳理先哲的"理想",理解文章内容,探究三篇文章中先哲探寻的理想社会,并做对比梳理,做深入理解和点评。

②梳理先哲价值追求,理解文章内容,探究三篇文章中的人物各自展现出来的性格特点和价值追求,并做深入点评;

三是"思辨"专题。

①《侍坐》中的"礼乐教化"的细节真实;

②"当仁不让于师",孔门四弟子的理想分类及哪个更具现实其可行性;

③孟子论辩中的诡辩嫌疑以及逻辑漏洞;

④对于梁惠王而言孟庄谁更让他心动。

⑤如何着手改革孟子的"王道"主张,使其更具历史和现实可行性。

四是"写作"专题。

鼓励学生在课堂发言的基础上,整理自己的发言稿,自拟标题,形成作文。也可以是老师给建议性的题目,学生写作。教师在写作专题课上重点讲解学生论证观点时注重论证的逻辑性、论证过程中转换角度的技巧以及采用合适的论证结构,并对已出现的问题进行针对性辅导。

一、教学目标与核心素养

1. 梳理并积累重要的实词、虚词、词类活用、通假字和文言句式等文言知识点,掌握其运用规律,并运用其规律方法自主翻译文章,疏通文义。

2. 能够用散文的语句将"曾点气象"改写为一段话,并在班级交流,师生参与点评。

3. 研讨交流活动中,在形成书面稿的基础上,能有理有据地阐述自己的观点,达到有效交流的目的。

4. 梳理孟子阐述观点的思路,学习他就近取譬的论证方法,点评孟子的论辩技巧,通过《庖丁解牛》尝试理解后人评价庄子文章"晚周诸子之作莫能先也"以及"文学的哲学,哲学的文学"的特点。

5 想象孔门授课、曾点气象、宣王孟子对答和庖丁解牛的画面,使得学生的形象思维获得发展。

6. 批判性理解孔门弟子的人生志向、个性特点和孔子的态度以及其中蕴含的孔子的"为国以礼"为主的政治主张;批判性解读孟子的王道社会和民本思想,思考其可行性,发展学生的思辨能力。

7. 引领学生发现孟子论辩的逻辑漏洞,提升学生的逻辑思维和辩证思维;深入思考庄子的"依乎天理""因起固然",理解"道"的境界,全面把握该故事的寓意,促进学生思维深刻性、批判性和独创性的提升。

8. 欣赏"曾点气象"中蕴含的"大美",以及其中包含的孔子的深沉的情感;②体味孟子谈话中"不忍"观念中所包含的人性的普遍哲理;体味孔孟理想中共同蕴含的"为人民服务"的美好情感;体味《庖丁解牛》中的"技"和"道"的美。

9. 理解和传承儒道两家主张中所蕴含的优秀传统文化。探究《侍坐》中"哂"字的深意(包含了什么,哂得对不对)和礼乐教化的细节真实以及三篇文章共同包含的礼乐问题及其意义,思考孔子课堂的开放性、包容性育人理念;孟子"仁政"中的"民本"思想以及庄子"庖丁解牛"的道家文化象征意义。

10. 比较并深入理解三篇文章中思想主张的文化意义和当代价值。

二、教学准备

1. 准备《季氏将伐颛臾》《寡人之与国也》"齐宣王见孟子于雪宫""齐人伐燕,胜之""齐人伐燕,取之"几个节选以及《逍遥游》等几篇文章和节选片段,提前印发。

2. 布置任务:熟读文本,总体感知全文;梳理孔子、孟子和庄子的生平年表,并找出与文章对应的时间点;了解孔门四弟子的生平经历和个人成就;了解春秋战国时代背景以及齐宣王时期的齐国发展;了解"春秋五霸""稷下学宫"以及涉及庄子的部分典故。

三、教学过程

第一课时"梳理"专题之梳理"言"

一、学习目标

梳理"言",在充分阅读基础上,梳理并积累三篇文章的文言知识,做到文义贯通。

二、教学过程

(一)导入新课

在中国的历史上,曾经有那么一个令人心驰神往的时代。那个时代,圣人辈出,百家争鸣,一辆牛车走天下,一支秃笔写春秋,一副铁肩担道义,一张利口退雄兵。那个时代,你可以追随孔子的脚步,登堂入室;也可以学习孟子的坚持,为民争利;还可以按照庄子的方法,顺天保身。今天,我们就一起走近影响中国文化至深的儒道两家的著名篇章,一起探寻中华文明之光。

(二)阅读感知

(三)梳理并整理积累文言知识

小组合作讨论,明确重点字词句,写成纸条,教师有选择地采用实物投影的方式,由写纸条的小组推荐一名同学对重点字、词、句加以讲解,教师点拨、纠错。教师可适当提示下列重点字、词、句(在课文注释基础上补充,投影)。

(四)课堂小结

(五)课后作业

请同学们课下再读课文,梳理结构,做到整体理解的基础上自制表格梳理各自发言,概述内容、概括观点、时代背景,并能感受不同文章的风格特点。

以做成 PPT 为好。

第二课时:"梳理"专题之梳理"文"

一、学习目标

1. 梳理结构,做到整体理解。

2. 在结构梳理的基础上,以表格的形式梳理各自发言,概述内容、概括观点、时代背景,并能感受不同文章的风格特点。

二、教学过程

(一)导入新课

回顾前课,温故知新。

(二)阅读·梳理·交流

1. 速读课文,整体把握三篇文章结构和思路。

(4)小组交流各自的意见,相互吸取借鉴,补充完善。

(5)班级交流,投影展示并解说,其他同学点评,教师引导纠正。

(6)明确

《侍坐》篇结构

第一部分(第 1 自然段):问志。

第二部分("子路率尔"——"吾与点也"):述志。

第三部分("三子者出"——文末):评志。

如果分两层,将一、二合为一部分也可以。

《齐桓晋文之事》篇孟子的论辩思路

第一步:转移话题　　霸道→王道

第二步:提出观点　　保民而王　　指明基础　　不忍之心

第三步:宕开一笔　　断其后路

第四步:旁敲侧击　　霸欲危害

第五步:水到渠成　　王道举措

《庖丁解牛》结构

第一部分(1段)解牛之美

第二部分(2-3段)解牛三境界(过程)

第三部分(4段)达成共识。

2. 用表格形式梳理各自发言,概述内容、概括观点、时代背景,并能感受不同文章的风格特点,并交流讨论。

(1)小组交流各自的表格,相互吸取借鉴,补充完善。

(2)班级交流,投影展示并解说,其他同学点评,教师引导纠正。

(3)明确

(表格另附)

(3)课堂小结

(4)布置作业

请同学们课下继续读课文梳理先哲"理想"和价值追求,理解文章内容,探究三篇文章中先哲探寻的理想社会以及各自展现出来的性格特点,并做对比梳理,写成发言稿做深入理解和点评。

鼓励自由拟题,也可以以建议题目为题。

建议题目

《为国家为理想直面人生,孔门弟子无凡品》

《生无所息——人生的意义在于奋斗》

《为民争利,睦邻友好——孟子的王道可以使国祚更绵长》

《儒道互补——孔孟与庄子之比较》

第三课时:"探究"专题之探究"先哲的理想与人生价值追求"

一、学习目标

1. 理解文章内容,探究三篇文章中先哲探寻的理想社会,并做对比梳理,做深入理解和点评。

2. 理解文章内容,探究三篇文章中的人物各自展现出来的性格特点和价值追求,并做深入点评;

3.梳理文章的表达技巧,探究三篇文章的各自风格特点。

二、教学过程

(一)导入新课

回顾前课,温故知新。

(二)阅读·探究·交流

梳理先哲的"理想"和价值追求,理解文章内容,探究三篇文章中先哲探寻的理想社会以及各自展现出来的性格特点,并做对比梳理,写成发言稿做深入理解和点评。

1.小组内交流各自的发言稿,相互点评,为班级发言做准备。

2.班级发言交流,同学点评,老师平等参与发言。

(三)课堂小结

(四)布置作业

请同学们课下深入继续阅读文章,从思辨的角度,运用批判思维,探究文章内容。鼓励自寻思辨角度和内容,也可以完成教师建议的内容,要以发言稿的形式呈现。

建议角度

①《侍坐》中的"礼乐教化"的细节真实;

②"当仁不让于师",孔门四弟子的理想分类及哪个更具现实其可行性;

③孟子论辩中的诡辩嫌疑以及逻辑漏洞;

④对于梁惠王而言,孟庄谁更让他心动。

⑤如何着手改革孟子的"王道"主张,使其更具历史和现实可行性。

第四课时:"思辨"专题之深耕细读

一、学习目标

1.启发并锻炼学生的批判性思维和逻辑思维,深入品读文章内容,能独立提出自己的见解,并予以严密论证。

2.建构语言,有理有据地表达自己的观点,注意措辞严谨、准确。

3. 批判性借鉴吸收优秀传统文化。

二、教学过程

(一)导入新课

回顾前课,温故知新。

(二)阅读·思辨·交流

古代文化经典包含着先贤对社会、人生、历史的深刻思考,至今还能给我们很多启发。阅读这些经典时,既要充分理解先贤的思想,也要立足现实,自主思考。

1. 小组内交流各自的发言稿,相互点评,为班级发言做准备。

2. 班级发言交流,同学点评,老师平等地参与发言。

(三)课堂小结

(四)布置作业

整理这几节课的发言稿,做修改完善,完成一篇 800 字的议论文。

第五、六课时"写作"专题略(见"深度写作"部分)

第三节 单篇深读教学设计

《子路曾皙冉有公西华侍坐》单篇深读教学设计

"奇文共欣赏,疑义相与析!"欢迎大家和老师一起走进语文的共享课堂。在中国的历史上,曾经有那么一个令人心驰神往的时代。那个时代,圣人辈出,百家争鸣,一辆牛车走天下,一支秃笔写春秋,一副铁肩担道义,一张利口退雄兵。那个时代,我们可以追随孔子的脚步,登堂入室;也可以学习孟子的坚持,为民争利;还可以按照庄子的方法,顺天保身。老师将和大家一起用思辨的眼光,来探寻这段照耀千古的中华文明之光。

一、"侍坐"与"舍瑟而作"

文中的"侍坐"一词的意思是在尊长近旁陪坐,"舍瑟而作"的意思是把瑟放下,站起来。这一方面说明课堂氛围比较自由轻松,大家都可以坐着,还有学生可以鼓瑟,但需要注意宋以前的"坐",多指席地而坐,坐的是席子,用的是矮几。另一方面,"陪坐"体现的是长幼有序、尊师重道的传统文化。而"舍瑟而作"还让我们想起另外一个词——"避席",就是为了表示对对方的尊敬和自己的谦逊,回话或受命时要离开座席,甚至还要伏于地。《孝经》里有一个典故叫"曾子避席",很形象地说明了这个词语的含义。

仲尼居,曾子侍。子曰:"先王有至德要道,以顺天下。民用和睦,上下无怨。汝知之乎?"曾子避席曰:"参不敏,何足以知之?"

请大家看侍坐和避席两个关键词,它们从细节处体现了内心的尊敬,之所以本文入选《孝经》,是因为我们传统文化中的孝,不仅仅是对父母的——那是我们生命的赋予者,自不必言——还要对师长讲"孝",这其实是内心的敬畏感,因为师长是我们知识的布道者、人生的领路人。今天,我们不提倡见了老师要跪拜,但是源自内心的敬畏却能唤起我们对人生的觉悟。

二、"千乘之国"和"有勇知方"

首先,"千乘之国"是一个用军事实力标注国家规模甚至是决定战争胜负的概念,一乘就代表着一辆兵车加 75 名将士,1000 乘,就是 1000 辆兵车加七万五千名将士。在春秋之前这算是大国规模。但随着兼并战争的进行,这个规模代表的国家实力也在贬值。

其次,这些将士不都是常备军,大多数成员是"国人",所谓"国人"概念比较复杂,简单理解就是包括贵族在内的以居住在城中和郊区为主的自由民,类似今天我们说的公民,但比公民概念的外延要小。他们平时为民,战时每家出一人为兵。后来骑兵和步兵逐渐取代车兵成为战场的主力,而随着马镫的发明和在战场应用,游牧民族对汉民族的战争优势越来越明显。

再有,关于乘坐。如果是主将所在的车辆,中间的位置最尊贵,左边是驭手,右边是参乘(shèng)又名车右,比如《鸿门宴》中的樊哙就是刘邦的参乘,这个位置的人一般都力大雄壮,兼有保卫职责;一般的兵车则是左边弓手、中间驭手,右边参乘。值得注意的是民用车辆则贵左,所以有一个典故叫"虚左以待"。

关于"有勇知方",很多人断章取义认为子路就是一个徒具匹夫之勇的家伙,难怪孔子嘲笑他。其实这是误解了子路和孔子。

首先,"勇"在《论语》中多次出现,比如《论语·子罕》"仁者无忧,智者无惑,勇者无惧",《论语·为政》"见义不为无勇也",《论语·宪问》:"仁者必有勇",《论语·阳货》"君子有勇而无义为乱",显然"勇"字含义匪浅。它绝不是匹夫之勇,而是为正义奋不顾身。子路最后的死,就是勇的写照。请看下面这段关于卫国出现叛乱,子路知死而不避难的文字

子路为卫大夫孔悝之邑宰。蒉聩乃与孔悝作乱……子路在外,闻之而驰往。遇子羔出卫城门,谓子路曰:"出公去矣,而门已闭,子可还矣,毋空受其祸。"子路曰:子路曰:"食其食者不避难。"……子路……造蒉聩……子路曰:"君焉用孔悝,请得而杀之。"蒉聩弗听。于是子路欲燔台。蒉聩惧,乃下石乞、壶黡攻子路,击断子路之缨。子路曰:"君子死而冠不免。"遂结缨而死。

《史记·仲尼弟子列传》

明知前路凶险,执意而往,这不就是逆行吗?旗帜鲜明地反对参与叛乱的人,这不就是爱憎分明、立场坚定吗?明知自己单枪匹马深入虎穴但却怡然不惧还要纵火烧掉敌人站立的地方,这不就是视死如归吗?最后的"君子死而冠不免",这是把壮美演绎到了极致啊!

同学们是不是从这"勇"字里读出了大仁、大义和荣誉感。这让我们想起来陈毅元帅的近乎绝笔的诗作《梅岭三章》:

　　1. 断头今日意如何？创业艰难百战多。

　　　此去泉台招旧部，旌旗十万斩阎罗。

　　2. 南国烽烟正十年，此头须向国门悬。

　　　后死诸君多努力，捷报飞来当纸钱。

　　3. 投身革命即为家，血雨腥风应有涯。

　　　取义成仁今日事，人间遍种自由花。

两者或可相互印证。

　　并且，我们从文段中看到子路不仅仅谈到了"勇"，还提到了"知方"，所谓说书唱戏劝人"方"，可使"知方"，就是教化百姓使之明白并能遵循合乎礼义的行事准则，这其实就是在讲"为国以礼"了，所以孔子对子路的不满不是说他能力不够、水平不行，而是指向他的言行莽直以及对自己定位过高，还有就是对他发言内容中"勇"和"方"的倒置问题了。首先子路的抢答以及为自己设置的过难的施政环境，前者固然显示他胸怀磊落，为人直爽，后者也是他自信的表现，但是这又都代表他不够谦逊、自视过高，这显然有悖"礼"的内涵，都不是谦谦君子该有的风范，《左传·襄公十一年》就讲到这样的话：

　　"故君子在位可畏，施舍可爱，进退可度，周旋可则，容止可观，作事可法，德行可象，声气可乐，动作有文，言语有章，以临其下，谓之有威仪也。"

　　在我们的传统文化里，君子，从来都不只有阶层义，更有德行义，动止合礼、行事有礼的人才足以称为君子。老子《道德经》中也讲"水""几于道"就是因为它把自己的姿态放得很低。显然在这一点上儒道并无分别，那就是要谦逊为人、卑下接物。

　　同时，子路的发言中先说有勇，再提知方，虽然一定程度上有着他设置的客观条件的因素：非常时期军事立国，让百姓有豪气、有胆气，敢于为了国家独立、国家尊严而奋起斗争！但是我们可以设想一下，二者能否互换顺序？显然可以，因为"方"的概念比"勇"要大，"知方"的前提下，人可以"有勇"，而"有勇"不一定"知方"。这个顺序可能是言为心声，是子路性格的体现，但是却不能体现甚至是有悖孔子的教诲，《论语·颜渊》中提到这样的话：

"子贡问政。子曰：足食，足兵，民信之矣。子贡曰：必不得已而去，于斯三者何先？曰：去兵。子贡曰：必不得已而去，于斯二者何先？曰：去食。自古皆有死，民无信不立。"

按照孔子的主张排序，信第一，食第二，兵最后，"信"当然是礼的一部分，"兵"当然是勇的有机构成，由此可知，难怪孔子要"哂"一下子路。

以上分析我们可以看出，作为孔门十哲的子路绝不简单，而老师孔子的"哂之"更是颇值得玩味。

三、"为国以礼"和"吾与点也"

"礼"是孔子思想的重要组成部分，占有很重要的地位。在孔子思想体系中"礼"同"仁"是分不开的，孔子说："人而不仁，如礼何？"这是我们所熟知的，但是容易被我们忽略的是"礼"和"乐"也是不可分割的。比如本文中冉有就说"如其礼乐以俟君子"，特别是曾晳，老师和别的同学谈话时他在鼓瑟，如果不明白这一点，我们会以为曾晳在搞小动作，或者是故弄玄虚。其实不然，"乐教"自古有之，《尚书·大传》有言"乐正崇四术，立四教，顺先王诗、书、礼、乐以造士。春秋教以礼乐，冬夏教以《诗》《书》"，所谓"乐所以修内也，礼所以修外也"，可见冉有关于"礼乐"的说辞虽有谦逊的成分，但也是在表示他对礼乐教化的敬畏，而曾晳的课堂鼓瑟其实是《论语》中描写礼乐教化的细节真实的反映，《论语·述而》中记载："子在齐闻《韶》，三月不知肉味"可与之相印证。

由此我们也可以反思我们建设文化自信一定离不开诗、书、礼、乐的熏陶。

明白了这点，我们再看孔子的"吾与点也"怎么理解。

"夫子喟然叹曰：'吾与点也！'"这绝对是生动而真实的描写。我们可以想见孔子的神态、表情和肢体语言。很显然，这是孔子对曾晳的由衷赞叹，直接表扬。那么，其他几个人就不值得表扬吗？实则不然。子路谈军事、冉有谈经济、公西华谈宗庙和外交都是国家大事。特别是公西华谈到的"宗庙之事"容易被忽略,甚至误以为这就是封建迷信嘛。其实这是误解。

《左传》就讲到"国之大事在祀与戎"。殷商时代自不必提,一年到头每天都在祭祀,而周人尊礼,依然要敬神侍鬼。周王朝的立国基础就是血缘宗法制,而宗庙又起着核心作用,我们看《礼记·大传》中的一段话:

> "是故,人道亲亲也。亲亲故尊祖,尊祖故敬宗,敬宗故收族,收族故宗庙严,宗庙严故重社稷,重社稷故爱百姓。"

这就形成了一种系统,使得一切政教统于宗庙,而表现出一种"亲亲"的伦理精神,所谓"祀乎明堂,而民知孝",成为团结整个社会内容的力量。即使是之后礼崩乐坏,但是认定祭祀和宗庙是治国理政的根本的观念得到了传承,就是因为其移风易俗的强大作用,以致使得"孝悌"必须成为每个人都必须有的德行,其伦理要求更可以不限于宗族之内,具有社会性的普遍行为规范。没有了"宗庙之事"在那个时代是不得了的事情,其实,在现代社会我们依然要"慎终追远",并且一直践行,比如我们清明要祭祖、要缅怀烈士,我们千万不要数典忘祖,忘记了自己的根。

回到"吾与点也"。

从知人论世上考查,这是堂谈理想的"班会课"。当在孔子晚年,因为据刘宝楠《论语正义》考证,四弟子中公西华最年幼,比孔子小 42 岁,又据《史记·孔子世家》记载,孔子去鲁适卫时 56 岁,时公西华年仅 14 岁,大概不可能随孔子出国;又公西华是鲁国人,也不可能在孔子周游列国时投师孔子,所以公西华成为孔子弟子当在孔子 65 岁返鲁后。另外据清人林春溥(pǔ)考证,认为此事当在鲁哀公十一年,孔子七十左右。虽然结束了颠沛流离的生活,但是鲁终不能用孔子,孔子亦不求仕。了解了这些,再结合孔子一生的追求去思考,似乎对"吾与点也"就能理解得更深一些。

我们看曾皙的发言。

首先,曾点描绘了一幅暮春郊游图,其活动类似《兰亭集序》中的"修禊事也",同时也是一幅盛世太平图景,如诗的语言,如画的景色,融孔子的理想于好山好水轻歌曼舞之中。孔子的理想是天下大同,礼治的最高境界是盛世太平,大同也好太平也罢,标准是什么,王侯的享受吗?不,是百姓的生活幸福指数啊。你看,曾皙说的,春天的阳光,青年的朝气,沂水清清,雩台微风,歌声遥遥,舞姿飘飘,与天地相合,这正是孔子"老者安之,朋友信之,少者怀之"的生动写照,也是孔子的一生好梦!与夫子理想契合。孔子因此感到高兴!

其次,孔子虽然热衷入世,但多次碰壁后心灰意冷,明白"道之不行"。有"凤鸟不至,河不出图,吾已矣夫"之叹。曾点的志向,毫无政治功利的官场气,反而是一派悠然闲散,表明他"知时而不求为政",与夫子心情契合。孔子因此感到欣慰!

再次,曾点描绘的场景,没有浓墨重彩,这是一种学习圣人之道快乐的暗示,去除了功利心更没有汲汲于富贵,与夫子安贫乐道的思想契合。孔子因此感到满意!

最后就是"无招胜有招"的发言技巧了。可能曾皙是无心为之,我们姑且就做"个小"人,妄加揣测一下。

第一,就是发言的铺垫好。人靠衣装,佛靠金装。卖相好,产品的销路会更好。我们看,曾皙的出场多么的与众不同,优哉游哉,不慌不忙,不紧不慢,一派高人作风!

第二,就是发言的方法好。人无我有,人有我新,曾皙的发言另辟蹊径,与众不同。他不讲手段,不讲方案,不讲过程,直接讲的是结果,是天下大治后的景象!让听者耳目一新。

第三,就是发言的时机掌握得好。等到大家都说好了,注意吸收了大家的优点,借鉴了大家的不足之后,老师叫到,才稳稳地说出自己的想法。

第四,就是发言态度好。先谦恭地说自己的发言可能与其他同学的不一样,表示自己无意标新立异,无意显摆卖弄,博得大家的好感和老师的允许后才慢慢说出自己的观点。

有以上这些,曾皙想不得到孔子表扬都难啊!

其实,四人发言,各自有各自的特点,前三人重点强调某一方面,谈实现理想的过程,而曾皙谈的是结果,本质上都能体现孔子的政治理想和儒家的价值观念,对于我们当代社会也都有很大的借鉴意义。

那么,大家有没有想过,如果问我们:对四位弟子的发言,请你选择一个做出评价,同学们会选择谁呢? 又怎么评价呢? 其实这就涉及到多个角度评价的问题,要求大家有发散思维、逻辑思维、批判性思维以及独立的有创建的想法。比如我们选择评价子路的发言:

沧海横流,方显英雄本色,子路的发言让人豪情万丈,大丈夫就该"处世兮立功名,立功名兮慰平生"! 要挑就挑重担,要打就打硬仗。每个人心中都有英雄情结。但是要理性定位自己,切不可莽撞行事。做英雄要有本事,做大事要有基础,如果只是口出大言,而计划简单,行动草率,难免贻笑大方,甚至误国误民。

如果我们换一种问法:弟子四人,你最喜欢谁? 请给出理由。同学们怎么作答呢。请同学们课下写一写。作答时请注意答题角度。

(1)善于吸取前人教训,注意总结失败的经验。发言时态度谦恭,措辞谨慎。

(2)谨慎务实,谦虚有礼。能正确地定位自己,发挥自己的特长为国为民服务。

(3)注意民生问题,注重抓经济建设。"仓廪足而知礼节",足民、富民之后才可以进行文化教育。治大国如烹小鲜,一味急躁草率反而误事。

好,以上两种问法,同学们课下可以选择对象来练习表达。

我们交流完了孔门师生的政治抱负,接下来,我们再一起回到这节课本身。

四、夫子循循然善诱人

首先我们来看一个成语,沂水春风,比喻深受孔学的教育与熏陶。后来又有一个演变词语——如沐春风。受到熏陶和教育就如同沐浴在和煦的春风里。由此可见,孔子的课堂是多么有魅力。是的,无论是老夫子的"以吾一日长乎尔,毋吾以也"不惜自贬来减轻学生发言的心理负担,还是用"居则曰:不吾知也"来故意刺激学生的发言欲望,抑或是用"如或知尔,则何以哉?"来创设发言场景启发学生发言都可见到孔子的和蔼可亲和循循善诱,在这种良好的课堂氛围中,孔子尽量不打断学生说话,而且让他们应说尽说,你说我说,非常有利于交流分享,同时这种谈理想、说抱负的班会课、谈心课非常有利于师生相互了解,有利于融会贯通自己的思想主张。对于每个人的发言孔子都给予中肯的评价,而像曾皙那样的还毫不吝惜赞美之词。从四人的不凡表现来看,孔子的教育无疑是成功的!

五、字词难点

1."为"字的翻译,要根据宾语来灵活处理,在现代汉语中找到合适的替代词。比如,后面是官职之类的就要翻译为"担任、做",如果是国家就要翻译为"治理",其他诸如种植、建造、制作、充当、掌管、当作等等义项都是根据宾语的不同来灵活翻译的。

2.毋:代词,表无指,没有谁。这是词典中明确有的义项。

3.饥馑:指灾荒。五谷不熟为饥,菜蔬不熟为馑。

六、课后作业

《侍坐》篇有很多值得探究的内容,而同为儒家思想家孟子的主张也颇值得玩味,同学们可以自主拟题,尝试写作。

《"当仁不让于师",孔门四弟子的理想哪个更具现实其可行性》

《为国家为理想直面人生,孔门弟子无凡品》

《虽千万人吾往矣——孔门弟子追求的价值意义》

《为民争利,睦邻友好——孟子的王道可以使国祚更绵长》

《齐桓晋文之事》单篇深读教学设计

"争地以战,杀人盈野;争城以战,杀人盈城。"历史进入战国时期,诸侯之间的兼并战争更加频繁,在这种情况下,推行仁政为本的儒家治国理念就更艰难了。但是孔门弟子没有放弃,他们依然坚守着自己理想的高地,依然争取着践行的空间。其中的代表要首推孟子。

我们探讨交流第一个问题是,齐宣王想听霸道的故事,为什么孟子能轻易转换话题而齐宣王却能够耐心地听下去? 这个问题是孟子的谈话能进行下去的前提,所以我们要优先解决。

一、为什么齐宣王能够耐心地听孟子讲王道?

要想回答这个疑问,我们就有必要先弄清楚二人的关系。

孟子长期居齐并任职为官。与孔子周游列国不同,孟子虽也去过多个诸侯国,但是在齐国长期居住。他在齐威王和齐宣王时期,三次(一说两次,因为他中间有返乡奔母丧,守孝三年,紧接着就回来了)入齐,前后居齐约28年,并且有"客卿"以致"上大夫"的职务和俸禄。虽然是"不任职而论国事",职责如同政治顾问,但也是更加专业的"政治儒学"推广者。

齐宣王,是田齐时的国君。他光大了稷[jì]下学宫,吸引了各派学者来到齐国。本文的这次谈话大概是在齐宣王二年(前318),此时的孟子名气已经很大,出于尊重和了解的心理,和刚即位的勃勃雄心,齐宣王对于任何能让他实现内心理想的主张都不会放过,事实上他也经常召见孟子,认真倾听他的学说,咨询国家大事。

由此可见,齐宣王和孟子是君臣关系但齐宣王又待之如帝师,所以,齐宣王能够耐心地听孟子讲王道。

那么,为什么孟子对齐桓晋文之事避而不谈? "霸道"和"王道"有何不同？孟子的"王道"主张可行性如何呢？

二、探究孟子"王道"主张

1. 齐桓晋文之事

平王东迁，周室衰微，已然只有共主之名而没有共主之实了，不能震慑诸侯，也无力保护被侵略的诸侯国，更无力征讨对自己分封的诸侯国入侵甚至是屠杀灭国的周边少数民族。天下的秩序和华夏民族的存亡依赖的是齐桓公、晋文公这样的诸侯。齐桓公提出的"尊王攘夷"其实是体现了周王室的无力和无奈，而晋文公的"会盟天下"进一步表明了"礼乐征伐自诸侯出"。由于在争霸过程中，齐桓公和晋文公所取得的霸业为大家所公认，故史称"齐桓晋文"，齐桓晋文之事就是春秋争霸的事。孟子为什么对此避而不谈呢？

2. 为什么不谈齐桓晋文之事

（1）不同于孔子

历史上，田氏代齐被很多学者定义为是春秋战国的分野事件，因为它进一步代表了天下无道和王室无力，但是孟子长期留在田氏齐国，并想得到齐王的认可，这表明，作为儒家代表人物的孟子根本不在乎这一点，他在乎的是自己的学说能不能找到一块试验场。所以我们可以排除，他不讲齐桓晋文之事是因为他们争霸的事代表了周王室的衰微或者天下无道这一点。

（2）没说实话

《论语·宪问》中说"管仲相桓公，霸诸侯，一匡天下，民到于今受其赐。微管仲，吾其被发左衽矣！"可见孔子不但讲过这方面的事，还对齐桓公和管仲的做法表示赞赏。所以，我们也可以排除孟子自己讲的"仲尼之徒无道桓文之事者，是以后世无传焉"，显然孟子没说实话。

（3）怀疑宣王动机

但是，值得注意的是孔子赞赏齐桓公的霸业是因为他稳定了周天下的秩序,拯救了因为混战而力量削弱不能抵御外族入侵的华夏民族政权。但是到了战国时代,兼并战争此起彼伏,搞得民生涂炭,那种春秋时代的齐桓晋文为代表的霸主们以号令诸侯为目的让人心服的霸主战争到如今已经变成赤裸裸的以土地、人口甚至是灭国为目的的兼并战争,这是倡导"仁政""民本"的孟子所不能接受的。还有,孟子可能开始就怀疑,齐宣王这位新上台的年轻诸侯,想听争霸故事的目的不纯,这一点从课文中孟子提到他的"大欲"这一点可以推知。

(4)竞争压力

孟子的时代名士辈出,百家争鸣,没有自己的特色理论怎能站得住脚?比如同时代的屈原、张仪、苏秦、孙膑、田忌、邹衍、吴起、乐毅、商鞅等等,哪个不是有能力有水平有特色的?哪一个不是已经很成功地证明了自己的价值?如果在见到自己"老板"的第一次谈话时就没能把自己的特色理论谈出来,为自己的政治主张争取生存空间,那以后孟子的在齐国的存在意义又是什么呢?所以孟子一定要转换话题谈王道,从中我们也可以见到一个更加现实主义但依然高举理想大旗的孟子。

孟子既然反对霸道,坚持推广王道主张。那么,他的王道主张到底是什么呢?

通过对课本内容的梳理,我们可以把孟子的王道主张总结如下:

3. 孟子的"王道"主张梳理总结

①政治方面。主张"发政施仁",主要是推行贯穿"民本"思想的政策,这种政策的先决条件是,统治者要有"不忍人之心"。如文中提到的:

"无伤也,是乃仁术也!见牛未见羊也。君子之于禽兽也:见其生,不忍见其死;闻其声,不忍食其肉。是以君子远庖厨也。"

还有就是不但要恩及禽兽,更要恩及百姓等等。这某种程度上就是孟子讲的"恻隐之心",即统治者要有同情心,比如文中讲到的"老吾老,以及人之老;幼吾幼,以及人之幼"。

在此基础上要推行"亲民"政策,也就是《孟子·梁惠王下》中讲到的"乐民之乐者,民亦乐其乐;忧民之忧者,民亦忧其忧。乐以天下,忧以天下,然而不王者,未之有也。"

再加上课文中的包括人才引进、土地承包、商贸优惠、旅游推广等具体的优惠政策,增强齐国的综合国力。

②经济方面。实行封建式的井田制,让百姓有恒产,每家可以分得"百亩之田";让百姓可以居有定所,改善居住环境,拥有"五亩之宅";并且要引导百姓种植经济作物"树之以桑",达成经济上的自给自足。这种好政策的效果是百姓"仰足以事父母,俯足以蓄妻子,乐岁终身饱,凶年免于死亡",国家可以基本实现温饱的建设目标,以及达到一定的幸福指数。而统治者自身要注意尊重生产规律,要"不违农时""勿失其时"。

③文教方面。认识到了经济基础决定上层建筑的道理,百姓在有恒产的基础上统治者再"驱而之善"。具体是要兴办教育,进行价值观教育,即"谨庠序之教,申之以孝悌之意",让社会的精神文明建设达到一定的高度。

④法治方面。反对刑罚,认为"及陷于罪,然后从而刑之,是罔民也"。主张用教化的力量感化百姓,使其不犯罪,用道德教育进行劝善,预防犯罪。

⑤军事方面。不主张对外侵略,倡导在正确的政治纲领的作用下不战而胜。认为"兴甲兵"会"危士臣,构怨于诸侯""后必有灾"。

通过以上梳理,我们可以看到孟子的"仁政"主张和"王道"思想的系列内容是相互作用的,比如统治者爱护百姓,以人为本,贯穿"民本思想"做到"老吾老以及人之老,幼吾幼以及人之幼",就会"天下可运于掌";而百姓有了"恒产"再进行精神文明建设就会"从之也轻";百姓的生活水平上不去"仰不足以事父母,俯不足以畜妻子,乐岁终身苦,凶年不免于死亡"就会影响精神文明建设,即"救死而恐不赡,奚暇治礼义哉";而"老者衣帛食肉,黎民不饥不寒",百姓的物质生活的幸福指数提升,统治者就会"王天下"。这体现了他论辩的逻辑性。而孟子的这种民本思想也不是独有,比如同时期的名士严𫖮见齐宣王时也提到"士贵王不贵"。

四、梳理孟子阐述观点的思路,点评孟子的论辩技巧

1.孟子的论辩思路

通过对文章的梳理,可以明确,本文中孟子的论辩思路是:①转移话题,从霸道话题转到王道话题;②提出观点,"保民而王"然后指明发政施仁的基础是不忍人之心;③宕开一笔,断其后路;④旁敲侧击,讲霸欲的危害;⑤水到渠成,讲明实行王道的举措。

2.孟子在本文的论辩特点

(1)迂回曲折

孟子的论辩一波三折,滔滔不绝。有时故意避开话题,有时故作顿挫,反映了高度的论辩水平和一贯的论辩风格。

比如孟子分析齐宣王以羊易牛时的心理,其实,本来什么事也没有,是孟子无事生非生出来的事。孟子先是顺手一推,让宣王落水:"百姓皆以王之为爱(吝啬)也,"让宣王感觉处在全国人嘲笑议论的尴尬中,且不能自救,万分委屈烦恼却又无可奈何。这时,孟子援之以手,救他上岸,用了一段非常精彩的心理分析。让齐宣王大有知音之感,眼中满是感动的泪水。

(2)比喻新颖

①"力足以举百钧,而不足以举一羽;明足以察秋毫之末,而不见舆薪"来突出宣王的"恩足以及禽兽,而功不至于百姓"形象地说明能做到而不做,证明"不为也,非不能也"。

②"挟太山以超北海"与"为长者折枝"

形象地对比出前者是绝对做不到的,而后者不过是举手之劳。

有人统计,《孟子》全书共 261 章,其中,有 93 章使用了比喻,数量达159 处之多。汉赵岐《孟子题词》说:"孟子长于比喻,辞不迫切,而意已独至。"可谓说到了点子上。

（3）排比增气势

排比的运用,也是文章的一大特色。它是散句中的整句,首先形成文章参差错落之美,又声调铿锵,富于音乐性,在内容上既对文章进行拓展,又突出思想,加强感情,使文章气势盛壮。如"然则一羽之不举,为不用力焉;舆薪之不见,为不用明焉;百姓之不见保,为不用恩焉。"

这一组排比句,以不可辩驳的气势说明"不能"是有别于"不为"的。它的浅显易懂,还由于排比之中兼用了比喻的手法,真正是以简御繁地把难懂的道理轻松自然地讲得清楚明白。

这样的例子不止一处,希望同学们课下能够找一找,自主点评一下其修辞效果。

3.孟子文章有逻辑漏洞,存在诡辩嫌疑

①关于"老吾老以及人之老,幼吾幼以及人之幼,天下可运于掌"。应该说这只是必要条件之一,不能成为"王天下"的充分条件。

②关于孟子提到"小固不能胜大,弱固不可以敌众"。历史上有无数的战例证明孟子的话是错误的,也有无数个政治军事手段能证明可以做到。比如孟子之前时代牧野之战、柏举之战、阴晋之战和伊阙之战等,孟子之后的巨鹿之战和官渡之战等等。何况,孟子还加了一个"固"字,更使得逻辑的错误无法修正。

③关于孟子提到的恒产与恒心的问题。难道只有"士"阶层才能打破恒产和恒心的必然关系? 这种论述不符合事实。《秦风·无衣》中表现的普通士卒团结作战,共御外侮算不算恒心? 所谓"仗义每多屠狗辈",在近代的革命中,有多少无产阶级战士为了心中的主义与理想,坚贞不屈,视死如归,这难道不是最好的反驳吗?

五、字词难点

①是以,因此。是,这,以,因为。是介词的宾语前置句。

②寡人,即为寡德之人,意为"在道德方面做得不足的人"。是古代君

主、诸侯王对自己的谦称。中国古代讲究"以德治国"，"以德配天"，就是说君主、诸侯王的权位是上天赋予的，但上天只会把天下给有德的人，君主、诸侯王如果失德就会失去尊贵的权位，所以君主、诸侯王就谦称自己是"寡人"。但楚王多自称"不谷"。周天子自称"予一人"，如文中齐宣王就自称"寡人"。先秦时代，"朕"是第一人称代词，人人可用。

③"以羊易牛"。都属于三牲。牛、羊、豕（shǐ），俗谓"大三牲"。猪、鱼、鸡，俗谓"小三牲"。三牲全备为"太牢"，天子祭祀用，只有羊、豕，为少牢，诸侯祭祀用。

④关于"不忍人之心"

孟子"四心"中的恻隐之心，即文中提到的"不忍"，也就是我们说的同情心。我们要注意汉语里有一个词叫：触目惊心，作用于我们眼睛的，比作用于我们理性头脑的更容易触动我们的心灵，唤起我们的同情心。齐宣王之所以同情这头牛，是因为它触了他的目，进而惊了他的心；而那只倒霉的羊，则因为在齐宣王那里只是一个抽象的存在，"未见羊"，最后做了替罪羊。

更值得注意的是，孟子由"君子之于禽兽也，见其生不忍见其死，闻其声不忍食其肉"的一般心理而推导出"君子远庖厨"，这样做不仅是因为对禽兽的"不忍"，更重要的是，这样做可以照顾人类的同情心。人类食肉，但是不能因此惯杀、嗜杀，不能对屠杀动物无动于衷。不忍直视杀生，带有一种悲悯的眼光看待杀生，可使心灵保持柔软，这不仅是一种道德感，更是一种文明的体现。我想这也是本文中孟子带给我们的当代价值启示之一。

在学习了孔孟的经典之后大家一定感觉到了，二者同为儒家，但是思想主张上还是不同的，下面我们一起来梳理一下。

六、比较孔孟的异同

1. 孔孟的理想社会比较

孔子的理想社会是天下大同，礼治的最高境界是盛世太平，大同也好太平也罢,核心标准是百姓的幸福指数。《侍坐》学生的发言特别是曾晳的话就可以代表孔子的主张。孟子的理想社会是统治者仁心爱民,百姓安居乐业,解决温饱基础上,达成初步的小康,社会稳定,治安良好,物质文明和精神文明建设都达到一定的高度。

通过比较我们得出结论,二者的理想社会无本质上的差别,但是孟子在孔子"为政以德"和"为国以礼"基础上有所发展,提出"发政施仁""保民而王""制民之产",与自己的时代更加贴合,也更具体更易于操作,但本质上都是"推恩"式的治国方式。

2. 儒家对人生价值和理想社会追求的意义探究。

①当代价值

孔子一生为理想奔走,从未止歇,哪怕断粮遭困;子路等弟子更是一生紧紧追随老师的步伐,胸怀天下,志向高远,他们在各个方面都卓有建树,都值得我们感佩学习。

孟子居齐近30年,不是为了物质安逸,不是为了高官厚禄,而是为了理想与抱负愿意耗尽生命。

他们都为了自己的理想坚定不移,宁折不弯,生命不息,奋斗不止,特别是他们的政策主张都有为人民服务的影子,可以从经济上提升百姓的生活水平,文教上净化社会风气,稳定社会秩序,外交上可以缓和国家间的关系,稳固华夏民族的政权,有利于积攒国力抵御外部民族的入侵。在那个大家都走武力强国路线的时代,儒家的主张就像是清凉剂、刹车闸一样,能够给功利的征伐主义降温减速,有利于国家的长期稳定,后来的秦国以破竹式统一六国又雪崩式亡国的事实足以从反面证明这一点。孔孟的探索和主张在现在看来不管是个人修身,还是正确建立人与人、国与国、人与自然的关系,都有很强的当代价值和现实借鉴意义。

②缺陷与不足

孟子的主张是孔子"德政"和"礼治"的进一步发展,但是二者都有缺陷与不足。

他们的主张都不能成为唯一的国家政策,孔子的政治儒学是"死胡同",而孟子的主张也要和同时代"道家""墨家""兵家""法家""纵横家"的政策共同构成综合性国策,才能真正提升综合国力,达成天下大治的目标。比如,王充在《论衡·幸偶》篇中提到的"晋文修文德,徐偃行仁义,文公以赏赐,偃王以破灭",徐偃王和晋文公都推行仁政,但是徐偃王却忽略了军事存在的意义,虽然徐国实行仁政的效果是"陆地而朝者三十六国",但还是被击败以致灭国,二者结局的反差足以证明单一仁政国策的不可行。这是西周时的例子,孔孟都没有从中吸取教训。

近现代世界历史,包括国际共运史,已经反复证明治国不能只靠什么道德规范或什么思想主义之类,因为前者可以劝善却难以罚恶。而对国家的有效治理必须实现"民主法治","民主法治"这个理念现在也写入了社会主义核心价值观。回顾历史,"为政以德"也好,还是"发政施仁"也罢,只不过是儒家的一厢情愿,中国自汉以来的历代王朝,其政治模式均为阳儒阴法,这早已是学界的共识。

好,以上是我们对《齐桓晋文之事》几个问题的探讨交流,相信大家一定有了很多自己的想法,老师希望大家把它写出来,与同学进行深入的交流探讨,也欢迎大家和老师进行交流。下面是老师给的几个建议性题目供大家参考。

七、课后作业

《亲民之善,安邦睦邻——孟子政治主张的当代价值》

《"发政施仁"能否重振齐国?——孟子政治主张的可行性思考》

《如何着手改革孟子的"王道"主张,使其更具历史和现实可行性》

《征伐的刹车闸,战争的调和剂——儒家政治主张的价值意义探究》

另外,为加深认识,老师推荐大家阅读孟子的"寡人之与国也"和"齐宣王见孟子于雪宫""齐人伐燕,胜之""齐人伐燕,取之"等几个节选文段。

《庖丁解牛》单篇深读教学设计

东周列国乱纷纷,孔孟忧道济世尘。儒家虽有悬壶策,怎比道门解牛人。

同学们,大家好!今天我们讲《庖丁解牛》。

同样是身处战国乱世,儒家的孟子积极奔走,那么道家的庄子又是怎样表现的呢?

今天我们一起走近庄子的经典著作《庖丁解牛》,了解庄子对人与社会关系的看法,探讨其当代的价值意义,并对相关知识做一个梳理。

《庖丁解牛》是《庄子　养生主》中的一个寓言故事。"养生主"意思就是养生的要领。庄子讲的养生有别于今天各种媒体、机构宣传的狭义养生,他讲的是一种大道,要保身尽年,更要精神的自由无碍。那么很显然节选自其中的庖丁解牛的故事目的和意义绝不是在于为读者讲述"解牛"本身。

一、庖丁解牛不是为了解牛

请同学们看下面一段文字:

吾生也有涯,而知也无涯。以有涯随无涯,殆已!已而为知者,殆而已矣!为善无近名,为恶无近刑,缘督以为经,可以保身,可以全生,可以养亲,可以尽年。

这是在我们选文前面的一段文字,可以看做是总纲。文中的"督脉",即身体背部的中脉,具有总督阳经的作用,"缘督"就是顺从自然的中道,也就是人要循理折衷,守中合道,才可以保全身心,可以享尽天年。

这里有两个小问题,很有意思。老师和同学们一起来交流一下。

第一是关于庄子是不是反对知识。之所以有这样的问题是因为很多人解读庄子的语句"以有涯随无涯,殆已!"而断章取义,从而得出庄子反对知识的结论。其实不然，原因有三。

1.道家不能自相攻伐。庄子作为老子的衣钵传人，不说他本身就学识渊博，就老子而言，他作为当时周王朝的国家图书馆馆长，可以说是天下读书最多、学识最渊博的人，故而孔子都要去向他问礼。试问，他的追随者怎么可能在这样一篇文章的起首就彻底否定老子呢？

2.前后文联系贯通解释。本篇的上篇是《齐物论》，而《齐物论》的主旨内容之一是"莫若以明"，即不如用事物的本然去加以观察而求得明鉴，是非争辩都没有用，这就是"齐物论"。所以追求是非之争胜利所需要的知识扩展，显然是无止境的，因为最终辩不出个所以然。那么这个追求的过程不就是危险的吗？不就会让自己身心俱疲吗？所以庄子主张的不是反对知识，而是超越知识。

3."知止不殆"。老子讲"知止不殆"，庄子讲"吾生也有涯，而知也无涯"，一脉相承，毫无割裂感。一味追求、一味执念，不知足不知止，当然是危险的，因为它本身是违背自然、拂逆事物天性的行径。

第二是为什么庖丁解的一定要是牛？解其他的行不行？

只能说不如解牛好。首先，牛在五行中属土。土主运化，包容、接纳中又有扬弃。"地势坤，君子以厚德载物"。庖丁所以要解牛，示喻君子应该有土性的包容、接纳和扬弃之德。这样就可以养生了。其次，庖丁解牛的故事并非始自庄子，大概民间早有传说。《淮南鸿烈》《管子》《吕氏春秋》等典籍也都借用过，只不过比不上庄子的想象力和语言艺术。再者，牛是人们的熟知事物，属于"三牲"之一，衅钟、庙祭等活动都会用到，所谓就近取譬。此处庄子与孟子借助"以羊易牛"事件来劝齐宣王一样，形象而有说服力。牛，就是庄子说理的道具而已。表面上，解牛是表演给同为诸侯的文惠君看的，实质上是讲给世上众人听的。

最后一点尤为重要，同学们有没有想过，牛的形象本身高大雄壮、孔武有力，况且牛是活的，你杀它，它是要反抗的，何况还要完成刺杀、放血、剔骨、割肉、剥皮等一系列复杂动作，一人一刀想"解"牛，而且还要"解"得干净利落，那是十分困难的，庄子好像给自己设置了一个障碍。

但是,请同学们来看课文的第一段,大家品味一下,这哪里是解牛啊,这简直就是一段升华了的艺术描写:

庖丁身体的各个部位——手、肩、足、膝紧密配合,以至发出的动作——触、倚、履、踦娴熟而高妙,发出的声音——砉(xū)然、向(xiǎng)然、騞(huō)然,都有韵律美。

无论是观感还是听觉都让人感觉一气呵成、连贯流畅、充满节奏美,让人想起苏轼形容周公瑾"谈笑间,樯橹灰飞烟灭"。不过那是形容周瑜指挥若定的儒将风采,庄子这里更具诗意,也更具神秘玄虚、超越逻辑的感觉,他在举手投足间为世人演示人生大道!不知大家有没有想起"黄粱一梦"的故事,何其相似。

绘形摹声的诗意化解牛过程,让我们在字里行间读不出血腥残忍,读到的反而是一种美,因为庄子的本意不是写杀戮,而是通过一个象征性的故事告诉我们一个深奥的人生道理,这比枯燥的讲道理更容易使人明白和认同,庄子自己就说"寓言十九,借外论之。亲父不为其子媒。亲父誉之,不若非其父者也",所以才有"以寓言为广"的说法。特别是本文,不是一味在形而下的现实中说明道理,而是在形而上的境界中做形象的展示。

但是,一个不可能完成的操作,庖丁居然完成了,但是目击者文惠君不相信,他当场就提出了质疑:不可能!从技术操作层面怎么可能达到这样的效果呢!当然,他讲的比较委婉,"嘻,善哉!技盖至此乎?"这就引出下面庖丁的超越式的解读。

二、解牛三境界

庖丁释刀对曰:"臣之所好者道也,近乎技矣"。"道",蕴含着庄子的核心思想。从庖丁的解释中我们可以进一步看到"道"和"技"的关系:"技"的境界,可以目视,通过感官感知而操作;而"道"的境界则超越了感官感知,在感官不能感知从而不能操作的地方,通过"神遇"来操作。

从"技"的境界提升至"道"的境界靠什么呢?"依乎天理"、"因其固然",也就是通过深度了解操作对象的规律并领悟它的奥秘来解锁一般人达不到的、超越一般意识指挥的灵魂操作。这是不是很像老子讲的"轮扁斫轮"的故事:

"意之所随者,不可以言传也","故视而可见者,形与色也;听而可闻者,名与声也。……夫形色名声,果不足以得彼之情,则知者不言,言者不知,而世岂识之哉!……不徐不疾,得之于手而应于心,口不能言,有数存焉于其间。"

这里提到的"得之于手而应于心"就是庄子讲的"神遇"了,看起来玄妙神秘,其实是无数的实践经验的累积总结而形成的、同行业者难以模仿和超越的境界。我们现在的很多大国工匠其实就达成了"神遇"的境界。达到这样的境界,不就是达到了自由之境了吗?还有什么阻碍和困难能难倒他吗?我们继续往后看。

三、谨慎戒惧和善刀而藏

我们读《庖丁解牛》看到游刃有余的自由无碍还要看到庖丁的谨慎戒惧和善刀而藏的细节。所谓:

"虽然,每至于族,吾见其难为,怵然为戒,视为止,行为迟。动刀甚微,謋然已解,如土委地。提刀而立,为之四顾,为之踌躇满志,善刀而藏之。"

这是庄子在告诫、在警示,尽管已经成功了,已然达到了某种境界,甚至就是"道"的境界,但是每次遇到复杂情况、强劲对手都要谨慎从事、心存戒惧,即使已经娴熟于心的言语动作、程序操作都要慢慢去说、细细去做,而不应该出现心浮气躁、骄傲自满甚至是目空一切、唯我独尊的情况,只有这样才能保证每一次的成功。

并且,在成功操作之后,要记得小心地擦拭刀具,用心地爱惜保护帮助我们成功的一切辅助力量,所谓"善刀而藏之",万万不可成功之后就将其如弃草芥、心不甚惜。

四、汪洋恣肆的风格和逻辑严密的推导

刚才我们提到在其他典籍中也有"庖丁解牛"的故事,但是情节简陋、语言朴素,没有庄子此文的语言美、想象美。

文章首段就连用四句排比"手之所触,肩之所倚,足之所履,膝之所踦",极尽渲染之能事。而"砉然向然,奏刀騞然""合于《桑林》之舞,乃中《经首》之会"句式整齐,颇有骈文对仗的味道,读来朗朗上口。除此之外,文章语句长短结合,参差错落,与开头的排比形成张力,句式的变换和情节的起伏相得益彰。

范仲淹写《岳阳楼记》并没去湖南岳阳,庄子写《庖丁解牛》自然也不必体验真杀牛,这是想象而已。但是让人叹服的是他那神妙的想象力所展示的超越现实的境界和又不得不让人相信的细节真实。写"大"而至于北冥鲲鹏,翼若垂天之云,水击三千里;写"小"而至于蜗角,两国相争伏尸百万;写境界,以至于"以神遇不以目视"。读者明知玄虚,仍然陶醉,进入了一种"自失"的境界,获得想象上的审美享受。但是,这里面离不开"细节真实"的支撑,不然不但不美反而失之于漫无边际、空泛无力。比如解牛的肢体配合、动作连贯、刀在牛身体空隙间游走的顺序和过程以及观者的反应等,这一切都让我们相信这是一场作者亲临的解牛大会!

如果同学们就此停止了对本文的探索,那并未完全掌握本文的奥妙,因为这篇文章作为一篇寓言故事,居然还有"逻辑推导",比如文中写到其操刀实施解牛是写道:"彼节者有间,而刀刃者无厚,以无厚入有间,恢恢乎其于游刃必有余地矣。"

一方面是关节之间有空隙,另一方面是超薄的刀刃,接近无厚度,因而不管空隙多么细微狭窄,刀刃也可以通过。这是货真价实的逻辑证明。

除此之外,还有反面对比:良庖岁更刀,割也;族庖月更刀,折也。今臣之刀十九年矣,所解数千牛矣,而刀刃若新发于硎。这样就使得其逻辑推导相当严密。

五、字词难点

1."为"字的翻译，"为文惠君解牛"，为，读作 wèi，是介词，翻译为替，给。"吾见其难为"，读作 wéi，是动词，运刀解牛。视为迟，行为止，为之四顾，为之踌躇满志，都是介词，读作 wèi，因为。

2.所字短语，所，在动词或动词性词组之前，组成所字结构，使整个结构具有名词性。如"手之所触"，四个句子。"所"字在这里都是指代动作行为的对象，如手接触的地方，肩膀倚到的地方，脚踩住的地方，膝盖抵住的地方。

3.另外"所""者"同时出现，构成"所……者"格式，它的作用和单用"所"字的结构相同，仍是指代行为的对象。如《谏逐客书》"然则所重者在乎色乐珠玉，而所轻者在乎人民也"。

"所"字结构的后面有时出现具体的行为对象，这时，"所"字结构作定语，修饰后面的名词。例如:《鸿门宴》"举所佩玉玦以示之者三"。

六、比较儒道的异同

1.关于对外部世界的态度

从《侍坐》篇和《齐桓晋文之事》我们就可以看到儒家的态度，是积极入世，舍我其谁。外部世界需要积极干预和改造，所谓"学得文武艺，货与帝王家"。我们看到自孔子以下，凡孔门弟子无不胸怀天下、志在报国，而且这种理想抱负不是以富贵与否为前提，而是以人民的最终幸福为追求的。而从《庖丁解牛》来审视道家的思想，和儒家就有很大的差别。很显然，在庄子看来，牛就是外部世界，刀就是人类本身，在我们自身能力一般水平有限而且对其不熟悉的情况下，我们很可能会把自己搞得遍体鳞伤甚至伤害到生命，一如"族庖月更刀"一样。但关键在于，刀是可以换的，但是身体生命却无处可换。这就体现了庄子在战国乱世对生命的思考和对人处于世间的忧患。道家的智慧就是要避开矛盾危险和生存障碍。作为人,熟知外部世界的规律奥秘是必要的,因为要求生存,最好是能自由地游走,无伤无病尽天年。但是熟知不是为了改造它,牛依然是牛,再熟悉再"神遇",牛也没变成其他存在。所谓的庖丁那至高境界的解牛,其实是刀和牛某种程度上无接触,人虽然生活在世界上,但是社会的一切都不能干扰甚至伤害我,最后刀还是刀,甚至是最初的那把刀,换做人的话就是依然是"赤子"。

2. 关于如何对待自身

儒家坚持修持自己,一刻也不放松。无论是公西华的"愿学焉"还是曾皙的"鼓瑟"乐教,甚至是孟子的善养浩然之气,都是对自己的修持。后世读书人的"慎独"就是一个人时也不懈怠不放松的明证。通过不断修持自己,不但有了知识上的长进,品性毅力自然也是日益精进,这样就能做到"安贫乐道""克己复礼",其目的还是要投身社会,奉献自己。而道家就不一样,从《庖丁解牛》我们就能了解,庄子提倡顺应规律,追求的是可以保身,可以全生,可以养亲,可以尽年。显然自身的价值要大于丰功伟绩,从庄子的"宁其死为留骨而贵乎,宁其生而曳尾于涂中乎?"就可见一斑。

3. 各自的价值意义

很显然,儒家为我们的传统文化建构了可贵的"士子精神",所谓"大雪满山鸦飞尽,独留老鹤守寒梅";还有"君子风度",谦逊有礼、尊长敬老、忠勇不二等品质;还有遇到困难一往无前的勇气,为国家、为民族奉献一切的担当,这都是宝贵而必须代代传承下去的巨大财富!相比于儒家,道家更像是疗伤圣药,老子的宠辱不惊、上善若水,庄子的自由逍遥、保身全性都为后人提供了精神的堡垒,让我们在受挫无助时能够弹奏一曲精神的无弦琴、饮一杯心灵的自由酒、赏一番自然的好风景,得到天地逍遥、小舟自逝的大自在!

七、布置作业

请同学们课下继续读课文,梳理先哲的"理想"和价值追求,理解文章内容,探究三篇文章中先哲探寻的理想社会以及各自展现出来的性格特点,并做对比梳理,写成发言稿做深入理解和点评。

1.《生无所息——人生的意义在于奋斗》。

2.《不是无为放弃,也不是急功近利——儒家政治主张的独特视角探究》。

3.《儒道互补——孔孟与庄子之比较》。

《子路曾皙冉有公西华侍坐》单篇深读教学设计

《普通高中语文课程标准》的"阅读与鉴赏"中提出的要求"阅读浅易文言文"除了能借助注释和工具书,理解词句含义外还要读懂文章内容,领悟言外之意。本文既有各种文言文语法点,更包含了传统文化精髓,可以作为典范进行探索解读。

一、学习目标

1.合作探究孔门四学子(子路、冉有、公西华和曾皙)性格特点、志向特点。

2.解读孔子对四学子发言的评价,重点是对子路和曾皙的评价。

3.解读孔子的课堂教学特点和思想特点。

4.拓展延伸:

(1)"小杖受大杖走"——灵活处事不死板。

(2)提问:四位同学的发言,你看好哪个,喜欢哪个,为什么?

二、教学重点

1. 理解"哂"之和"与"之。
2. 分析曾皙的志向特点和孔子思想的关系。

三、教学难点

理解孔子为什么赞同曾皙的发言。

四、课时安排

1课时。

五、教学方法

合作探究法和分析解读法。

六、教学过程

课程导入

我们前面练习中有一个半部论语的典故:宋初宰相赵普,人言所读仅只《论语》而已。太宗赵匡义因此问他。他说:"臣平生所知,诚不出此,昔以其半辅太祖定天下,今欲以其半辅陛下致太平。"由此可见,把一本经典读懂读透,领悟其要义并能够举一反三,大事可期!

这节课我们承续上节课的字词复习和课前导学,继续探究解读其内容。

明确问题

(一)出示本课内容。

我们本课就讲两个字"哂"和"与"一句话(教师板书哂---与)。

孔子"哂"的是谁?为什么"哂"?"与"的是谁?为什么"与"?(多媒体出示)

(二)探究与解读

1.孔门三弟子和小结

A.孔门弟子性格特点和志向——①子路(时年51岁)

(1)一如既往地直率坦荡、无所畏惧、慷慨激昂、信心满满、知难而上。

(2)某种程度上,自视甚高,假设的情景危机重重。但是其将关乎黎民水火、社稷兴亡的重大事件似乎估计过于简单,不够谨慎,弓太满则易断,水太满则会洒。子路如此大言,见出他不够沉稳,似不足以托大事。

(3)其治国方略,在次序安排上有自己的主张,非常时期军事立国,让百姓有豪气、有胆气,敢于为了国家独立国家尊严而奋起斗争!但是似乎违老师教导,常态上"富之""教之",非常态上"足民、足兵、民信之",不管怎么都不应该先军事后政治经济礼乐教化。

(4)不够谦恭,喜欢打断别人。

B.孔门弟子性格特点和志向——②冉有(时年31岁)

(1)善于察言观色。

(2)谨慎务实,谦虚有礼。

(3)谨记老师的教诲,发言不忘引用老师的名言,从民生问题开始论述,知道经济基础决定上层建筑,"仓廪足而知礼节"。先足民,先富之。至于礼乐教化,谦虚说自己能力不足,要虚位以待。

(4)治大国如烹小鲜。

C.孔门弟子性格特点和志向——③公西华(时年18岁)

(1)更加谦虚。

(2)似小实大。做主持人却关心宗庙之事与诸侯会盟。

(3)为什么这么大的志向孔子没像批评子路一样批评他呢?因为,公西华谈的是礼乐方面的大事,理想越大志向越高,孔子越高兴。并且公西华的开场白很好,铺垫得好,并没说现在就可以做,是要学着做。

(4)外交官的口才。"愿学焉",跟谁学?孔子的学生当着孔子的面这样说,当然是跟着孔子学。那么说自己做不到愿意学习,言外之意,孔子一定是这方面的行家。所以,公西华的志向越大,那就是暗许孔子。

小结:

(1)三个人提到的事情都是国家大事,子路提到军事,冉有提到经济,公西华提到祭祀、外交。可见,孔门弟子志向高于常人。

(2)言为心声。三人的表现都是各自性格的体现,同时也是各自的志趣所向。

(3)口才很重要。学会有技巧地表达,绝对有利于自己的事业。

(4)察言观色,上体下恤。

(5)多听多学,博闻强识。

2.曾点气象和孔子的赞同

D.孔门弟子性格特点和志向——④曾点气象(时年39岁)

(1)发言的铺垫好。你看,曾皙的出场多么地与众不同,一派高人作风!优哉游哉,悠哉闲哉,不慌不忙,不紧不慢。

(2)发言的方法掌握得好。人无我有,人有我新,曾皙的发言另辟蹊径,与众不同。虽然冉有、公西华注意吸收子路的教训,发言时各有不同,但是思路大体一样。孔子的评价也反映了这一点,都是"为国以礼"的内容。但是曾皙的发言却不是这样,他不讲手段,不讲方案,不讲过程,直接讲的是结果,是天下大治后的景象。

(3)发言的时机掌握的好。曾皙不慌不乱,等到大家都说好了,注意吸收了大家的优点,借鉴了大家的不足之后,等到老师叫到,才稳稳地说出自己的想法。

(4)发言的内容好。孔子的理想是天下大同,礼治的最高境界是盛世太平,大同也好太平也罢,标准是什么,王侯的享受吗?不,是百姓的生活啊。你看,曾皙说的,春天的阳光,青年的朝气,沂水清清,雩台微风,歌声遥遥,舞姿飘飘,与天地相合,这也是孔子的一生好梦。

(5)发言态度好。曾皙发言,体现了孔门弟子一贯的谦恭有礼的好习惯,先谦恭地说自己的发言可能与其他同学的不同,表示自己无意标新立异,无意显摆卖弄,博得大家的好感和老师的允许后才慢慢说出自己的观点。

(6)发言效果好。子路的发言让老师批评了,冉有、公西华的发言老师不置可否,只有曾皙的发言,孔子忍不住当面赞赏,而且似乎惊起了老师心中的波澜,一声喟叹。

孔子赞同曾点的理由:

(1)孔子虽然热衷入世,但多次碰壁后心灰意冷,明白"道之不行",有"凤鸟不至,河不出图,吾已矣夫"之叹。赞点志向,表明他"知时而不求为政",与夫子心情契合。

(2)曾点描绘一幅盛世太平图景,正是孔子"老者安之,朋友信之,少者怀之"的生动写照,与夫子理想契合。

(3)曾点描绘的学习圣人之道的快乐,与夫子安贫乐道的思想契合。

(4)曾点志趣高远,胸次悠然,较之另三子驰心政务,醉心名利不同,与夫子境界契合。

3. 孔子的课堂特点和思想特点

(1)教学气氛很好。循循善诱,谆谆教导,和蔼可亲,平易近人。从此课可以看出来孔子的教学很注意教学气氛的营造,这种平易的气氛有利于大家的发言。

(2)教学内容很好。这堂课可以说是孔门的班会课,主题是谈理想,也是大家的发言课,师生的谈心课,在这样的课堂中很有利于贯彻孔子的"为国以礼"的礼治治国原则。这也是孔门教学思想的核心。

(3)教学手段很好。孔子此课的教学手段很像现在的"以教师为主导以学生为主体"的教学方法,这样的教学方法调动了大家的积极性,你有来言我有去语,更加有利于知识的融会贯通,有利于教学内容的贯彻理解,所谓教学相长,当仁不让。

（4）教学评价很好。孔子对于同学们的发言，有讲有评，并且根据个人情况的不同评价也各不同。对于子路，两个人关系亲密，年龄相近，相处时间长，亦师亦友，所以不用假客气，当面"哂之"子路也不会计较。背后的评价也是中肯不偏。对于冉有和公西华，并不因为他们的谦虚就小看他的理想，反而正确恰当地还原了他们的理想，认为国虽小，本质上却也都是"为国以礼"的实践。对于曾皙，因为他的发言非常合乎自己的想法，所以当着大家孔子毫不吝惜自己的赞美之情。所以总体上，孔子对于各位同学的评价都很恰当中肯。

（5）教学成绩好。本堂课中发言的学生有四位，年龄不同，子路51岁，冉有31岁，公西华18岁，曾皙39岁，性格特点不同，子路好勇好胜，冉有谨慎有经济头脑，公西华仪表堂堂，善于答对，曾皙老成持重，深深领会孔子的教学思想教学内容，有理解有领悟。发言各有特点，各具风采。由此推究，以点窥豹，之前孔子师徒的教和学肯定是很成功的。

（三）拓展延伸

1."小杖受大杖走"——灵活处事不死板。

2.提问：四位同学的发言，你看好哪个，喜欢哪个，为什么？

（1）沧海横流，方显英雄本色、英雄情结。

做英雄要有本事，做大事要有基础，没文化真可怕，没修养不长久，口出大言，计划简单，自以为很行，自满轻率，故有一笑。

（2）有谦有让，有所言有所不言。经济立国，民富而国强。

（3）辞采飞扬，舌辩群雄，答对宾客，颇有风采。

（4）如诗的语言，如画的景色，融老师的理想于好山好水好歌妙舞之中，寥寥数笔，情景交融。

课后作业：熟读并背诵本文。

"百家争鸣"探究专题教学设计
("非我—忘我—无我")

一、教学目标

1. 在历史语境和当代语境中思辨探讨"非我–忘我–无我"思想的价值意义和文化影响。

2. 过程中提升和发展学生的逻辑思维、辩证思维和创造思维,促进其思维深刻性、敏捷性、灵活性、批判性和独创性品质的提升,在表达的过程中提升语言组织和表达能力。

3. 理解和弘扬中华优秀传统文化,并能在当代社会语境中辩证看待、正确对待。

二、教学重难点

1. 把老子的思想主张放在特定的场域中去审视,用客观、科学、礼敬的态度去认知,在开放平等的对话平台上,用辩证的观点去审视,用准确有效的语言去表达。

2. 教师进行适时、恰当的引导。

三、教学过程

"非我—忘我—无我"思辨专题探究课

一、学习导入

略

二、学习任务分析

(一)知识要点

1. 关于"非我"的认知。

2. 关于"非我—忘我—无我"的探讨。

(二)承担的单元任务

研习任务四:人生启迪、新时代下的辩证思考,新的角度辨析阐释,阐述自己的认识和思考。

三、学习活动

(一)细读文本,理解"非我"

企者不立,跨者不行;自见者不明;自是者不彰;自伐者无功;自矜者不长。其在道也,曰余食赘形。物或恶之,故有道者不处。

1. 根据注释和自主查阅,独立阅读,疏通理解。

2. 组内交流,解读文意。

3. 概括提要,提炼出"非我"概念的关键词。

4. 精准引领拓展阅读:《道德经》二十二章和三十章。进一步理解"非我"思想,并发表自己的看法。

第二十二章

曲则全,枉则直,洼则盈,敝则新,少则得,多则惑。是以圣人抱一为天下式。不自见,故明;不自是,故彰,不自伐,故有功;不自矜,故长。夫唯不争,故天下莫能与之争。古之所谓"曲则全"者,岂虚言哉?诚全而归之。

关键词:不自我表扬、不自以为是、不自己夸耀、不与人争锋

核心就是"非我",而结果是众人向往却往往难以实现的,自我得到承认,以至于天下无人能与之争锋。

委曲便会保全,屈枉便会直伸;缺少便会充盈,陈旧便会更新;少取便会获得,贪多便会迷惑。所以有道的人坚守这一原则作为天下事理的范式,不自我表扬,反能显明;不自以为是,反能是非彰明;不自己夸耀,反能得有功劳;不自我矜持,所以才能长久。正因为不与人争,所以天下没有人能与他争。古时所谓"委曲便会保全"的话,怎么会是空话呢?它实实在在能够

达到。

第三十章

以道佐人主者,不以兵强天下,其事好还。师之所处,荆棘生焉。大军之后,必有凶年。善有果而已,不敢以取强。果而勿矜,果而勿伐,果而勿骄,果而不得已,果而勿强。物壮则老,是谓不道,不道早已。

关键词是不自大自持、不自我夸耀、不自以为是、不自我逞强。还有特别提示,就是不这样做,看起来强大、光鲜,可能很快面临"死亡"。

依照"道"的原则辅佐君主的人,不以兵力逞强于天下。穷兵黩武这种事必然会得到报应。军队所到的地方,荆棘横生,大战之后,一定会出现荒年。善于用兵的人,只要达到用兵的目的也就可以了,并不以兵力强大而逞强好斗。达到目的了却不自我矜持,达到目的了也不去夸耀骄傲,达到目的了也不要自以为是,达到目的却出于不得已,达到目的却不逞强。事物过于强大就会走向衰朽,这就说明它不符合于"道",不符合于"道"的,就会很快死亡。

因此,"非我"不是否定我的存在,而是尽可能地不张扬、不自傲、不自我突出,不自我标榜,宁心静气,去除浮躁狂妄之气,正确地摆放自己的位置,谦逊、自警、自省,谨言慎行,所谓念念有如临敌日,心心常似过桥时。

(二)广度研读,理解"忘我"-"无我"

1.《道德经》十三章——忘我的根本是无我

宠辱若惊,贵大患若身。何谓宠辱若惊?宠为下,得之若惊,失之若惊,是谓宠辱若惊。何谓贵大患若身?吾所以有大患者,为吾有身;及吾无身,吾有何患?故贵以身为天下,若可寄天下;爱以身为天下,若可托天下。

关键词:无身,即无我。

失弓得弓:

楚王出游,亡弓,左右请求之。王曰:"止,楚王失弓,楚人得之,又何求之!"孔子闻之,惜乎其不大也,不曰人遗弓,人得之而已,何必楚也。(《孔子家语·好生》)

荆人有遗弓者,而不肯索,曰:"荆人遗之,荆人得之,又何索焉?"孔子

闻之曰："去其'荆'而可矣。"老聃闻之曰："去其'人'而可矣。"故老聃则至公矣。(《吕氏春秋·孟春纪·贵公》)

今人张远山对此有一概括性的评价:楚王是一个民族主义者,达到了伦理的道德境界;孔子是一个世界主义者,达到了哲学的自由境界;而老子是一个宇宙主义者,达到了宗教的天地境界。(张远山《寓言的密码·孔子对公孙龙的"支持"——失弓得弓》)

显然,楚王、孔子和老子都忘我,也都无我,而老子更彻底,无人,可谓是一种更大程度上的无我。但注意,后者有时会陷入虚无主义。

此时教师可以适时推出一个延伸专题,即尝试理解"非我"和上一章中"虚""无"的关系。所谓虚则无我,静则无欲。这个理解起来略难,可斟酌进行。

附:三十辐共一毂,当其无,有车之用。埏埴以为器,当其无,有器之用。凿户牖以为室,当其无,有室之用。故有之以为利,无之以为用。

2. 升华——"无我"的最终境界是为人民服务

2019 年 3 月 22 日习近平主席与意大利议长菲科的问答对话中,习近平主席的回答:"我将无我,不负人民。我愿意做到一个无我的状态,为中国的发展奉献自己。"

《庄子·齐物论》中就有句话:"非彼无我,非我无所取。"心为物役就会迷失自我,心有杂念就会患得患失。心中有国家、心中有人民,自然就没有"小我"的位置,于是也就能不言私利、恪尽职守、夙夜在公。从"有我之境"到"无我之境",正是习近平主席许党许国、忠于人民的鲜明写照。

《道德经》四十九章:

圣人常无心,以百姓心为心。善者,吾善之;不善者,吾亦善之,德善。信者,吾信之;不信者,吾亦信之,德信。圣人在天下,歙(xī)歙焉,为天下浑其心。百姓皆注其耳目,圣人皆孩之。

老子在这里说得明明白白:圣人以百姓之心为心,以引领百姓复归德和道为己任,将天下百姓视为自己的耳朵和眼睛,一样地爱护和关心。不论百姓能否理解和实践道德,他都一视同仁地关心爱护,对于百姓的各种认识,

只报以孩童般稚雅的笑容。既不因百姓的难以德化而抱怨,也不因百姓的无知而鄙视。他在第八章又提到:

《道德经》第八章:

上善若水。水善利万物而不争,处众人之所恶,故几于道。居,善地;心,善渊;与,善仁;言,善信;政,善治;事,善能;动,善时。夫唯不争,故无尤。

不争,就是无我,处恶,就是忘我。做人应该像水一样,为什么呢?浅层认识是具有极大的可塑性;深层原因是,它达到了忘我乃至无我的境界。所以才能至柔而随形而变。做人应该像水一样,"水唯能下方成海,山不矜高自及天"。(《孔子家语》)

虚到极点就是无我,静到极致就是无欲。最重要的是能否做到无我与无私。只要做到与道合一,生命的宁静与活力自然就会从心底生发出来,涌流身心。

3. 探寻——儒道共同铸就了中华文化之根

无论是《庄子·逍遥游》中讲到的故曰:"至人无己,神人无功,圣人无名。"还是《论语·子罕》提到的,子绝四:毋意、毋必、毋固、毋我。都在讲"无我",像后一则,朱熹就认为,"毋我"即是"无我","不唯我独是"(杨伯峻译文)。朱熹在《四书章句集注》中引用了张载的观点"四者有一焉,则与天地不相似",因为圣人"与天地合其德,与日月合其明,与四时合其序,与鬼神合其吉凶"。法则天地,成为一个顶天立地的大人,这是儒家修身的目的。

在《礼记·孔子闲居》有句话叫做:"天无私覆,地无私载,日月无私照"。天地最大的德行则是"无私"。

而诗圣杜甫在《茅屋为秋风所破歌》写道:"安得广厦千万间,大庇天下寒士俱欢颜,风雨不动安如山。呜呼!何时眼前突兀见此屋,吾庐独破受冻死亦足!"以及范仲淹在《岳阳楼记》的"不以物喜,不以己悲"和"居庙堂之高则忧其民,处江湖之远则忧其君……先天下之忧而忧,后天下之乐而乐"都是在体现"无我"思想。很难说,这种思想单独来自哪一家。应该说儒道两家都提倡并发展了这种思想。就像宋代程明道在《定性书》中提道：

"君子之学，莫若廓（kuò）然而大公，物来而顺应。"

虽然他是大儒身份，但是"廓然大公""物来顺应"八个字很难说没有道家的影子。君子的学识中，没有比宽泛公允、顺应自然更重要的。这里面其实有两层意思：第一，首先是忘我，将个人的私欲抛开，物我两忘，以天地万物为一体；第二，事物本来的道理，即天理，按照天理行事。做到第一层意思，可以叫做廓然半公；以一颗廓然半公的心去做每一件事，就是格物（联系课文中的《大学之道》内容），今日格一物明日格一物，终有豁然贯通，体贴出"天理"的一刻，那时就是廓然大公。

（三）专题间的联系拓展

以上探究的内容就是一种"道"。可联系"道"专题。也体现了老子的"无"，正因为"无"，才能有更大的功用在里面。联系"有无"专题。

四、课堂小结

从"非我"到"忘我"到"无我"，体现了我们先贤的大智慧，在历史的场景中，是他们对自我与他人以及对自我与世界关系的重新思考和对自我存在的再定位。人远远不是世界的主宰，应该顺从道，顺应自然之理，才能在机遇和风险并存的春秋战国时代更好地生存与发展。而在当代社会的语境中，一味地主张自我、凸显自我，会导致人走向偏颇和极端，对于个人就容易走向人民大众的对立面，而对于民族和国家则容易陷入种族主义和单边主义的泥潭。但是无论是非我、忘我还是无我，都要以民族大义和国家利益为前提。显然，在国家和人民面前，要赞赏忘我精神，因为此时是个人和民族国家的关系的取舍。在世界舞台，就要酌情、要审时度势，因为此时的"我"的内涵是中华民族。所以，应该辩证统一地看待与取舍，既不能表现为民族狭隘主义，又要符合符合"多边主义"精神和多民族、多文化共存原则。

五、课后作业

1. 就本课学习探讨内容,写 1000 字一篇的小论文。
2. 布置另一个专题作业。

《拿来主义》单篇深读教学设计

一、教学目标

1. 通过梳理"先破后立"的论证结构和"拿来主义"的基本概念,建构对"拿来主义"的基本认知,提升理性思维能力。

2. 通过朗读分析,学习体会比喻论证、类比论证等多种论证方法的论证艺术,和睿智犀利而又妙趣横生的语言艺术,提升文学鉴赏能力和写作能力。

3. 联系实际,领略伟人的宽广胸襟和忧国忧民的情怀,在思辨中深入理解"拿来主义"的当下价值意义以及与"自主创新"的辩证关系。

二、教学重点

1. 在信息筛选中梳理总结"拿来主义"基本概念,提升理性思维能力。

2. 在朗读分析中学习运用比喻论证、类比论证等多种论证方法的论证艺术,提升文学鉴赏能力和写作能力。

三、教学难点

1. 通过梳理基本概念,在思辨中深入认识理解"拿来主义"及其做法。

2. 在联系中思辨性认知"拿来主义"的当下价值意义以及与"自主创新"的辩证关系。

四、教学过程

(一)课题导入

设置情境:有人认为"拿来主义"对这个充满创新的时代不再具有价值意义,应从教材中移除。阿里云的云栖大会就曾指出:"拿来主义盖不出高楼大厦",习近平总书记在二十大报告也曾强调,要"坚持创新是第一动力"。同学们如果你是教材编审,该如何回应这种质疑呢?

好。就请同学们和老师一起走进《拿来主义》。

(二)教学过程

核心任务:理解什么是拿来主义,它是否具有时代局限性,它与自主创新的关系是什么。

学习任务(一):速读课文,梳理结构

反对_____主张_____

参考:鲁迅反对的是闭关主义、送去主义、送来主义等其他主义,主张的是施行拿来主义。

具体来说,在前面1—7段,作者把不同的现象进行了归类,直接予以批驳。后面8—10段,针对前面出现的问题,作者有针对性地提出并正面阐述自己的观点方法。这属于先破后立的写法。同时,包含了因为什么不行,所以要改成什么才行的因果逻辑关系。可谓思路清晰,逻辑缜密。

学习任务(二):速读课文,梳理概念

再读课文 5－10 段,完成下表。(解决第一个问题——什么是拿来主义。)

1. 再读课文,完成表格

表 4-6

筛选的关键词(课下)	运用脑髓,放出眼光,自己来拿。占有,挑选。使用,存放,毁灭。沉着,勇猛,有辨别,不自私。新文艺。	
有序梳理相关构成要素	提出背景	
	针对对象	
	达成目的	
	执行顺序	
	执行选择	
	执行人品质	
确定宾语中心语	关于"主义"	
整合要素,组成概念	下定义	

2. 展示交流,生成概念

(1)有序梳理相关构成要素

①针对对象(引导关注文末语句并齐读)

文末语句,"没有拿来的,文艺不能自成为新文艺。"

鲁迅从建设新文艺的角度,谈要批判地继承传统文化,以及借鉴外国先进的文艺思想、文化成果,才能更好地建设我们的新文艺。(卒章显志)

关键词:新文艺。

②背景部分(可请同学概述)

参考:在日本侵华之后,国民政府为了执政的需要,日益亲近英美帝国主义,对外出卖国家利益,对内实行文化围剿。而资产阶级的买办文人又极力鼓吹全盘西化,完全否定我国的传统文化。而左翼文艺队伍对文艺新旧形式等问题的讨论也是意见不一。为了揭露和打击敌人,澄清认识,鲁迅先生写了这篇《拿来主义》。

关键词:媚外、复古、全盘西化。

③本文目的:建设新文艺。

拓展提升:国家民族利益、自身需要。

关键词:国家民族利益、自身需要。

④执行顺序:占有,挑选。

追问1:如果不管是外来文化还是传统文化,都吸收,是否合理?

参考:A.对于外来文化,拿来占有并不代表着大范围推行,鲁迅的意思是要我们敞开心胸、广泛接触、积极吸纳,并非无脑地全包全拿。

B.注意到前文还有一句话是,运用脑髓,放出眼光,自己来拿!这里面已然有了思考辨别的过程,即占有的前提是思考、是辨别,如果没有这两点,拿来的和送来的也就没区别了。

C.面对传统文化,这个占有可以指保护好、留存好,再去辨别选择,也许当时当世的选择并不是最好的、最正确的,先占有,为后世留一个再选择的机会。

关键词:运用脑髓,放出眼光,自己来拿。占有,挑选。

追问2:那么,这样的"顺序"是否适用于其他地方呢?

参考:首先要具体问题具体分析,同时,把占有和挑选做辩证处理,比如出于对国家民族的负责和经济、环保的考虑,进口设备、借鉴经验,就要先想好要什么,再占有拿取。另外,就是对于不同于自己的意见,不要简单盲目地排斥,可以先搁置。还有就是别人讲的一些经验,现在用不到,可以先记下来,也就是先占有。

⑤执行选择:使用,存放,毁灭。

⑥执行人品质:沉着,勇猛,有辨别,不自私。

(2)确定宾语中心语(科学态度,并进行逻辑推断)

关于"主义"……,确定中心语。(资料见"学习任务单")

示例:"课桌"是一个什么样的学习用具。用具是宾语中心语。

参考:宾语中心语为主张或方法。

(3)整合要素,组成概念(格式,语序,严谨)

按照A……B的格式,给"拿来主义"下定义。

参考:鲁迅创造的用以解决新文艺问题的,以国家民族利益为考量,以自身需要为目的,思考并占有,而后去辨别挑选,做出或使用,或存放,或毁灭的选择的一种主张或方法。

学习任务(三):速读课文,理解点评

1.大宅子+穷青年(论证"拿来主义"好)

在弄清楚了基础概念之后,请大家再帮老师解决一个困惑,那就是文章题为《拿来主义》,却花了大量篇幅写了许多似乎不相干的内容,如"大宅子""穷青年"等,对此大家怎么看呢? 请小组讨论后填写下面表格并发言展示。

(1)速度课文,填写表格

表 4-7

	指什么	论证手法
大宅子		
鱼翅		
鸦片		
烟枪、烟灯、姨太太		

表 4-8

	类别	表现	实质		论证方法
穷青年					
拿来主义者					

(2)发言展示,师生共建

参考1:大宅子是祖上的,那自然是遗产,文章又是在谈文化类问题,那么它就自然是文化遗产。但是大家注意,这个文化遗产既包含了我们的传统文化遗产又包含了外来文化遗产,也就是全人类的文化遗产都在内了。由此可见鲁迅胸怀的宽广,他接纳的范围是世界的。那么,鱼翅、鸦片等都是大宅子里的东西,自然可以按对继承者有益和有害进行分类。

所谓大宅子等等,显然是一种比喻的写法,用在论述的过程中,也就成为了一种论证方法,叫做比喻论证。把深奥的道理浅显地讲,通俗而易懂。

温故知新:

《劝学》:青,取之于蓝,而青于蓝;冰,水为之,而寒于水。……

参考2:

"穷青年":比喻,用词辛辣,但联系上文的"大宅子"可知,这个"穷"不是指经济上贫穷,而是见识、文化上的不足。

所谓的孱头,就是怀有恐惧排斥的人,他们逃避现实,可谓之逃避主义。而昏蛋,则是盲目地否定一切,不管好坏一概毁掉的人,可谓之虚无主义。最后的废物,则是不管好坏,一味接受,全盘肯定的人,可谓之投降主义或者妥协主义。这三者的共同点就是不去辨别,将一切等同看待。

同时,我们应注意到,作者把两类人的态度和做法放在一起写,这个对比就很明显了,穷青年要不就是恐惧排斥,要不就是一概否定,或者一概肯定,总之是缺少逻辑判断,也没有辩证认知。而其行为就显得很荒谬,自然就不可取了。而拿来主义者则是有胆魄,能分辨,会取舍,对比之下高下立判。这样就突出了拿来主义者做法的正确性。这种论证方法就是对比论证。

另外,文章大框架是先破后立。但我们看到,在这个"立"的部分又包含了"破",立中有破。体现了破立结合。

参考3:

大宅子:文化遗产。

鱼翅:文化遗产中的精华部分。

鸦片:文化遗产中的精华糟粕互现的部分。

烟枪、烟灯、姨太太:文化遗产中的糟粕。

参考4:比喻论证

用人们容易理解的、比较浅显的事物或道理来证明不容易理解的、深奥的事物或道理。运用这种方法能把道理讲得通俗形象。使人容易接受,增强作品的艺术性和感染力,所谓就近取譬。

参考5:

穷青年	徘徊不敢进门	孱头
	放一把火烧光	昏蛋
	欣欣然蹩进卧室,大吸剩下的鸦片	废物

拿来主义者 占有→挑选 (不管三七二十一,全部拿来)	鱼翅	精华 吃掉	吸收
	鸦片	精华和糟粕	批判吸收
	烟灯和烟枪	糟粕	毁掉
	姨太太	糟粕	抛弃

参考6:对比论证

是正反对比论证的简称,也称比较法,是把两种事物加以对照、比较后,推导出它们之间的差异点,使结论映衬而出的论证方法。这是一种常用的、有说服力的论证方法。事物的特征和本质在对比中最容易显露出来,特别是正反相互对立的事物的比较,具有极大的鲜明性,能给人留下深刻的印象。经过对比,正确的论点更具说服力。

2.送去主义("其他主义"不好)

快速阅读文章的第1-5段,完成下面表格。

(1)速度课文,填写表格

表4-9

其他主义	实质	危害
闭关主义		
送去主义		
送来主义		

表4-10

送去主义	造成的后果	论证方法
1.		
2.		
3.		
提到尼采	特点及后果	论证方法
尼采		
中国		

追问:为什么提到了尼采?这和当时的中国"送去主义"政策是什么关系?

(2)展示交流,课堂生成

参考1:

作者先是写了"闭关主义",闭关锁国,让我们自绝于世界发展之外,造成百年国耻。被列强侵略后,就从排外变成了媚外,也就是从一切都不要,变成一切都送人。之后因为落后,列强就从武力侵略变成经济文化侵略,恶意地输入一些糟粕。我们看这三者之间是有着逻辑上的因果的。

参考2:

作者列举的事例:①一批古董　②几张旧画新画　③梅兰芳

造成的后果:一味送去,子孙后代没饭吃。("不知后事如何""我们的子孙……只好磕头贺喜,讨一点残羹冷炙做奖赏。")

论证方法:举例论证

参考3:

尼采自诩为太阳,只是给予,不想索取;但他不是太阳,最后他疯了。

仿句:<u>中国自夸地大物博,一味送去,不提拿来,中国也不是太阳,最后就会灭亡。</u>

用意:为了说明国人自夸,并一味"送去",没有什么好下场。

作用:通过比较,把这个道理一下子就讲明白了。

两者相比较,不是对比,尼采自诩为太阳而发疯与中国某些人自大的危害是一样可怕的。送去主义者的言论与尼采自诩太阳在本质上是相似的。通过浅显易懂的事例,和对象间部分相同的属性,讲清楚难懂艰涩的事例道理,这叫类比论证。

论证方法:类比论证。

插入赏析:还有几位"大师"们捧着几张古画和新画,在欧洲各国一路地挂过去,叫做"发扬国光"。

参考:"捧",有尊重、虔诚、恭敬的意思,但是用在国与国之间,尤其是被奴役的中国和列强之间,就不合适了,显出了诚惶诚恐的神态,媚外邀宠之态,暗含讽刺。"挂",则有显摆显耀的姿态,一路挂,那是多么的荣耀啊,幸福啊,但其实是不知羞耻,丢人而不自知,含有讽刺的意味。那么,"大师"就不是大师,而是伪大师,也是反语。

嬉笑怒骂皆成文章,睿智犀利而又妙趣横生。

学习任务(四):联系当下,思辨认知。(只有拿来主义不行,要坚持自我创造)

针对关于"拿来主义"的主张到底有没有过时,以及其与自主创新的关系等问题交流看法。

在思考的过程中,老师提醒大家注意以下几点。

1.鲁迅先生的写作本意是针对如何对待外来文化和传统文化的问题,具有特定的历史背景和针对对象,但这种精神和方法对当下依然有着超越时空的价值意义。因为任何时代和国家个人的发展都需要借鉴、继承。

2.由于批判的需要,也是写作的需要,鲁迅着重强调突出拿来主义的重要意义。但这并不意味着我们就只有拿来这一条路可走,不需要自主创新、自力更生,二者应该是相辅相成、互不可缺的关系。没有拿来,就是闭门造车,是故步自封;只有拿来,没有自主创新就是没有了根基和未来。两者有机结合才是强国富民之道。

3.拿来主义既可以是借鉴技术,也可以是汇聚人才,也就是不但可以"拿"东西,也可以"拿"人。

4.简单的"拿来主义"并不可取,其本质是"拼凑主义"。不论是"拿来主义",还是"自主创新",都要合法合规,不能私自侵占他人的合法权益。同时也要符合人伦道德,维护人类的整体利益。

三、课堂小结

同学们,本节课我们不仅学习了鲁迅层层辩驳剖析,然后给出"药方"的论证艺术,睿智犀利而又妙趣横生的语言艺术,而且领略了伟人的宽广胸襟和忧国忧民的情怀,更重要的是我们学会了一种用思辨眼光看问题的思维。希望大家能继承先生的遗志,成为新时代的"拿来主义者",为我们伟大中国梦的实现贡献自己的力量!

四、作业

以《拿来主义与自主创新》为题,写一篇议论文。要求:逻辑清晰,有理有据,针对性强,运用多种论证方法,800字以上。

《故乡》单篇深读教学设计

一、学习目标

1.通过建构思维导图和交流分享,完成对小说从走近到走进离别当下与回忆交叠的故乡,中景(环境)、事、人的梳理。

2.通过发言阐述以及重难点追问,理解文中其他人物在小说中的存在价值、与"我"的关联意义以及以"影像"有无变化为贯穿的结构线。

3.通过追问和思辨,尝试理解小说中的三重矛盾和一个哲理。

二、学习重点

1.建构思维导图并在探讨中理解两重"故乡"和两个"回故乡"的含义。

2.文中人物形象的价值意义。

三、学习难点

三重矛盾和一个哲思。

四、课前任务

1.阅读课文,标画文中关于"当下的故乡"和"回忆中的故乡"各自"景"(环境)"人""事"的语句,尝试建构思维导图。

2.思考小说中在人物安排方面,作者让杨二嫂突然出现的目的和意义,即人物形象的作用。

五、导入示例

故乡美不美? 似乎是个不用回答的假命题,因为我们都熟知《增广贤文》中的一句话:"美不美,乡中水,亲不亲,故乡人"。我们学过的《少年闰土》更是在我们的心中留下了一幅唯美的画卷。

但是,在小说《故乡》中,鲁迅在开篇就给了我们一段沉重的描写,直言故乡不美,而在后文31段又说"似乎看到了我的美丽故乡了",这似乎矛盾了;如果美,开篇的描写就做了相反的基调奠定,结尾的不感到留恋的话也不妥当;如果不美,"神异的图画"反复出现(开篇1次,结尾2次),就是败笔。这到底怎么回事?请大家和老师一起走进鲁迅的小说《故乡》。

上位问题设计:故乡,到底美不美?

任务设计:有人认为"故乡"不美,因为恰恰是它的各种丑恶,使得"我"要迫不及待地逃离;也有人说"故乡"美,因为它承载了"我"二十年来所有的美好回忆以及未来想象(希望),永不会忘怀。对此你怎么看?请同学们以思维导图的形式,梳理"故乡"中的人、事、景,也就是小说的人物、情节和环境(自然+社会),最后归结出简要的发言稿,阐述你对文中"故乡"的看法。

六、实施步骤

1.阅读课文,梳理内容,参考所给的构图要点建构思维导图并形成简要发言稿。

2.小组交流,改进升格相关内容。

3.班级展示,引领点评并追问探讨。

七、预设参考

(一)梳理简表

1.参考构图要点

(1)用一句话概括"我"回乡的目的,并以之为全图的总基点。

(2)按照文脉走向,从远远望见故乡开始梳理全文的主要情节事件,整合为几个大板块并以小标题命名,如"走近故乡"-"走进故乡"等。

(3)能以"事件"为基本面梳理出其中出现的人物的特点(外貌、举止等),并在图中体现事件之间、人物之间的关联比较。

(4)能给各个板块做出关于"我"的感受小结,并由此建立"心脉"线。

2.思维导图示例(超链接看放大图示)

(二)阐述交流+要点追问+引领点评

核心问题:故乡,到底美不美?

要求:

1.要让学生完整地说话(尽量不打断并提示其完整表达),说有理有据的和有创建性的话(体现思考的独立性和独创性、批判性等)。

2.教师的引导点评务必具体精准(不可以是很好、不错等模糊性语句,要用词准确、科学)且具有建议性和引导性(不好或不对,要指出应该如何)和一定的深度(即对学生有深刻性启发的和学生想不到、想不透的,"再望也不知"的)。

3.师生发言都要体现逻辑理性和辩证思考。

预设:

辩证看待,深入分析,有理有据,独创认知。

1.思辨概念:"故乡"的双重含义与性质。

小说中的故乡有两个,相互交叠出现。一是"眼前的故乡"即当下的故乡,是"我"当前见到的、听到的、感受到的现实的、物质的、客观存在的故乡。一是"回忆中的故乡",是"我"心里的、脑中的、精神的、主观意念中的故乡。

(注,如果有学生说有三重故乡,即还有结尾的未来的或想象的故乡,亦可,但要其做完整的自我解释,教师鼓励赞赏并适当引领。)

2.辩证看待:

将眼前的和当下的故乡分开阐述,亦可。

(1)眼前的故乡,不美。

不管是远望的还是近观的故乡,其无论是色彩、感触还是观感等都不能引发内心的愉悦,"反而是为故乡的另一番景象提供一个阴暗的底色",体现"我"内心感到悲凉。

（2）当下的故乡，不美。

①从表层现象上看，所谓物非、景非、事非、人非。无论是祖屋老朽、寂静乃至变卖给他姓，还是父亲已故，母亲眼中的凄凉，亦或者是杨二嫂从豆腐西施蜕变为市侩小人，甚或是闰土从插猹小英雄被折磨成木偶人，从童年挚友被隔膜成要恭敬叫"我"老爷的陌生人，都让"我"内心失望失落，沉重悲凉，故乡已不再是那个美好的故乡。

②从深层揭示看，开篇的阴晦山水和在风中抖着的老屋瓦楞上枯草的断茎与结尾的黄昏山色等就是作者在最明显的昭示：一切都在衰败，一切都让人感到孤独绝望，一切都似乎无法改变。故乡的山水变得阴晦而让人压抑；故乡的老屋老物都已衰退而被抛弃；家族（家庭）的变故，则让"我"从少爷时光跌落到衰败破落岁月；故乡的人们，乡邻如杨二嫂市侩、贪婪、冷漠者众多，挚友如闰土般老实憨厚、有情义、勤苦本分的人却在遭难而麻木吞声且与"我"隔膜如山。这一切都让人感到孤独绝望而又无力改变。

辨一层：当下的故乡也不是一无是处。

无论是母亲的笑容还是宏儿的天真都会让"我"感到故乡的温暖，而闰土虽然见到"我"拘谨隔膜，但是他的老实憨厚，他对"我"的情意——之前一直打听"我"的消息，听到"我"来的消息高兴，见到"我"激动，对"我"的依旧挂念，虽然说不出什么体己话，但一包晒青豆就是礼轻情意重，包括他在临行前早早就到了，那不仅表示他是个勤劳的人，而且代表一种第一时间到位的期待心情。再有就是宏儿和水生的约定，也不禁让"我"恍如隔世，更对未来有了一丝希望，虽然这希望朦胧而渺茫。

追问①：母亲和宏儿两个人物设置的意义以及与"我"的关联是什么？

①提供血亲的温暖色彩。

②母亲的存在，是"我"本次回乡的初衷和小说构建的逻辑起点，但同时也是引发悲凉的重要触点：由回乡而见到隐晦山水、衰败老屋、寂静家族，特别是由母亲想起不在的父亲（作者没有明写，但在回念闰土时写道，就形成一种隐性对比）。

③宏儿看似着墨不多，但隐性作用很大。他的存在就如同"我"少年影

像的翻版,而他与水生的交往特别是结尾突然提到的与水生的约定——"水生约我到他家玩去咧",虽未细说约定玩的具体内容,但却足以让"我"和读者们恍如隔世,而进一步会引发反思:这相似的场景中有多少一样,和多少不一样呢? 一样的,都是在少年时代的"无障碍"(超越地位、财富、经历,更无视阶级差别)的交流交往,这种"无障碍"对比与当下的"我"和闰土间的"隔膜"是该喜该忧呢? 喜是因为情意在下一代得到延续,也是对"我"悲哀心灵的慰藉;忧因为他们会不会如"我"和闰土一般,被年龄局限情意,突然在成年"懂事"后就隔膜如山?

④母亲和宏儿在结尾睡着,标志着"我"的孤独是无法纾解的:没有倾诉对象。

辨一层:是不是隔膜不仅存在于我和闰土之间? (引发学生思考)

联系文末:我躺着,听船底潺潺的水声,知道我在走我的路。至少,母亲与宏儿未能理解和消解我的孤独,而再见闰土似乎还加重了这种本就不好的心绪。那么,闰土这个人物的价值意义是什么呢?

追问②:闰土这个人物在小说中存在的价值意义是什么?

①时代意义。他的形式和遭际,生动(现身说法)而深刻(从小英雄到木偶人)地说明故乡的巨变和时代的悲哀——勤劳憨厚、有情有义的人的命运境遇却是如此悲惨,这加重"我"内心的失望、失落、沉重与悲凉。

②隔膜象征。作为曾经的挚友,他的经历"我"不曾经历,他的境况"我"只能旁观、慨叹,"我"与他已经在两个世界,不管相见时有多激动,但最终归于默然无声,无法深入交流、交往,两人的心灵只能在无关紧要的闲话间徘徊游荡却无法深度碰撞,这加重了"我"的无力感和孤独感。

③对比效应。闰土的形象符合小说的时代真实,同时他让"我"在两个故乡之间穿越,一时如庄周梦蝶,让"我"在怀念、遗憾的恍惚间加剧对当下故乡的失落。

应该是"小说的意脉本是"我"与闰土今昔关系的变化",而这种对应关系似乎也足够表现小说的主题和作者情感,那么突然出现的杨二嫂又有怎么的作用呢?

追问③:有了闰土,还有必要再出现杨二嫂吗?

这个角色在小说中的价值是什么,跟"我"回故乡有何关系?

①拉开距离后的文学生命力和对比效应与多元化支撑。她可以说与闰土是完完全全的两类人,二者无论在外貌、神态、言语、举止包括行为等各方面都差异巨大,与闰土构成鲜明对比:如她带有尖酸刻薄和陷阱式的语言,她偷拿、巧取和强夺他人物品的行径,她自身从豆腐西施到市斤泼妇的蜕变(与闰土人物变化完全是两条人生路线),以及她整体上给人的可厌可鄙甚至可恶可恨的观感等,都让她的形象与闰土的形象拉得很远,而这种在形象上拉开的距离,让这两个人物都更加鲜活,二者所作所为的对比效应也更明显——加深可怜和可鄙的心理效应,这无疑更符合时代真实(一个时代无论好坏都不可能只有闰土一类人),也让小说有了更多元的形象支撑内容的丰富性和文学表现力以及主题的深刻性。

同时,二者的对比效应,也是作者在向我们揭示一重矛盾:老实勤劳的人苦难如此且需要倾诉倾听,却默然吞声摇头抽烟;市侩贪婪的人无需讲述,别人也厌烦她讲,诉却絮絮不绝,进一步,"好人"更加苦难,"坏人"更加得利。

②二者相同指向的文学效果。杨二嫂的特点和表现,让"我"心生厌恶,加剧"我"对当下故乡的负面观感,加剧"我"想逃离的想法。而闰土虽然是曾经的挚友,老实憨厚、勤苦有情义,但他的苦难"我"无解,他的遭遇同样加剧"我"对故乡的负面观感,而更重要的是"我"们之间横亘的隔膜让"我"们的交流、交往产生无法逾越的障碍,这让"我"感到无力并加剧了"我"的孤独。同时,无解无力而又不忍心其如此,也是加剧了"我"逃离的想法,虽然结尾有对下一代的希望,但至少暂时是无望的,是想抛弃旧地旧人旧物的。因此矛盾走向了统一。

③二者相同指向的哲学思考和人生悲剧。至此,回答上一个"辨一层":是不是隔膜不仅存在于"我"和闰土之间?"我"和成年闰土的隔膜显性地被作者挑明并且不断加注(有许多话……又总觉得被什么挡着;动着嘴唇,却没有作声;恭敬……分明地叫道老爷,我打了一个寒噤;迟疑了一

回,终于就坐;虽然住了一晚,却谈写无关紧要的话等等。),但是"我"和杨二嫂等人就没有隔膜吗?有的,作者写道"我知道无话可说"。进一步地,文末作者写自己孤独、气闷、悲哀后特意加一句:母亲和宏儿都睡着了。这无疑在表明,"我"不但与闰土这样的挚友有隔膜,与杨二嫂等乡邻人有隔膜,就是与母亲等血亲也同样存在隔膜:隔膜没有区分,无处不在。这就把小说的内涵做了加深,由回乡故事而转向人生思考进而是人类共性而深刻命题的思考:人与人能无障碍地交流交往吗?

因此矛盾再次走向了统一。

(3)回忆中的故乡,美。

①从表层现象上看,父亲的健在、家族的繁盛、热闹,少爷的无忧生活,闰土的阳光健谈以及"我"向往而未得的趣事,特别是月夜刺猹的画面,给"我"留下了太深印象,承载了太多美好,一切都是那么唯美,那么美好、愉悦、诗意且有趣。

②从深层意蕴看,如果说当下故乡不美是因为一切都浸有一层灰暗的底色,隔绝的味道和老朽的气息而让"我"感到窒息(气闷)、孤独、悲凉的话,那么回忆中故乡的美的深层原因则在于色彩鲜丽(深蓝天空、碧绿西瓜、金黄圆月、紫色圆脸少年)、青春气息(不仅是"我们"在年少,包括家族、家庭等)和无障碍(跨越阶级、超越地位、贫富、经历等差距)交流、交往的美好滋味,这一切都让"我"感到无忧、轻松、热闹、有趣、诗意而唯美梦幻。

结论:故乡曾经美,当下不美或回忆中的故乡美,当下的故乡不美。所以,文章的"影像"一会没有,一会惊现,一会清晰,一会模糊,这是"我"的心绪在变化。即以故乡影像(图画)的有无、清晰与否为线索,架构小说,成为结构主线。

追问④:哪一个真的是"我"要回的故乡。两个都真实,两个都"要"回。

一个主观上不要回,一个主观上要回;一个客观上必须回也回得去,一个客观上已然回不去。而主观上要回去的正是那个回不去的故乡。

这也是小说第二重的矛盾:当下的、可坐船可乘车回去的故乡,不是"我"要回去的故乡;而记忆中的那个想要回去的故乡,已然永远不可能回去。

追问⑤:"我"要离开永别的是哪一个故乡?

二者都有。前者因物非、景非、事非、人非,让"我"悲凉、悲哀、不留恋,"我"要"走我的路"离开它。后者存在于三十年前,时空相隔,再不能回去,也要做一个心灵的道别。

追问⑥:"我"和闰土间的隔膜能不能消弭?

1. 认清隔膜本身及产生原因。(概念梳理)

隔膜其实就是人与人之间的交流、交往的障碍。这种障碍有的有形,如年龄、地位、权势、贫富;有的无形,如时间、空间、经历(如苏轼与王弗也是相对无言)等,或一种或几种,在绝大数人之间都存在,不单单是"我"和闰土。

2. 观点及理由。

预设一:可消除。

略。

预设二:不可消除。

"我"所怀念的快乐,其本质是"我"和闰土间的无障碍的交往,它无关贫富和其他。而"我"当下的痛苦,或者说回乡感到最大的痛苦,来自于心理的惊变与预想的落差,就是突然意识到,"我"已经"失去"了这位儿时挚友,而且对此无能为力:他三十年的苦难"我"没有陪同经历,作为旁观者只能苍白地叹息却不能深入体会;他的现实困境,"我"可以和母亲叹息同情、梳理总结,却似乎无法助力改变,这增加了"我"的愧疚感和无助感。身世经历、贫富差距、社会地位、家庭状况等复杂情况,使得"我"们之间存在一条巨大而难以跨越的鸿沟。因此"我"和闰土间的隔膜不能消除。

追问⑦:带不走的闰土?

有人说,既然是儿时挚友,又携母搬家北上,为什么不带着闰土一家走呢?哪怕是带他一个,只要赚得够多,也可逐渐改变其家境。对此你怎么看?请阐述理由。

预设一:能带走闰土。

预设二:不能带走闰土。

答案开放性,言之成理,但要注意过程中的逻辑分析和辩证分析。

闰土能不能带走,除了"我"的意愿和能力外,还要考虑闰土离家后能做什么,以及他愿不愿走,特别是考虑带走之后会怎样。不妨做几个假设。

假设1:"我"的身份大部分是鲁迅本人,职业是写作、教书,且愿意带闰土走。虽有一定的收入,但并非达官贵人,能力有限,没阔(没对杨二嫂撒谎,要靠租房和卖旧家具才添新家具等),而且也有遇险和漂泊时候,闰土跟着未必是好事,也未必能改善境况。

假设2:闰土愿意走。他的身份是海边农民,擅长种地、打鱼等,除此之外可能就是一身力气和勤劳本性了,那么跟了"我"或是在家做仆人,或是介绍打杂、车夫等力气活,也是如祥子一般的下层人的可能居多,同时限于他的三十年的经历,很多观念可能根深蒂固,他的麻木以及"我"们之间的隔膜可能很难改变,即使带走了他,也难以改变他的现实境遇和精神状况。

假设3:闰土不愿意走。一是故土难离,二是意识到不可能全家都跟着走,不愿给人添麻烦等。

假设4:二人都愿意,但是二人都没想过这一点。

结论:有带走的可能,但基本是带不走,这可能是作者设置的一层隐性矛盾:闰土绝对算是"我"的挚友,哪怕是曾经的,而且无论是母亲还是"我"都待他如一家人(母亲的高兴和让他自己去下厨炒饭等),但面对他的苦难却只能袖手而无力相助。这种无力感乃至愧怍感、挫败感是不是加剧了"我"的逃离呢?

课堂小结:图文(导图+发言稿)两重建构,概念、阐述、推理的三重思辨和七重追问,让我们厘清了小说中的两个故乡和三重矛盾,完成了一次文学和哲理上的回乡之旅。但关于生活的观察思考与表达以及关于鲁迅小说的阅读思考与探究还远不止于此。

课后任务:回不去的故乡,带不走的闰土,这可能成了"我"内心永远的伤痛和遗憾,但是小说的结尾处宏儿与水生的约定,似乎又带有了一丝未来的希望。请大家课下完成"宏儿和水生长大后见面的情景"的续写。

要求与提示：

1. 正确理解和把握"长大"的概念，并通过文字去表现而不是直白地告知。

2. 理解"情景"的概念，要对"见面"设置一定的场景。

(1)关于时间设置和历史真实的考量，小说落款是 1921 年，之后或十年，或二十年，或三十年的见面，要符合历史真实情境，不能脱离实际。

(2)关于地点设置和场景真实的考量，或工厂，或家中，或战场等要符合场景真实。

(3)关于形象描写和细节真实的考量，或衣着，或神态，或动作要有细节真实的把握。

(4)关于二人未来状况和生活真实以及文学表现力的考量，或者水生一如其父，命运依旧悲惨，而宏儿则境遇颇好；或者是宏儿、水生都有大转变，状况相反；或者是二人都好，二人都坏等等，但要有铺垫和交代以及设置的逻辑感，不可缺乏逻辑。要考虑：

①内容与主题的关联，即最终要表现什么；②结局不同(喜剧、悲剧)和境遇落差(人物巨变和不变)的文学表现力，所以为了迎合文末的"希望"而一味欢快愉悦(倒是符合"我"的希望)也偏离实际，减弱了文学力，甚至不能称作小说。

3. 尝试"生活横断面"式写作，即在生活中截取一个侧面来续写，300 字左右。